融合教育理论与实践
THEORIES AND PRACTICES OF INCLUSIVE EDUCATION

吴淑美 著

图书在版编目（CIP）数据

融合教育理论与实践 / 吴淑美著. --北京：华夏出版社，2018.6（2025.1 重印）

ISBN 978-7-5080-9330-7

Ⅰ.①融… Ⅱ.①吴… Ⅲ.①特殊教育－教育理论－研究 Ⅳ.①G760

中国版本图书馆 CIP 数据核字(2017)第 237529 号

本书系经台湾心理出版社股份有限公司同意授权，华夏出版社有限公司独家出版中文简体字版在大陆地区发行。中文简体版权属华夏出版社所有，翻印必究。

北京市版权局著作权合同登记号：图字 01-2017-1848 号

融合教育理论与实践

作　　者	吴淑美
责任编辑	刘　娲　王一博
出版发行	华夏出版社有限公司
经　　销	新华书店
印　　装	三河市少明印务有限公司
版　　次	2018 年 6 月北京第 1 版　2025 年 1 月北京第 4 次印刷
开　　本	720×1030　1/16 开
印　　张	18.25
字　　数	347 千字
定　　价	69.00 元

华夏出版社有限公司　地址：北京市东直门外香河园北里 4 号　邮编：100028
网址：www.hxph.com.cn　电话：(010) 64663331（转）

若发现本版图书有印装质量问题，请与我社营销中心联系调换。

郑　序

融合教育在大陆的实践时间不长。虽然我所在的学校接收特殊孩子随班就读已有近十年的历史，但教师们，也只能算是融合教育路上的摸行者。我们做的，多侧重于给特殊孩子提供一个友好接纳和交往的环境，以发展他们的社会性；给他们单独开设一些针对性的特殊教育课程，进行辅助性干预，发展语言智力等；根据一些孩子表现出的特殊智能，给予相应的个别化指导和展示的机会。但是，在更多的学科课堂教学中，要解决特殊孩子的有效参与和学习指导，教师们还是无从下手。因此，很多时候，一些随班就读的孩子，就成了随班坐读。我想，有很多的普通学校和教师，也正处于这样一种有心无力的境地，迫切需要融合教育理论与实践的指导。随着我国对特殊教育的重视，市面上融合教育书籍越来越多，但大多是讲理论，能对实践给予指导的书少之又少，教师在课堂中遇到的问题往往繁多复杂，难以从书中找到答案，教师依然无从下手。

有幸捧读吴淑美教授的书稿，恰有柳暗花明又一村之感。吴教授从自身从事融合教育实验班多年的实践经验出发，提供了一个全新的角度，将融合教育理论融于具体的教学策略和方法中，非常实用且清晰地给出了在多种教学策略以及各学科教学中，如何更好地落实融合教育理念。该书以普通学生为参考坐标，再加入特殊学生的需求，从而达到双赢，而不是厚此薄彼。从实用的角度讲，书中给出的教学策略和方法不仅全面，而且易模仿、操作，很接地气，同时也重视和学生家长的沟通与合作。然而，本书绝不仅仅是只关注实用性的指导书，书中一点一滴的操作细节，无不渗透着对特殊儿童深沉而理性的爱，以及对实现融合教育理想的执着追求。更难能可贵的是，书中附有对融合班教师的访谈、学生和家长对融合班的看法，使读者更加了解融合班的历程。融合教育虽然是大势所趋，但一路走来并非一帆风顺，相信融合教育实验班遇到的问题，在当下开展融合教育的学校也会遇到，从而能给予教师和家长有效的参考；这些访谈和看法也使得书中的内容不是冷冰冰地呈现出来，而是能让读者感同身受，和书中的教师共同为融合教育中出现的困难和问题感到忧心，为学生的进步欢欣鼓舞。相信读者会与融合教育实验班教师一道，为融合教育的光明未来携手同行。

向吴淑美教授致敬！为她致力特殊教育三十年致敬！为她二十七年扎根融合教育一线致敬！

北京师范大学南奥实验学校校长郑铁军
2017 年 11 月

自　序

从1989年无心插柳开设了学前融合班、小学及初中融合班到2016年实验结束，我和融合班的孩子相处了27年，这个机缘不但成为我人生中一个重大的转折点，更让我有机会接触融合教育实践，得以撰写融合教育著作及拍摄融合教育纪录片。

通过长期和第一线教师接触，教师最大的疑虑是为何要把有障碍的学生和普通学生放在一起，且一个班有三分之一的学生是障碍学生。他们甚至以为是我个人的想法，不知融合是国外的趋势。融合班的教师虽经过征选，但直到看到融合班的学生，才知融合班是一个什么样的班级，有一名教师甚至以"上了贼船"来形容内心的不情愿。碰到这样的教师，也只能让他们从做中学了，尽量不要讲理论，直接从如何上课说起。我把自己当成学生坐在教室里，体会教师及学生的感觉，我把教师上课内容及学生反应都记录下来，再利用与教师开会的时间和教师讨论。这样的讨论就很实际，有一名教师说我把课程当成故事讲给他们听，他们也慢慢体会需要做哪些调整。

1994年，我开始办小学融合班，班上24名学生中有8名特殊学生，安排了两名教师及一名助理教师。刚开始任何课都是平分两组上课，每组12名学生（8名普通学生，4名特殊学生），由于每组有4名特殊学生，教师觉得无法照顾特殊学生需求，于是教师们建议将学生分成三组，16名普通学生一组，8名特殊学生再分成两组（每组4名特殊学生），三名教师每人带一组。结果进行了一天，学生哭了，他们喜欢以前分两组、每组有特殊学生的做法，教师也觉得分成三组等同将学生分成两个班，愿意回到之前的分组。为了让学生能融合在一起，座位调整成几个一组，上课方式也要调整，如音乐课讲打击乐器，每个人选择不同的乐器，总之课程要考虑每个人的需要。有一年教师节，记者到教室采访，发现融合班一堂课要用很多教具，不只教具，很多课程都要上得很活泼。例如，数学课上到速度时让学生跑操场算出每个人的速度，特殊学生只需跑步及知道谁跑得比较快就好，也就是特殊学生的目标比较简单，每堂课都会为特殊学生设计适合其程度的目标，一堂课有不同程度的目标，因此称这个策略为多层次教学及重迭目标。对特殊学生而言，数学课的目标可以是社会性、操作性而不是数学学科的目标，每个人都是依据自己的起点来前进，作业及考试也是因材施教，这个观点就需要家长认同。

融合班进行多年，普通学生来源仍然不缺，主要是家长觉得教学活泼，还可让孩子学会助人等品德。有一年高中联考发榜，我接到以前融合班家长电话，说小学融合班一个班16名普通学生中，有一半以上考取第一志愿，证明融合班不会影响普通学生的学业，事实上国外文献早就得到融合教育对普通学生有益的结论。

我深信融合教育是个好的教育方式，所以1989年开始学前融合实验后五年设立小学融合班。由于小学并没有融合班这个名词，所以一直用特教实验班名义，场地必须租用，教师也多是代课教师，我主要在大学教书，只能利用闲暇来照顾融合班，我把融合班当作一个难得的学习机会，之后又用基金会名义办了初中融合班。1997年我要到一块地，2004年我用这块地盖了融合校区，让学前及小学融合班有一个自己的场地，这个融合教育校区行政归属新竹教育大学附属小学，2016年新竹教育大学附属小学融合班成为历史，台湾以特殊学生可以进入普通班，不需再进行融合实验为由，终止了融合教育实验。美国帕特里克·奥赫恩融合小学（The Patrick O'Hearn Elementary School）成立于1989年，和我带领的融合班一样，其中三分之一学生为身心障碍，2009年改为威廉·W.亨德森融合小学（The William W Henderson Inclusion Elementary School），至今仍存在，提供学前到高中阶段的融合教育。

融合校区的学前及小学融合班，及基金会的初中融合班（借用融合校区场地）虽已停办，多年来研发的课程与教学仍然可用。这次在华夏出版社出版的融合教育套书共两本：《融合教育理论与实践》与《融合教育教材教法》。这套书繁体字版2016年已在台湾出版，是极少数的融合教育书籍，此书根据普通班中有特殊学生融合的教学现场而写，作者主持小学及初中融合实验班多年，实际带领教师教学，书中提及的课程是针对小学及初中融合班中的普通学生及特殊学生而设计，教学设计以普通学生为参考坐标，在普通班的架构中加入特殊学生的需求。书中提及的课程及教学策略都经过验证，在融合实验班使用多年，证明其可行才列入书中，书中提供很多的实例、表格、问卷及教案，都是作者根据融合班中普通学生与特殊学生的教学需要而设计，而且有第一线教师的访谈，内容非常完整。特殊学生进入普通班就读非常普遍，这套书可应用在中小学各种领域，作为中小学普通班教师教学手册，更是一本教学参考书，也可作为大学教育学专业教材用书。期望在中小学融合教育这个领域帮助读者如何在融合教育的情境教学，让在普通班随班就读的特殊学生及普通学生达到学业及社会性融合。

吴淑美

2018年2月

前　言

在台湾，融合教育已是教育界耳熟能详的名词，大家都听过，但怎么执行就少见讨论了。现在很多小学及初中开始招收特殊学生和普通学生一起上课，一个班级甚至不止一个特殊学生，中小学阶段的融合越来越普遍已是事实。然而，教育界一提到融合教育都说立意良好，但执行起来却困难重重，亟需融合教育的教学指引，而有关中小学如何实施融合教育的书却是少之又少。

《融合教育理论与实践》一书，不只是一本教科书，也是一本实施融合教育的必备参考书，它提供了融合班的理念及教学策略，让教师知道如何执行融合班教学，最重要的是它和当今的教改理念相契合，提供符合教改特色的合作学习、课程统整、多元评估等实践技能，按部就班地说明如何在有普通学生及特殊学生一起学习的融合式班级中开展教学，如何撰写整个学期跨领域及科目的课程计划，如何调整教师教学及评估学生的学习。因此它是一本实用的书，而不是只有理论的教科书。

本书所提及的教学方式是针对中小学融合班中的普通学生及特殊学生而设计，教学设计是以普通学生为参考坐标，再在普通班的架构中加入特殊学生的需求。

全书共分十五章，详细地介绍融合教育理论及如何建立一种适性的教育模式，针对融合班的环境管理与作息安排、班级管理、行为管理、师资管理、特殊教育理念、课程设计、教学策略、课程与教学调整、个别化教育计划（IEP）的执行、多元评估等内容都有巨细靡遗的介绍，并说明如何增进普通学生与特殊学生间的互动以及如何与家长沟通等策略。本书不仅可以供教师教学参考，也可以供父母了解融合班。

书中呈现的表格、问卷及教案都是作者根据融合班中普通学生与特殊学生的教学需要而设计，并在实践中使用多年，证明其可行才列入。本书能撰写完成并定稿，完全归因于主持融合班实验多年，从而让融合班的理念及实践都变为可行。期待本书出版能带给普通教育及特殊教育界一些冲击，引发更多的人投入教育模式的实验中来。

目 录

第一章 绪论 ... 1
- 第一节 融合教育的历史渊源 ... 2
- 第二节 了解融合教育 ... 5
- 第三节 融合班实施融合的成效 ... 16

第二章 融合教育模式介绍 ... 19

第三章 融合班的环境与作息管理 ... 29
- 第一节 环境安排的原则 ... 29
- 第二节 教室空间的安排及布置 ... 30
- 第三节 安排适合的融合环境 ... 32
- 第四节 作息的重要性 ... 34
- 第五节 作息的安排 ... 35
- 第六节 作息和教学结合 ... 39

第四章 融合班的班级管理 ... 43
- 第一节 制定适当规则 ... 43
- 第二节 融合式班级气氛 ... 44
- 第三节 融合式班级的管理原则 ... 47
- 第四节 分组教学 ... 51
- 第五节 班级管理策略实例 ... 52
- 第六节 教师访谈 ... 54

第五章 融合班的行为管理 ... 57
- 第一节 为何学生无法参与活动 ... 58
- 第二节 突发性的情绪问题 ... 58

第三节　严重行为 ·· 60
　　第四节　行为观察与分析 ······································ 61
　　第五节　提供积极行为支持 ···································· 66
　　第六节　制订行为干预计划 ···································· 67
　　第七节　教师访谈 ·· 76

第六章　融合班的师资管理 ··· 79
　　第一节　融合班教师必备的理念与技能 ·························· 79
　　第二节　教师分工与分组 ······································ 81
　　第三节　增进教师间合作的策略 ································ 82
　　第四节　教师如何协助普通班中的特殊学生 ····················· 86
　　第五节　融合班教师的特质 ···································· 87
　　第六节　教师访谈 ·· 91

第七章　特殊教育理念 ··· 95
　　第一节　特殊学生融合课程 ···································· 95
　　第二节　台湾特殊教育新课标 ·································· 96
　　第三节　功能性课程 ·· 97
　　第四节　将特殊学生需求课程融入普通课程 ···················· 100

第八章　融合班的课程设计 ·· 103
　　第一节　课程设计原则 ······································· 104
　　第二节　增进普通班中特殊学生参与课程的原则 ················ 111
　　第三节　教师访谈 ··· 112

第九章　增进普通学生与特殊学生的互动 ······························ 115
　　第一节　提供互动的环境 ····································· 115
　　第二节　增进互动的策略 ····································· 116
　　第三节　社会互动课程 ······································· 120
　　第四节　教师访谈 ··· 122

第十章　初中阶段的融合教育·····129
- 第一节　初中融合实验班的基本理念与目标·····130
- 第二节　课程与教学特色·····130
- 第三节　如何兼顾初中普通学生及特殊学生需求·····137
- 第四节　初中融合教育实施现况·····143
- 第五节　教师访谈·····146

第十一章　融合式教学·····155
- 第一节　异质性团体的优点·····156
- 第二节　异质性团体中的教学过程·····156
- 第三节　异质性团体教学常用的策略·····158
- 第四节　融合式教学法·····163
- 第五节　教师访谈·····165

第十二章　课程与教学调整·····169
- 第一节　何谓课程与教学的调整·····169
- 第二节　课程与教学调整的必要性·····171
- 第三节　课程调整的原则·····173
- 第四节　教学调整的方式·····177
- 第五节　课程与教学调整实例·····181
- 第六节　家长对教学调整的看法·····184
- 第七节　特殊学生课程与教学调整·····187
- 第八节　教师访谈·····188

第十三章　如何在融合班执行个别化教育计划·····191
- 第一节　融合班学习经验·····191
- 第二节　发展及拟订个别化教育计划·····193
- 第三节　执行个别化教育计划·····201
- 第四节　教师访谈·····208

第十四章　多元评估 ·· 209
第一节　评估的目的 ··· 209
第二节　评估的原则 ··· 210
第三节　评估的种类 ··· 210
第四节　特殊学生评估 ······································· 222
第五节　考试补救教学 ······································· 223
第六节　教师访谈 ··· 224

第十五章　与家长沟通 ·· 227
第一节　家长参与 ··· 227
第二节　家庭与学校间的互相合作 ····························· 233
第三节　教师访谈 ··· 235

附录一　针对个人及特殊学生所做的调整 ························· 239
附录二　多元智能多层次教学范例 ······························· 245
附录三　学生对融合班的看法 ··································· 251
附录四　家长对融合教育的看法 ································· 255
参考文献 ·· 275
作者简介 ·· 279

第一章　绪论

把有特殊需要的学生融入普通班级已是特殊教育的新趋势。美国在1980年开始实施社会融合（integration），让原本在特殊班的学生进入普通班与普通学生融合（inclusion）。为了达到融合的效果，会将特殊学生安置在一个普通班，集中资源照顾这个有着普通学生及特殊学生的普通班级。美国自1990年起开始将各种类别的特殊学生（包括孤独症、智力障碍、听力障碍、多重障碍、学习障碍等）放入普通班和普通学生一起学习，并将这样的班称为"融合班"。他们认为通过改变普通班级的课程及生态环境，特殊学生的需求在普通班一样可以得到满足，只要普通班办得好，特殊教育就可以办得好，因而在国外，融合是一种普通教育的改革。目前在美国及加拿大都已采用融合的方式，它对普通教育及特殊教育教材教法都造成很大的冲击，合作学习、合作小组及同伴间的学习和合作都是达到融合教育的策略及途径。

一般人常将融合教育（inclusive education）和回归主流（mainstreaming）混为一谈，究竟两者的差别在哪儿？最大的差别在于融合式班级中特殊学生是班级里的一分子，对普通班的课程做调整，让特殊学生能在普通班级中参与并学习；换言之，特殊学生的需求不需通过特殊班而在普通班就可得到满足。回归主流则是让特殊班的特殊学生在部分时间进入普通班级中。资源教室安置，指的是特殊学生到资源教室接受以主科为主的补救教学，虽然大多数时间特殊学生和普通学生在一起，但原班的课程并未做调整。

融合式班级中究竟应该融入多少特殊学生，哪一类的特殊学生较适合，尚未有定论（Kochhar, West & Taymans, 1996）。一般而言，轻度障碍学生融入普通班的难度较低，中度及重度甚至多重障碍的学生融入普通班的概率较小，然而融合也是中重度及多重障碍者的期望，因而在美国，不只是轻度障碍学生融合至普通班，连中重度、多重障碍的学生也能完全融合至普通班中。

不管普通班级融入的特殊学生的障碍程度如何，只要班上有特殊学生，教师就必须提供符合学生需求的教学，因而融合式班级需要新的教学技能、教学组合及态度。

在台湾，特殊学生和普通学生一起上课的情形本来就有。几十年前还没有特殊班的时候，普通班就有一些程度较差的学生，但那些学生只是跟着上课，教师并未为他们设计课程。后来"政府"大量设置启智班后，普通班就较少看到这些学生了。

第一节　融合教育的历史渊源

融合教育是自然环境及最少限制环境的延伸，想了解融合教育，须先从回归主流及其和特殊教育的渊源谈起。

一、回归主流的源起

美国早在 1970 年就提出回归主流的理念。回归主流指的是把特殊学生安置在普通班级，让所有学生享有相同的学习资源和机会，给予特殊学生一个正常化、非隔离的教育环境，让就读特殊班的学生在非学科时间进入普通班，跟着普通学生的进度上课，如午餐、体育课、美术课。因此"回归主流"的理念在于让特殊学生不再在特殊环境中学习，而是有回归到普通班级和普通学生一起学习的机会，其目的是尊重特殊学生的受教育权，使他们回归到社区，同享社区的教育资源，其优点是可增进特殊学生的社会技能，缺点则是无法确保特殊学生能在普通班得到所需的服务及关注。

目前，台湾的小学一直实施回归主流的教育措施，普通班也接受特殊学生在部分时间进入教室，但其做法是让特殊学生和普通学生在相同的环境下共同学习，对特殊学生的学习内容及作业不做特殊设计，学习成果的评估也不考虑特殊学生的学习能力，这与融合教育的理念及做法是不同的。

二、社会融合的源起

自 1980 年起，美国开始兴起普通教育改革（Regular Education Initiative, 简称 REI）运动，希望把特殊教育及普通教育分开的二元系统变成一元系统，合并特殊教育及普通教育，建立集中且独立的系统管理教育资源，尽量将轻度、中度的特殊学生放入普通班，直接在普通班级中提供特殊教育服务，让普通教育教师分担教育特殊学生的责任，减少将特殊学生抽离（pull-out）教室的措施，将以前须安排在资源教室的学生都尽量放在普通教室中接受教育，让残障儿童和普通儿童在一起接受教育以符合最少限制环境的定义。最少限制环境最早于 1975 年提出，1986 年再次修改，意为尽可能让残障儿童和普通儿童在同一间教室接受教育。根据最少限制的原则，每个特殊儿童应和同年龄的儿童一起接受教育，一起学习。当特殊学生及普通学生在同一班或同一组时，特殊学生的能力可能落后普通学生一大截，但只要能与普通学生合作学习，参与学校的活动，就可安置在同一班级、同一小组，以达到最少限制的目的。提倡最少限制环境的理由如下：
- 将特殊学生和普通学生隔离已有很长一段时间，必须改变。
- 有充分的证据显示，普通学生的教学计划也可以有效教育许多有障碍的学生。
- 有障碍的学生应有机会和普通学生融合，并向他们学习。
- 如果隔离对学生没有好处，隔离的特殊教育体制就是不合理的。
- 维持特殊教育和普通教育两种不同的教育体制所需的花费很庞大。
- 任何形式的教育隔离都违反了美国宪法平等对待所有人民的主张。
- 《所有残疾儿童教育法》（The Education for All Handicapped Children Act, EAHCA）提出由普通班级来教育有障碍的学生。
- 普通教育有责任为身心障碍者提供融合式教育，并在学校体系中给予障碍者必要的支持性服务以及额外的支持和协助，只有普通学校体系无法满足身心障碍者的特殊需求时，才考虑提供隔离式的特殊教育。
- 法案也应考虑社会融合以及物理空间和学术上的融合。

三、融合教育的源起

美国于1990年通过了《残疾人教育法》（Individuals with Disabilities Education Act），强调通过融合增进残疾人的独立能力。在大力推行融合教育的情况下，融合成为一种潮流，这不仅影响了特殊教育体系，也冲击了普通教育体系。这里所谓的融合，指的是让特殊学生进入普通班级，成为普通班一分子的教育方式，让特殊教育及普通教育不再是完全平行的两个系统，使普通教育成为更负责、更具资源性和人性化的系统。因此，融合教育在美国被视为教育改革的一环。

1994年6月，联合国教科文组织于世界特殊教育大会后发表《萨拉曼卡宣言》（The Salamanca Statement），提出下列融合教育的主张：
- 每位儿童应有机会达到一定水平的学习成就。
- 每位儿童有独特的特质、兴趣和学习需求。
- 教育制度与教育方案应充分考虑儿童的特质与需求的差异性。
- 特殊需要儿童应进入普通学校，而普通学校应提供以儿童为中心的教育满足其需求。
- 融合导向的普通学校能有效消除歧视的态度，创造受欢迎的社区，建立一个融合的社会，达成全民教育的目标，对教育系统效果及成本效益都有所助益。

该宣言呼吁各国政府：
- 把改进教育制度、促进全民教育列为最高的政策，并在预算上优先考虑。
- 在教育方法与政策上采取融合教育原则，除非有特别的理由，原则上应让所有儿童在普通学校就读。

·发展示范性方案，鼓励国家间交流融合教育经验。

·特殊教育的规划、监督与评估应采取分权制，共同参与。

·鼓励家长、社区及残疾人团体参与特殊教育的规划与决策。

·加强早期鉴定、早期干预及融合教育中的职业辅导。

·系统地开展职前与在职的师资培养与培训工作，促使教师在融合式学校中提供特殊教育服务。

·提供给残疾人平等的教育。

《萨拉曼卡宣言》强调的融合教育精神如下：

·融合与参与是人类尊严、乐趣与人权表现的要素。

·人类存在差异是正常的。

·应该根据个人需求调整学习上的差异。

·普通学校应认识到学生的多元需求并能应对。

·建立融合的社会，达到全民教育的目标。

·学校如能提供有效的融合教育，不但对多数学生有益，也能提升教学效率，最终增加整个教育系统的成本效益。

·各国政府应制定融合教育的法令或政策，让所有学生都在普通学校注册，除非他们有不得已的理由。

此宣言当时受到 94 个政府和 20 个非政府组织的支持。英国政府在 1996 年把融合教育作为一项政策。

四、融合教育兴起的原因

国际智力障碍者协会联盟（International League of Societies for Persons with Mental Handicap，简称 ILSPMH）在 1996 年更名为国际融合教育联盟（Inclusion International），在 1993 年会员大会上通过《障碍者机会均等实施准则》，其中第六条明确表示，普通教育有责任为身心障碍者提供融合式教育，并在学校体系中给予障碍者必要的支持性服务以及教师所需的支持系统，而且只有当普通学校体系无法满足身心障碍者的特殊需求时，才考虑提供特殊教育。因此，各国的融合教育迅速推动并兴起了完全融合（full inclusion）的理念（Inclusion International, 1996）。完全融合的提倡者认为，普通班可以容纳所有的障碍学生，甚至是重度及多重障碍的学生，他们认为借由这样的安置，这些学生就可以获得教育及社交上的利益；然而融合教育的提倡者并不希望将所有学生都安置在普通班中进行教育。

融合教育兴起的原因主要有以下几点：

- 特殊教育缺乏严谨的课程，重度残障者应有机会整合到普通班级，有和普通学生互动的权利。
- 特殊教育无法提供高质量的个别化教学。
- 缺乏教导轻度障碍者的教学策略，与普通班教学混为一谈。
- 教学决策缺乏参考点，过分主观。
- 特殊教育师资培训不足以应对学生需求。

第二节 了解融合教育

美国 1990 年通过的《残疾人教育法》提出以下关于融合的结论：
- 需要了解更多有关融合的成效。
- 融合可提高残疾人独立及学习能力。
- 融合教育的好处大于付出的代价。
- 多数提倡者未要求完全的融合。
- 整体性的教育系统改革是必要的。
- 教师的态度是融合教育能否成功实施的最大关键。
- 融合没有一个统一的定义。

一、融合的定义

虽然融合没有一个统一的定义，但多数学者都认为融合是一个对所有学生有益的教学模式。乌德沃里-索尔纳（Udvari-Solner, 1996）把融合教育定义为一种支持所有学生并对全部学生都有帮助的教育。其他定义如下：
- 融合指的是增加所有残障学生在普通教室学习机会的一种教育方式。
- 融合提供残障学生一种不同的学习方式（Fushs D& Fuchs L S, 1994）。
- 融合是一种一体化的过程，是一种使大多数残障学生可以进入普通教室成为普通班一分子的方式。
- 完全融合比融合更进一步，不分残障类别及程度都可进入普通班级。
- 融合教育是特殊教育教师走向学生，而不是学生走向特殊教育教师。
- 美国各个学会对融合的看法：
  （1）强调去除标签及隔离的安置［监督与课程发展协会（Association for Supervision and Curriculum Development）］。
  （2）强调须同时训练普通班及特殊教育班教师才能使其了解融合教育［国际教育学会（National Association for State Boards of Education）］。

（3）希望朝向融合的教育安置（Association of Retarded Citizens）。

（4）希望除了融合教育外仍有其他形式的安置模式（学习障碍学会、特殊教育学会、行为异常学会）。

·法律判例（legal precedence）对融合教育的看法：

（1）融合教育对所有学生及社区都有正面的结果。

（2）融合对某些学生而言是一种权利，而不是一种优惠。

在隔离环境适应良好，并不等于否定其无法在融合环境中成功适应（意思是一个学生适合隔离环境，仍有可能在融合环境中也会良好适应）。因而，当一个特殊学生无法在融合的环境中获取所需的服务时，才可将其移至隔离的环境。

·钮文英（2002）依据学生融合的方式及教师的编制，将台湾融合教育的模式分为以下四种：

（1）反向融合：普通学生进入特殊教育班。

（2）特殊学生进入普通班，由特殊教育教师及助理教师负责教学。

（3）特殊学生融入体制外学校普通班，由普通教育教师和助理教师负责教学，由特殊教育专家提供咨询服务。

（4）特殊学生融入普通班，安排特殊教育教师及普通教育教师，多采用资源教室模式。

先前台湾地区的法规并未明确提及"融合"，在2009年11月修订的《特殊教育法》第十八条中首次提及"融合"这两个字："特殊教育与相关服务措施的提供及设施的设置，应符合适性化、个别化、社区化、无障碍及融合的精神"；第十二条规定："为因应特殊教育学生的教育需求，其教育阶段、年级安排、教育场所及实施方式，应保持弹性"以符合融合教育的精神。

二、融合的要素

一般人对融合教育常存有似是而非的观念，因此科克哈尔等人（Kochhar, et al., 1996）为了明确融合教育的涵义，将融合教育的要素整理出来，提供给学校或教师检查是否做到了真正的融合。融合教育与非融合教育的要素如表1-1所示。

由表1-1可知，教师须充分了解融合的意义，并自愿参与教学，接受一连串相关的研究学习与训练，结合普通教育教师与特殊教育教师的专长，实施团体教学、合作教学或个别教学，并根据学生的需要，通过合作学习、同伴教学及多层次教学法，整合不同的教育目标及相关服务，并据此设计课程内容、教学环境与评估方式，照顾到每个学生的需求，使特殊学生能参与班级及学校的活动（Sailor, 1991; Kochhar, et al., 1996），才能发挥融合教育的精神。吴淑美（1998）也认为，把特殊学生与普通学生混合在一起并不算融合教育，还要做到学业及社会性的融合。

表 1-1 融合教育的要素

	融合教育应有的要素	融合教育不应有的要素
安置方面	• 所有的儿童在相同的学校及班级一起学习，并提供必要的服务及支持。 • 承认所有的儿童有独特的需要。 • 障碍儿童就近入学。 • 安置在适合其年龄的班级。 • 在相同的学校教育特殊学生及普通学生。	• 将学生安置在特殊学校及特殊班。 • 将年龄较大的特殊学生安置在年龄较小的班级或不适当的年级。 • 实施特殊教育时予以隔离。 • 将特殊班安排在校园的边缘。
行政方面	• 给班级有特殊学生的普通教育教师提供支持。 • 学校校长及其他行政人员共同管理。	• 期待普通教育教师教导特殊学生，却没有提供任何的支持。
相关服务方面	• 整合相关的服务（如语言治疗、物理治疗、作业治疗等）。 • 重视父母对孩子未来的梦想及目标。 • 以团队的方式（包括父母）规划教育方案并强调创造及积极解决问题的态度。 • 在普通的方案中，提供特殊儿童计划、支持及需要的服务。 • 无论所需的服务强度或频率如何，普通学校都应提供。 • 专业人员参与协助特殊学生，使其能融合于班级中。	• 将特殊学生丢在普通班，没有提供支持和服务。 • 忽视父母的关心。 • 仅将特殊学生安置在普通班级中，但对于所需的支持、服务、需要及参与人员等未加以计划。 • 删减特殊教育服务。
课程安排方面	• 所有学生参与学校生活。 • 强调合作及合并特殊教育及普通教育资源。 • 学生通过不同教育目标一起学习。 • 让普通教育教师能接受对不同的学生使用不同的学习方式的理念，并依此引发新的学习策略。 • 提供特殊学生大量参与班级及学校活动的机会。 • 安排特殊学生接受社区环境工作训练。	• 牺牲普通学生的教育去照顾特殊学生。 • 所有的学生在相同的时间以相同的方式学习相同的东西。 • 忽视每个学生独特的需要。 • 另外安排特殊学生午餐时间及其他活动时间。
教师方面	• 无条件的接纳。 • 在普通教育环境中，当学生需要时以无条件付出的方式提供更多的支持。 • 全面的参与胜过完全的排斥。 • 了解学生能做什么及不能做什么。 • 在新的合作角色中，教育者需正向看待自身的角色。	• 否认特殊学生可在普通班级获得服务。 • 教师及管理者过分的要求，让学生暴露在不必要的危险中。 • 将普通教育教师与特殊教育教师分开，更加增进了隔离。
同伴方面	• 教导所有学生了解个体的不同及人类的价值。 • 鼓励并开展活动提升特殊学生与普通学生之间的关系及友谊。	• 每天对特殊学生及普通学生隔离安排。 • 对特殊学生贴上标签，如障碍班或智能不足小孩等。 • 将特殊学生安置在普通班前没有任何准备及事前处理。

综合上述提到的融合的特点、指标及存在的障碍，一个融合式班级应具备下列要素：

- 普通班和特殊班教师合作设计教学。
- 同伴合作学习及互动。
- 有效教学。
- 家长及教师有意愿推动融合。
- 充分的资源及支持系统，如校长及行政人员支持融合。
- 政策的配合。
- 课程与教学必须符合所有学生需求。
- 融合的理念须引导教学，整个学校都能接受融合理念。
- 融合不是只要安置就好，每个学生的需求都应被顾及。
- 整个模式须考虑教师的需求、学生的需求及障碍特点三者间的契合。
- 须先考虑学生是否受益再决定安置，而不是先安置再说。
- 父母及教师合作。
- 教学创新及教师合作，如教师本身的教学能力及彼此间的合作。
- 不断地进行在职培训。
- 设立融合班前应先考虑是否有足够的支持及支持系统，提供学生所需的服务。
- 融合只是一种选择，除了融合，还应有其他安置方式的选择，如自给自足式特殊班（Self-contained Special Class）。
- 教师应有参与的意愿而不是被强迫参加。
- 融合模式的设立及发展应考虑学生的需求，而不是由上级制定遵守的原则。

融合式教学理念易懂，然而执行起来常需要很多条件互相配合，否则徒有融合之名而无融合之实。美国学者史密斯（Smith, 1995）曾提出九项融合指标，如未能达到这些指标，就不是融合而流于混合了，其九项指标如下：

- 每个学生都是班上的一分子。
- 为特殊学生提供个别化教育计划。
- 尊重每个学生。
- 普通班及特殊班教师充分合作，共同拟订课程与教学计划。
- 提供足够的行政资源、政策及支持系统。
- 同伴合作学习。
- 父母参与及态度支持。
- 提供有效教学，给予特殊学生完整的课程，让特殊学生完全参与，且尽可能改编课程内容以使其能和班上普通学生分享课程内容。

·提供适合特殊学生的评估方式,不能因能力不足而影响其学习机会。

以上的指标有些和教学有关,有些和教师间的合作及父母的参与有关,可见影响融合成功与否的要素很多。实施融合时,融合的理念或计划应包含下列几项:

·信念(belief statement):列出信念。例如,每个人都是平等的,有相同的学习机会,教育的责任就是把每个学生都带动起来。

·任务(mission statement):提出融合教育能对普通学生及特殊学生开展辅导的目标。

·提供的服务是否具有连续性及是否符合学生需求。

·个别化教育计划是否反映学生的需求。

·学校是否支持融合教育的实施:行政部门是否允许课程及教学有较多的自主性。

·提供达到融合的策略。

·提供融合所需的训练。

·现在实施的评估及未来的做法:提出近期、中期与远期的目标。

·能自我评估及评价执行的成果。

·教学的特色:除了实施融合外,教学有何特色。

从以上的指标可看出融合式班级的成功需要诸多的因素配合,其中教师能否配合融合教育理念,可能是实施融合教育成功与否的最大关键,尤其融合班级花在课程设计上的时间多。例如,拟订特殊学生个别化教育计划及评估的时间都较多;班级因特殊学生及普通学生互动多,不易管理,这些都会增加教师的工作负担,因此,必须提供融合班教师足够的诱因,才能使教师安于工作岗位。

三、融合教育的特色

融合班有下列特色:

* 和同年龄的同伴一起学习。

* 和同伴一起升级。

* 没有特殊班,只有所有学生共享的特殊教室或专门科目教室。

* 不考虑残障类别及程度。

* 普通教育教师及特殊教育教师一起合作,确保:

·特殊学生自然地参与并成为班上的一分子。

·个别化教育计划的执行。

·改编主要课程或教材,以增进学生的参与和学习。

* 提供合作学习、活动本位教学、全语言等教学策略。

*通过学生主持会议、学生参与个别化教育计划的制订及计划会议来增进学生的责任感。

*学习类型多元：
- 教师包容学生不同的学习风格。
- 上课方式多元化，包括个别学习、小组学习及团体学习等教学类型。
- 教学活动多元化，包括讨论、报告、操作、多媒体、计算机科技的使用等。

*多层次教学：
- 教师能察觉班上学生学习程度上的差异。
- 教师会以学生的共同经验来设计课程。
- 教师在课程的安排上会顾及每一个学生的需求。
- 教师会按照学生学习能力的不同调整教学方法。
- 教师会充分利用各种教学设备及教具教材帮助学生学习。
- 教师安排活动会考虑特殊学生生理及心理的限制。
- 教师会在教学时呈现难易不同的教学目标。
- 为了增进学生的理解，教师会举不同例子进行说明。

*尊重个别差异：
- 教师尊重学生陈述不同的观点。
- 教师鼓励学生倾听与自己不同的观点。
- 教师安排适当机会让普通学生和特殊学生一起合作。
- 教师能安排满足特殊学生需求的课程。
- 课程的内容能让学生了解多元文化的价值。
- 教师会培养学生尊重生命的价值观。
- 教师会运用符合学生程度的词语做出说明，使学生易于理解。

*主动学习：
- 教师鼓励学生主动学习及探索相关的知识。
- 教室环境、教室布置及教学资源有助于学生从事自主学习。
- 教师培养学生独立解决问题的能力。
- 教师培养学生独立搜集资料的能力。
- 教师能教导学生撰写报告的方法。
- 教师能给予学生共同拟订课程计划的机会，如决定主题及涵盖的内容。

*合作学习：
- 教师鼓励学生和同伴共同完成作业。
- 课程的安排有让普通学生和特殊学生互动的机会。

- 教师鼓励学生协助学习困难的学生。
- 每隔一段时间教师会重新分组以增加学生的社会互动。
- 教师会安排机会让学生以分工合作的方式完成任务,如共同完成报告。

* 多元评估:
- 教师会让学生了解评估的目的。
- 教师的评估方式多元化,让所有学生都有展现优点的机会。
- 评估之后,教师能给予学生反馈,如奖励。
- 教师会给予有特别需求的学生适合其能力的评估。

* 自我管理:
- 教师能培养学生自我管理的能力,如决定什么时候交作业。
- 提供学生清楚且有规律的作息安排。
- 教师让学生共同拟订班级规则。
- 让学生能谅解特殊学生的限制。
- 教师能让学生觉得学习是自己的责任,并协助教师管理班级。

* 教师提供所有学生公平学习与参与的机会:
- 教师了解学生在学习和参与上所发生的困难。
- 教师会关怀学生的学习与参与情况,并给予公平的学习机会。
- 教师间会彼此分享经验,协助所有学生。
- 教师将注意力公平地投注在全班每个学生身上。

* 提供适合学生能力的作业:
- 家庭作业有清楚的学习目标。
- 教师会依照学生学习能力的不同,适当调整作业的难度及数量。
- 教师提供学生合作完成家庭作业的机会。
- 教师能顾及学生的个别兴趣,安排多元化的家庭作业,如剪贴、上网、搜集资料等。

* 安排多元化的活动:
- 学校或教师会安排配合主题的户外教学活动,并鼓励所有学生参与。
- 教师会安排所有学生参加艺术活动(如合唱比赛)和体能活动(如运动会)。
- 教师鼓励学生参与校内或校外所举办的公益活动,如园游会、义卖活动。
- 运动会专门为特殊学生设计可参加的项目。

* 同伴学习:
- 教师鼓励所有学生(包括不同家庭、不同成长经历的学生)分享不同的信息及学习成果。

- 在某一领域有杰出表现的学生，教师会请他指导其他同学。
- 较年长的同学协助较年幼的同学。
- 教师会教导学生每个人都有可让他人学习的优点，都可以对社会有贡献。
- 鼓励同伴间社会互动及合作。

*合作教学：
- 教师间会相互合作，分享教学技能及专业知识，以促进所有学生的学习。
- 特殊教育教师会提供专业知识和普通教育教师分享。
- 特殊教育教师会和普通教育教师充分沟通及分享教学心得。
- 同一班级的教师能充分支持及沟通彼此的教学及理念。

四、融合的运作与障碍

融合班并非只是课程的实验，整个学校都要参与。如果一所学校的文化是开放、接纳和有人文关怀的，融合教育就可以蓬勃发展；相反，如果学校强调竞争、偏重个人主义和权威式作风，融合教育就不可能顺利地开展。营造安全、积极、有活力的校园文化，可能是创建融合学校工作中最困难的一部分，但也可能是最关键的一部分。在融合的班级，学生们的成长背景、文化和语言都存在差异，因此没有一个单一教育模式会适合所有的学生，加上每个特殊学生的障碍程度也不同，所以融合教育能否成功就在于是否为他们量身打造适合的课程。通过合理的课程调整、教师的支持和教师团队合作，让学生可以在普通班级的课程中受益。

融合的实施需要很多条件的配合，目前融合式教学的理念虽被普遍认同，然而实施上仍遭遇到很大困难，造成融合式班级无法落实。在了解融合教育成功的要素之前应先了解实施融合教育的障碍，有助于融合教育的实施。

科克哈尔等人（Kochhar, et al., 1996）认为障碍主要来自下列因素：
- 学校的结构及教育环境不允许改革。
- 缺乏课程调整的空间：教学过分强调教学成果，学生的能力及课程要求两者差距过大。
- 教师缺乏教导特殊学生的意愿。
- 以为只靠普通教育改革就可以让特殊或难教的学生学得更好。
- 缺乏示范班级。
- 缺乏行政支持：行政人员须给予教师较大的课程改革空间。
- 缺乏经费难以推动融合：由于融合式班级中学生程度差异大，教师常需较多经费以购买较多的教材教具。
- 融合式班级花在课程计划上的时间较多，增加了教师工作的负担，如无法提供诱因（如提高薪资），将无法吸引教师安于工作岗位。

- 班级管理不易：融合式班级学生间互动多，常造成教师管理班级困难，当教师的时间及技能无法做好班级管理时，教学的成果就不易展现，成为融合式教育实施的障碍。
- 耗费较多时间在课程设计上，例如，拟订特殊学生个别化教育计划及评估时，兼顾双方需求常会花较多时间。
- 所需的资源常常不是一个单位就能提供。
- 对融合教育不了解，教师常面临不知如何改变班上家长对融合教育态度的处境。
- 父母的配合度、参与度及支持度不够。
- 教师不配合融合教育的理念及配合度不够可能是实施融合教育最大的障碍。
- 缺乏任教融合式班级的教学技能：教师训练是很重要的一环，教师须具备教导不同课程的技能。
- 教师的本位主义：教师不愿改变自己的教学方式。

吴淑美（1997）则发现，专业的师资、行政的支持、父母参与及课程与教学调整为融合成功的要素。可见一个融合式班级的设立并不容易，除了需要行政的支持，更需要父母、教师的通力合作。鉴于此，台湾设立融合班级时，应是循序渐进，根据行政单位提供的教学资源决定融入普通班的特殊学生的残障类别及程度，如特殊学生残障程度较重，无法在普通班获取所需的支持及所需的课程，甚至有无法受益反而退化的情形产生时，则须从普通班抽离接受训练。

五、融合的好处

从国际教育组织转向融合教室的教师们的经验分享报告中，显示通过融合教育，学生可以互相学习心理、生理或情绪上的管理。融合教育带来的好处的确大于它的成本及困难，不论对普通学生、特殊学生，还是对社区、家庭都是如此。

一般而言，通过仔细的规划，融合可具有下列好处：
- 降低教育特殊学生的成本。
- 提供教育系统积极的改变。
- 特殊学生能和同伴建立新的社会关系。
- 让所有人主动关心特殊教育、参与特殊教育。
- 对特殊学生的学业及社会性有帮助。
- 有机会接触到较有天赋的教师。
- 能接受高质量的普通教育。
- 增加成为社会一员的机会。

- 对普通学生成绩无影响，还有益处。
- 改变父母的态度。

融合教育的好处可分成下列几个层面：

◎对特殊学生的好处

- 提高自信心。
- 有跟上进度的动力。
- 适应不同教学以及提高学习能力。
- 提升他们原本在特殊班时所能达到的成就水平。
- 在较大的班级里生活，有较大的社交空间。
- 享有和其他普通同伴一样的生活圈以及社交资源。
- 能在普通教育体系中得到更专业、更适合他们的帮助。

◎对普通学生的好处

- 降低与障碍者在教室一起学习的困难度。
- 了解有障碍者与非障碍者之间的异同。
- 更容易辨认哪些学生是有障碍的。
- 较有机会成为团体间的领导者。
- 担任教师助手时可以帮助他们发展自己的技能。
- 增加普通课程的学习。

◎对学校和教师的好处

- 改善学校气氛并给予多样性帮助。
- 提供学生更多的社会互动，减少学生自我中心主义。
- 提供教师更多机会认识特殊学生。
- 提供教师自我肯定。
- 提供教师机会帮助需要额外帮助的学生。
- 提供教师支持，帮助需要协助的学生和家庭。

◎对教师知识的影响

- 增强教师学习教学策略的动机，以增进特殊学生与普通学生之间的合作学习。
- 帮助教师了解学生各种各样的需求。
- 发展教学计划。
- 创造积极的学习态度。

- 构想和计划学生的未来。
- 学会整体考虑学生学习的观点与需求。
- 能融合各个领域的学习课程。
- 促进学生合作学习。

六、融合教育常见的问题

◎隔离式或自给自足式的特殊班是否应继续存在？

根据不同障碍程度特殊学生的需求，特殊教育班仍有存在的必要，虽然越来越多的特殊学生进入普通班已是一种趋势，但一些中重度或极重度特殊学生无法在普通班学习，仍需要安置在集中式特殊教育班。

◎特殊学生待在普通班级的时间

待在普通班级的时间视特殊学生的需求及普通班参与的情况而定。

◎残障程度与获益

并非各种程度或各种类别的特殊学生都可从融合教育中获益，原则是融合必须对转入普通班的特殊学生及原班学生都有益，不会对多数学生产生消极的效果。

根据融合的理念，同在一班的学生，其课程安排要符合所有学生的需求，不是只注意到特殊学生的需求就叫融合，还要照顾普通学生的需求。对于无法在融合班获益的特殊学生，资源教室或自给自足式特殊班的安置方式仍然是需要的。

◎融合的极限

设立融合班须考虑下列因素：
- 支持够不够。
- 是否有课程调整的空间。
- 普通班级的调整是否合理及值得。

◎特殊学生与普通学生的比例

这方面尚无定论，有各种比例、各种做法。新竹教育大学附属小学融合班中普通学生及特殊学生以2∶1的比例融合，这似乎是较高难度的尝试。

◎融合班和资源班有何不同？

在资源班的学生虽然大部分时间与普通学生一起上课，但在普通班只是跟着上课，课程并未因特殊学生的需要而调整，特殊学生只有从普通教室抽离到资源教室时，才安排补救教学（特殊教育服务）。

融合班的特殊学生是全时进入普通班，特殊学生尽量不从普通教室抽离，特殊教育服务直接在普通教室进行，而且课程和评估方式都经过调整以满足特殊学生的需求。所以两者最大的不同在于课程是否针对特殊学生有所调整。

◎融合班属于普通班或特殊班？

融合班最大的特色是调整普通班的课程，让特殊学生能在普通班级中学习与参与，而且其课程进度与一般普通班并无差异，甚至更有特色，基本上，融合班是一个普通班级而非特殊班级。在国外，融合教育是普通教育改革的一环。

◎哪些特殊学生可进入融合班？

根据美国法律的规定，融合对某些学生而言是一种权利，而不是一种优待（Inclusion is a right versus a privilege for selected students），融合班的安置原则为：

· 当一个特殊学生无法在融合的环境中获得所需的服务时，才可将其移至隔离的环境。

· 考虑特殊学生在融合班受益的程度及接纳度（是否会对大多数学生产生消极后果）。

· 特殊学生进入融合班的成本，特殊学生及普通学生教育资源的分配，是否因融入重度特殊学生而影响到其他学生的教育资源。

第三节 融合班实施融合的成效

吴淑美（1996）以竹大附小[①]融合班一、二年级学生为研究对象，发现融合教育模式对普通学生及特殊学生的学习都有帮助，且对普通学生的益处大于对特殊学生的益处。

吴淑美（2004）通过课下及休息时间观察就读竹大附小融合班一至六年级的12名普通学生（每班2名）、18名轻度智力障碍及学习障碍学生（每班3名）与教

[①] 新竹师范学院于2005年改制为新竹教育大学，故新竹师范学院附属小学改为新竹教育大学附属小学，简称竹大附小，文中统一称为竹大附小。

师和同伴社会互动的情形，并用问卷搜集竹大附小融合班一至六年级及育贤初中融合班一至三年级特殊学生在各班的社会地位及孤独感资料，最后再通过访谈搜集竹大附小融合班一至六年级及育贤初中融合班一至三年级教师采取的社会支持策略资料。结果显示，社会互动、社会地位及孤独感间呈现一致性的关系，社会互动越少的人，社会地位越低，也越感到孤独。社会互动、社会地位及孤独感会随着障碍类别的不同而改变，教师访谈资料也提供了有效的支持策略，且可看出年级及阶段间的差异。

吴淑美（2001）以就读竹大附小融合班一至六年级的 12 名轻中度障碍特殊学生及同班的 12 名普通学生为研究对象，每个年级选取普通学生及特殊学生各 2 名（学习障碍及智力障碍各 1 名）。结果显示，六个年级共 6 名学习障碍学生的教学调整、同伴协助、教师注意及提示比例都低于其他 6 名智力障碍学生，只有专心学习比例高于智力障碍学生。一至六年级的教学调整、教学对象及学生反应与科目间有明显的关系，与年级间存在明显的相关，一至六年级的普通学生和特殊学生与教学调整、教学活动、同伴间协助、教学对象及学生反应等五个变量的主要类别存在明显的相关。在教学对象这个变量上，上课时教师注意到普通学生的比例显著低于特殊学生；在学生反应变量上，上课时普通学生专注学习的比例显著高于特殊学生。各变量的主要类别在不同科目及年级间的比较也有讨论。

吴淑美（2002）以任教竹大附小学前融合班、小学融合班及新竹市育贤初中融合班的教师为主要研究对象，搜集教师的教育理念、因学生个别差异采取的教学调整及其他教学策略等资料，进行问卷调查、观察及深度访谈。问卷调查对象包括任教竹大附小学前融合班的 6 名教师及 1 名助理教师，小学融合班一至六年级的 18 名教师及助理教师（每班 2 名教师及 1 名助理教师），育贤初中融合班七至八年级的 7 名教师，曾在小学融合班实习一学期的 37 名特殊教育系大四学生；访谈对象选取在融合班任教资历较久的教师 11 名，其中学前阶段 2 名、小学阶段 6 名及初中阶段 3 名，并针对上述 11 名访谈对象的班级教学技能做实际的观察，以验证访谈中提及的教学策略是否已应用在日常教学情境中。结果显示，学前、小学及初中融合班都使用了教学调整策略以应对学生的个别差异；随着教学对象的不同，教师采用的教学调整策略也不同。比起学前及初中阶段，在小学融合班常观察到调整教学、合作性教学、同伴协助及针对特殊学生的教学。

学生态度方面，郑耀婵（2002）针对竹大附小融合班小学部，以自编的"融合班学习态度量表"进行教师访谈，以了解融合班学生的学习态度。研究结果显示，特殊学生与普通学生在学习态度上没有显著差异，多具有积极的态度。

融合教育促使普通学生和特殊学生有较多的接触经验。易世为（2005）以 2 名就读初中融合班的轻度智力障碍学生为研究对象，以社会课学习进行为期八周、每周四节课的教学实验，探讨合作学习对特殊学生沟通能力、社会地位与课程内容理解的影响，结果发现，特殊学生接受合作小组学习后，可增加沟通互动次数、复句句型出现次数和融合班同伴接纳度，社会课学习单上答对的百分比显著增加。

吴筱蒨（2004）以 3 名分别就读于竹大附小融合班一、三、五年级的轻、中、重度孤独症学生为研究对象，发现在上课时，无论轻度、中度还是重度孤独症学生皆能获得请同伴协助、改变教学策略、改变教学内容及改变物理环境等教学调整。语文作业的调整会以普通学生课程为范围，改编自普通学生作业或教师自编；重度孤独症学生的语文及数学作业皆为教师自编。观察结果显示，轻、中及重度孤独症学生的学习目标都能结合其个别化教育计划目标，但轻、中度孤独症学生的教学内容符合个别化教育计划目标的比例较高，重度孤独症学生符合比例较低；轻、中及重度孤独症学生作业目标都能符合其个别化教育计划目标，但轻、中度孤独症学生的作业符合个别化教育计划目标的比例较高，重度孤独症学生符合的比例则较低。

吕冈沛（2004）通过分析竹大附小融合班教师教学类型及学生互动行为，认为融合班的学习空间应具备下列要素：

· 多角形的教室空间：在规划设计教室空间时，应考虑教室的形状，以多角形、多边形的教室为主，以便提供较多的角落使用空间。

· 两个教室应共享生活区、走道区、治疗区。

· 生活区作为学习区与走廊的缓冲空间以避免各种干扰，学习区中间需有一个缓冲空间。

· 不同教学类型的学习空间可部分重叠，管理区应设置在教室入口附近。教师为了避免学生出现意外伤害以及方便观察学生的行为，管理区必须设在入口周边以便观看整个教室内外和学生的各种活动。

· 设置服务走道以供进出及送餐。

· 桌椅与家具排列应以学生互动为主，使用小组与 U 形的桌椅排列方式，借此增加学生互动的机会。

第二章　融合教育模式介绍

所谓模式，就是有固定的理论架构及教学风格，如多元智能教学模式，采用一种模式就遵循该模式的教学方法及课程。课程模式不是一个班级而是一些班级采用相同的教材、教学方法及运作模式。每个模式做法可能不同，如特殊教育和普通教育的课程模式做法就不同。课程模式的要素包括：

- 教学对象的组合：异质团体 vs. 同质团体。
- 教学类型：个别化教学 vs. 团体教学。
- 师资选聘：通才 vs. 某一类师资。
- 教学策略：多层次教学 vs. 单层次教学。
- 引导方式：直接教学 vs. 活动式教学。
- 课程：整合 vs. 分科。
- 空间安排：空间多样化 vs. 空间单一化。
- 教师分工：教师分组 vs. 包班制。
- 师生互动：双向 vs. 单向。

在融合式教室，教材及教法应改变以符合特殊学生的需要，然而在美国一些融合式教室中，虽然在教学上有改变，但忽略了将特殊教育需要放入教学流程中，只是将特殊学生移入普通班做到表面上的融合，而不是真正让普通学生及特殊学生融合在一起。以下是美国将学习障碍学生融合至普通班中的做法，每个学校做法不尽相同，但大致可分为几个角度：

* 模式由谁负责推动：
  - 推动者除了学校本身，还有外界的协助。例如，与大学合作，由大学提供有效教学策略（如同伴学习、合作学习团体、新的阅读策略、考试及评分程序的调整、教师间的合作教学等）。
  - 推动者只有教师本身，主要由特殊教育教师来执行，以一种教学策略为主。

* 参与人员是自愿还是指定。

* 特殊学生的分配，几个人在一班：
  - 6~8 名特殊学生在同一班。
  - 把同一类型的学生分散，有分散到不同班级也有集中到同一班的做法。

*融合式教室中特殊教育教师待在教室的时间：1.5~3、4小时，有的一天只有30分钟。

*特殊学生是否有个别化教育计划。

*提供的服务：

·提供者：普通教育教师及特殊教育教师、团队、同伴、义工。

·地点：校内、校外、课余。

·方式：抽离教室（如外面走廊）。

　　　　独立的教室（如资源教室）。

　　　　在原班提供。

·分工：只有教师。

　　　　义工加上教师协助监督。

*特殊教育教师的工作内容：

·教有和没有个别化教育计划的学生。

·提供普通教育教师咨询。

·参与团队。

·只教有个别化教育计划的学生。

*提供服务（在资源教室）：

·提供一对一的服务。

·几个学生一组。

*教学分工（一班两名教师的情况下）：

·一人主教，一人在旁协助。

·两人一起教。

·分成两组，一人教一组，课程不同或相同。

*专家间的合作：如何满足特殊学生的需求，只是表面上提供一些辅助器材还是针对学生个人的需求分工合作。

*课程的调整：

·部分调整：只针对特殊学生，指的是对量的调整。例如，在教学材料、评估及作业上给的量较少，或内容有些不同，或给予较多的复习及练习机会。

·整体调整：针对全班，改变教学方式，以符合特殊学生及普通学生的需求。

*特殊学生的作业：

·作业较少。

·采用不同作业及教材。

*辅导的重点：针对哪些科目提供教学，教学时间是利用多余的时间还是原来的时段，科目可以针对语文中的阅读及拼音开展教学，也可针对其他科目或领域。

　　＊义工或同伴协助的方式：
　　　·一个特殊学生搭配一个义工或同伴。
　　　·不同年龄的普通学生协助特殊学生阅读。
　　　·合作学习团体：多数普通学生和少数特殊学生在一组。

　　以上是美国一些学校将学习障碍学生融合至普通班的情形，至于其他类别学生融合的情形，则又有不同的方式。

　　融合班的做法和普通班、特殊班都不同，其模式可谓是适性教育模式。所谓适性教育是指教师依照学生的能力、兴趣提供适宜的教育，至于应在何种条件下才能做到适性教育，则须遵循下列原则：

　　·学生的组成以异质性团体为主。
　　·班级包含不同年龄、不分级、不同程度的学生。
　　·个别差异被视为常态，非特殊现象。
　　·教室空间及课程必须经过组织以达到弹性和实现多重功能。
　　·作息安排须弹性，弹性指的是教学时间灵活，以获得同伴示范互动。
　　·以学生的教学需求而非生理年龄来分类。

　　综上所述，适性教育模式须做到因材施教才能称为适性，融合教育模式就是一种理想的适性教育模式。融合班学生间程度差异大，要做到适性教育极其不易，还好国内外一些国家和地区融合班级经多年发展已形成一些模式，以下介绍几个融合教育模式，供愿意实施融合教育者参考。

一、帕特里克·奥赫恩融合学校

　　1989年9月，美国波士顿政府决定让帕特里克·奥赫恩小学（The Patrick O'Hearn Elementary School）成为一所融合学校，从幼儿园开始实施融合。当时，特殊学生不可和同年级的普通学生在同一个班级。刚开始时，一至五年级融合班学生的平均成绩低于其他学校同年级学生。幼儿园到五年级共有220名学生，其中25%为特殊学生，而在介绍奥赫恩小学的纪录片中（Herre, 2008），奥赫恩小学实际有三分之一学生为特殊学生，这对普通学生及特殊学生都是一个选择，可以彼此双赢。令人惊讶的是，不管是普通学生还是特殊学生都有人等着要进这所学校。

　　奥赫恩小学的校长威廉·亨德森（William Henderson）认同全学校（whole schooling）理念，他认为融合和整个学校的进步有关，每所学校都有优点也有改进的空间；融合除了是所有学生的目标外，也是一所学校进步的动力；他认为好的融合必须有一所有效的学校。奥赫恩小学在2001年加入全学校模式(the Whole

Schooling Consortium），成为主导学校 (a mentor school) 之一。全学校模式是一个国际性学校组织，基于卓越及平等的概念，认为所有的学生即使有差异都应在一起学习。奥赫恩小学提出融合的精神是尊重及诚实，学校每名教师都要能了解融合的内涵。

奥赫恩小学用钻石来比喻学生的多样性及差异性。在很多地方，差异性被视为是恐惧的来源，而不是美的元素，而在奥赫恩小学，差异性却被视为一种力量，教师及家长应该去正视差异，而不是隐藏差异的存在。回到钻石隐喻，钻石是由碳物质组经由琢磨才变成珍贵的宝石。同样，当学生有人陪伴，有人发挥他们独特的特征，擦亮他们，将他们放在可以突出他们独特特质的位置，并且提供地方让他们发光，他们就会变成钻石。教育者有责任将这些未经加工的学生擦亮并让他们发光。只要给予机会，任何学生都可成为一颗珍贵的钻石。

奥赫恩小学希望提供激发创造力及具有挑战性的环境，配合生态环境提供符合学生学习需求和学习风格的课程。例如，以波士顿茶叶事件及移民作为社会课[①]主题，教导学生了解波士顿著名的历史事件。对奥赫恩小学的教学团队以及学生来说，教导社会课是一种喜悦，可以让学生主动参与以及沉浸在历史事件中，因为奥赫恩小学位于波士顿，是美国历史发源地。当美国其他各州的学生只能阅读文字或观看视频时，这个城市却能提供第一手历史资料，让普通学生与特殊学生分工合作，使用网络搜集与分享数据，制作图画来描述这个事件，写出波士顿茶叶事件发生的原因且演出相关内容。

奥赫恩小学认为，学生不应被期望要在同时间内有一样的进步，而应被教导由于他们的独特性而感到有价值。此外，学校必须提供符合学生需求的回应课程（responsive curriculum），学生学习的内容和学校的目标及目的一致，学校所设计的课程可以支持学生获得阅读、写、听、数学、科学、创造性思考、批判性思考以及问题解决等能力，教育活动可用来帮助学生达到高阶的表现或超越自己。对特殊学生而言，制订个别化教育计划，将个别化教育计划的目标加入教室活动流程中，可以确保特殊学生学到适合其能力的课程。当同年级程度的教材太难或是太简单时，课程与教学就需要做调整，调整必须因学生需要而改变，才能让特殊学生参与班上的活动，有些学生不只需要减少考试的项目，还需要更多的调整，包括课程内容的调整。

在奥赫恩小学，每一个班级的学生有功课特别好的、功课一般的、些许落后的和非常落后的，所以不能使用同步的课程与教材；换言之，将一个模式用于所有人的方法并不是好的教育方法，即使是同质性班级也必须调整教学内容与策略，最重

---

① 社会课指的是历史、地理等科目统称。

要的是通过同伴或专业的支持,实践合作与融合的理念,才能让每一个学生学习及成长。

二、全学校模式

全学校模式推动者迈克尔·彼得森(Michael Peterson)认为,一所能做到融合的学校才是完整的学校;融合不只是让特殊学生及普通学生融合,更是推动民主的一个途径,希望全世界各个学校都能推动优秀公平的理念,创立一个融合和民主的社会;通过融合教育帮助学生探索潜能,使他们在民主社会中做个有用的人,成为一个创新的领导人,创造变革使世界更美好。全学校模式认为学校教育不应该以考试成绩为导向,而是帮助学生发展技能,使他们的生存机会和积极发展达到最大,成为民主社会的公民。学校要教导学生照顾及合作的观念,使学生学会如何做出决定、使用权力并有责任感,让学生在生活中学习。融合教育在乎的不是班上特殊学生人数的多寡,而是经过融合是否产生学校的改变及融合文化。

全学校模式强调民主、多层次教学、支持学习、多元评估、多功能空间、伙伴关系、包含所有的人、社区参与八个指标(图2-1),以建立一个支持所有学生适性学习及成为民主公民的环境(McMaster, 2013)。

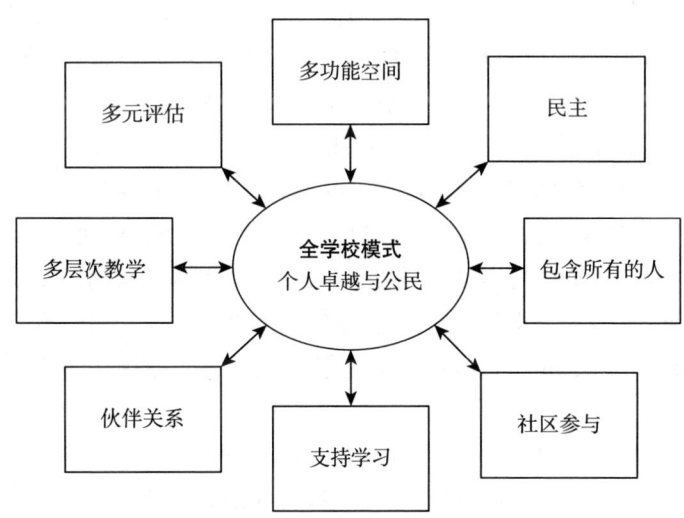

图2-1 全学校模式八个指标

全学校模式具有以下几项特点:
· 教导学生学习在社会上真正实用的工具及技能。
· 让学生了解同伴间的关系,学会照顾及社会互动。

- 让学生在良好的融合环境下学习。
- 通过教室里的同伴和教师来鼓励学习。
- 发展学生与教师、家长以及社会之间自然的相处关系。
- 通过多层次教学与真实情境、经验、声音和文化的联结，引起不同程度的学生的学习兴趣。

劳斯和弗洛里安（Rouse & Florian, 1996）将融合学校（inclusive school）和有效能学校（effective schools）联结在一起，因为融合学校的学生是多元的，必须满足所有学生的需求才能生存。融合学校除了要注意一般学校所重视的学业成就，还必须能增进所有学习者的学习，因此可视为一种有效能的学校。为了增进学校的效能，学校必须能教导各种能力的学生（Creemers, 1996）。

融合教育成效的探讨可以是针对特定个案，也可以是整个学校制度的改变，学校的角色由提供个别需求转换到整个学校对多元化的反应。例如，美国约翰逊城市中心学区（Johnson City Central School District）的一些融合小学实施完全融合30个月后，整个学校包括行政人员及教师的态度都改变了（Downing, 1996）。

三、集中式融合班模式

美国在1980年开始实施社会融合，让原本在特殊班的学生进入普通班与普通学生融合。为了达到融合的效果，将特殊学生集中在一个普通班，集中资源照顾这个有着普通学生及特殊学生的普通班，融合的时间视特殊学生的障碍而定。盖洛德-罗斯（Gaylord-Ross, 1989）认为将特殊学生集中在一个班级实施融合，特殊教育教师就不需要在班级间移动，既可专心在一个班级提供特殊教育服务，也可以让特殊教育资源集中在一起，增加资源的利用，尤其在实施中、重度障碍学生融合时，如将其分散至不同的普通班级，教师将不易兼顾其他班级的特殊学生。至于一个班级中特殊学生及普通学生的比例应如何分配则见仁见智，做法不尽相同。贝克和西格蒙（Baker & Zigmond, 1995）认为美国将学习障碍学生融合至普通班的做法可大致分为两种：

- 6~8个不同类别的学习障碍学生在同一班。
- 同一类型（如学习障碍）的学生分散到不同班级，也可集中到同一班。

秉持这样的理念有下列几所学校。

（一）纽约州爱德华·史密斯小学（Edward Smith Elementary School）

该学校融合式课程涵盖从幼儿园到八年级，是美国历史最悠久的完全融合学校。一个班级大约25~30人，每个年级特殊学生及普通学生人数不一，如四年级的某个班就只有 1~2 名孤独症学生，而五年级的某个班就有 6 名特殊学生，全班共 29 人。教师人数及班级数都不同，详见表 2-1。

表 2-1　美国爱德华·史密斯小学现况

年级	教师人数	普通学生人数	特殊学生人数	普通/特殊比例	班级数
幼儿园	2	21	6	3.5∶1	1
一年级	2	25	6	4.2∶1	1
二年级	2	15	2	7.5∶1	3
三年级	2	25	6	4.1∶1	1
四年级	1	22	1	22.0∶1	1
五年级	2	23	6	4.0∶1	1
六年级	1	17	5	3.4∶1	1

（二）希望科技学校（Hope Technology School）

希望科技学校 2001 年创建于美国加州，提供普通学生及特殊学生完全融合，是一所招收 3 岁至 12 岁学生的私立学校。全校现有 140 名学生，除了幼儿园、小学及中学，还设有一个职业训练中心，以充分运用科技学习为目的。早期普通学生与特殊学生的比例为 3∶2，现在则未注明。一个班级有 12 名学生，由一名教师及一名助理教师负责，科技（如计算机）对学生学习扮演重要的角色。

（三）台湾集中式融合班

参考美国将不同类别的特殊学生融合至同一班以集中特殊教育资源的做法，1989 年吴淑美教授开始尝试做特殊幼儿和普通幼儿的融合，以 5 名特殊幼儿与 11 名普通幼儿融合在一个班级的方式，在新竹师范学院设立学前融合班。这个模式于 1992 年纳入竹大附小成为正式的学前融合班，开启了体制内学前阶段的融合。早期特殊幼儿与普通幼儿以 1∶2 的比例混合，采用完全融合的模式，结果证明只要课程设计得当，即使是中重度残障幼儿也能完全融入普通班中（吴淑美，1992）。所有的教师不分谁是特殊幼儿的教师，谁是普通幼儿的教师。特殊幼儿及普通幼儿都融合在一起，都属于同一班级，融合教育的真谛即在于此。

除了设立学前融合班，小学也设立了融合班。竹大附小融合班设立于 1994 年 8 月，因特殊学生人数须符合自给自足式特殊教育班特殊学生的下限（每班 8 名），所以在竹大附小融合班中，每班有 8 名不同类别的特殊学生及 16 名普通学生，特殊学生障碍程度涵盖轻度至中重度，每班有 2 名教师及 1 名助理教师。2010 年，因班级人数降低，一个班共有 22 名学生，其中 7 名为特殊学生。

目前，将一定数量的特殊学生与普通学生按比例融合在同一班级，除了竹大附小的学前及小学融合班，还有育贤初中融合班及财团法人福荣融合教育推广基金会附设的初中融合班（学籍属于新竹市建功初中），概况如表 2-2 所示。

表 2-2 集中式融合班概况

竹大附小融合班（学前设立于 1989 年，小学设立于 1994 年）					
年级	教师人数	助理教师	普通学生人数	特殊学生人数	班级数
4~5 岁组（全日班）	2	1（三班共用）	12	6	3
一年级	2	1	15	7	1
二年级	2	1	15	7	1
三年级	2	1	15	7	1
四年级	2	1	15	7	1
五年级	2	1	15	7	1
六年级	2	1	15	7	1
育贤初中融合班（设立于 2000 年）					
年级	教师人数	普特生比	普通学生人数	特殊学生人数	班级数
七年级	3	3∶1	18	6	1
八年级	3	3∶1	18	6	1
九年级	3	3∶1	18	6	1
财团法人福荣融合教育推广基金会附设初中融合班（设立于 2004 年）					
年级	教师人数	普特生比	普通学生人数	特殊学生人数	班级数
七至九年级	5	1.5∶1	18	12	1

四、社区式融合班

一个班只有 1~2 名特殊学生，以 3 名为限，课程与教师以普通班为主，师生比学前阶段约 1∶15，小学阶段约 1∶35，易忽略特殊学生需要。

大津融合中小学 20 名学生中有 3 名为身心障碍学生，有 4 名专任教师及 9 名兼任教师。

鹿港苗圃学园 17 名学生中有 3 名为身心障碍学生，有 1 名专任教师及 2 名助理教师（家长兼任）。

五、合作式融合班：普通班加特殊班合成一个班

新北市成州小学一个普通班（30人）加一个学前特殊班（5人），有2名普通班教师、2名特殊班教师及1名助理教师，师生比为1：9.5，课程与教学以普通教育为主，但经过调整以满足特殊学生的需求。

南投县水里小学一个普通幼儿园（24人）加一个学前特殊班（4人），有2名普通班教师及2名特殊班教师，师生比为1：7，课程与教学以普通教育为主，但经过调整以满足特殊学生的需求。

苗栗县启文小学一个普通幼儿园（30人）加一个学前特殊班（4人），有2名普通班教师及2名特殊班教师，师生比为1：8，课程与教学以普通教育为主，但经过调整以满足特殊学生的需求。

高雄市左营小学附属幼儿园共三个学前融合班，每班由普通幼儿20人加半个学前特殊班（5人）组成，有1名普通班教师、1名学前特殊班教师及1名实习教师，师生比为1：10，课程与教学以普通班为主，但经过调整以满足特殊学生的需求。

新竹县竹北小学半个学前班（15人）加半个学前特殊班（5人），有1名普通班教师及1名特殊班教师，师生比为1：10，课程与教学以普通教育为主，但经过调整以满足特殊学生的需求。

六、特殊班转型

师资及学生以特殊学生为主，让极少数的普通学生进入特殊班，其师生比为1：5，课程与教师以特殊学生为主，容易忽略普通学生的需求。

新竹市载熙小学将原有的学前启智班学生（5名）加上两倍普通学生（11名）组成融合班，有2名学前特殊班教师，师生比为1：8。

彰化启智学校将原有的学前启智班学生（6名）加上两倍普通学生（12名）组成融合班，有2名学前特殊班教师及1名助理教师，师生比为1：6。

伊甸基金会凤山区早疗中心将轻度身心障碍幼儿（3名）加上三倍普通幼儿（9名）组成融合班，有2名学前特殊班教师，师生比为1：6。

以目前台湾的教育环境而言，合作式的融合班将普通班及特殊班相结合，不增加教师编制，这是较为理想的做法。学前融合班（一个班有2名教师、30名学生）如能采取此种模式将是一种较好的尝试，也是一种双赢的做法。至于现行的小学普通班教师编制较少（一个班约1.5名教师），若实施合作式的融合，教师编制仍嫌不足。

第三章 融合班的环境与作息管理

教学环境除包含物理环境、空间的安排外，还包括作息和时间的分配、班级气氛、行为管理系统等项目。对班上有特殊学生的融合式班级而言，整齐又有吸引力的环境对提升学生间的互动及降低学生的行为问题有积极的影响。教学环境必须做调整，以减少噪声及干扰，增进学生间互动的质与量。

物理环境包括教室的外观及空间的使用，空间则包括墙面、灯光、地面及储存区等部分。墙面空间指的是布告栏，布告栏能增加教室的美观性，也能让教学内容一目了然，因此布告栏的设计格外重要。一般教室的布告栏上大都贴着教室规则及学生作品，当然也包括教师所教课程中强调的内容如除法的步骤，以提醒学生学习。

第一节 环境安排的原则

环境会影响学生的学习及行为。教室拥挤会让学生分心，也会让学生容易吵闹，产生破坏行为；教室环境凌乱、缺乏组织，会影响教学活动的进行、呈现及材料的取得，让学生不知道要去哪里找用具，因此，环境必须经过设计及安排以促进学生的学习。首先要问的是，学习环境应如何设计以符合学习者的需求，应提供给特殊学生什么样的学习环境？是否和为普通学生安排的环境一样？答案是普通学生及特殊学生的学习环境应是一样的，对于一些行动不方便的学生，如坐轮椅的学生，环境自然需要做一些调整。基本上，普通学生及特殊学生的差异是在学习的速度上，因此，不需要安排完全不同的学习环境。环境的安排需符合下列原则：

·安排时间及空间，提供技能的学习及类化（应用）。学习指的是通过个别、小组或团体教学，由教师主导传授一些新的技能。类化指的是将所学技能运用到真实的日常生活情境，通过增进学习动机统整所学的技能，运用到日常生活经验中。因而，环境的安排须考虑是否创造了学习与类化的机会，例如，教室有角落的设置，在角落放置各种类别的教具，都是提供类化机会的一种方法。

·环境中的教材与教具必须能符合学生的需要。教学活动及材料太简单或太难的都不适合，应选取具有挑战性、符合学生程度的活动及材料，让所有的学生都有参与及归属的感觉。

·提供秩序化的环境。例如角落的安排，让每一个区域（角落）有其固定的功能，如数学角放的都是增进学生数学概念的教具，如大富翁，并给予学生选择不同学习区及同一区中不同教具的机会。

·提供安静的学习环境。尽量避免过分干扰的学习环境，如离走道或马路近的教室。

·提供探索环境的机会。尽量采用开放式的书架及橱柜，让学生可以自行阅读图书、方便取用教具及材料；安排适当的作息时间，让学生每天或每周有固定的时间探索及使用教室内的图书、教具材料。

第二节　教室空间的安排及布置

教室空间的安排及布置会影响教室的气氛，通常一间教室会有多种不同性质及类型的活动在进行，有静态的活动如书写、阅读等，也有操作的活动如自然、绘画等。另外，既有小组讨论的空间，也有全班一起讨论的空间，如让教师能够面对全班学生讲话的空间。

座位的安排也会影响特殊学生的学习。传统式排排坐的座位安排，教师在做团体教学时可以一目了然地看到坐在台下的学生，可以很快发现谁没有专心听讲而给予协助，可以很容易发现有注意力缺陷障碍的学生。这种座位安排唯一的缺点是学生之间没有互动，较难引发互助合作的行为。在融合班，学生的座位通常是三个或四个学生坐在一起形成一个小团体，教师可以根据座位的安排做小组间的竞赛，看哪一小组秩序最好或是以组为单位共同完成一份作业。

无论座位是采取排排坐还是交互式的方式，教师都需要能看到教室的每一个角落包括教室内的学习区，如此才能做好班级的管理与经营。教室内除了教学区域外，也需要储藏教学用品的区域，如教学材料柜或是工作柜。

为了有效利用教室空间，教师必须仔细规划物品的陈列及特殊活动所用的设备，还要恰当使用天花板、楼梯的空间，空间安排及布置应符合下列原则：

·教室家具符合班上各种学生的需要。例如，桌椅的安排高度适中，甚至提供不同高度及大小的桌椅，以符合不同身高学生的需求，这不但有利于学生间的互动及合作，且令每个人有足够操作教具及摆放材料的空间，增加独立和成功的机会，减少不必要的挫折。

·安排不同教学类型的空间（如静态、动态、小组、团体、计算机、全班、1~2个学生、10个学生）。安排桌子及教室其他区域时，先建立大团体教学区域，再安排小组教学的空间。

- 安排制造互动机会的空间。让学生把四个座位排在一起，让特殊学生和普通学生坐在一起以便合作，协助他们互相分享知识、经验及练习社交技能。
- 安排教师的位置。教师的位置须放在一个可以看到大家的地方，并且桌面保持整洁。如果教室够大，也要安排助理教师的位置，可以位于教师的对面以便监督学生。
- 设置游戏区或休闲角落作为奖赏，让学生完成作业后可以去玩。
- 设置图书馆、阅读区及计算机、录音机、VCR、投影机等视听区。
- 利用布告栏及墙壁的空间展示作品或张贴班规等，墙面也可用来展示与课程有关的参考资料、常见字词、学生作品、工作步骤，展示要能让学生有兴趣并时常更换。表 3-1 是融合班各班教室布告栏展示的内容。

表 3-1 融合班各班教室各类布告栏展示内容

大黑板	善行小天使（二年级）。 联络簿内容、小组长名字（小组长轮流、班长按座位顺序排）（三年级）。 主题报告管制表、班规、用餐礼仪（六年级）。
佳作集	作业单作品集（一年级、二年级、三年级）。 学习园地（四年级）。
语文	配合语文课单元的教材及相关的资料、故事（一年级、二年级）。 开心园地（四年级）。 优良作业单（五年级）。 佳作集、作品、作业单、书报文章欣赏（六年级）。
英文	生活实用性词汇配合图片，以主题呈现（一年级）。 英文课句子（五年级）。 佳作集、作品、作业单、书报文章欣赏（六年级）。
数学	数学补充资料（三年级）。 数学故事作业单（五年级）。 闯关小英雄（六年级）。
自然	植物标本（三年级）。 相关资料（五年级）。 作品、作业单报告（六年级）。
荣誉板	每个小朋友一个袋子装荣誉卡（一年级）。 奖状、奖牌（三年级）。
联络簿	除联络事项外，每日一句赞美同学的话（一年级）。 作业相关事项（六年级）。
艺术	美术作品（二年级）。 布告栏张贴、布置教室（四年级）。 优良作品（五年级）。 作品图文欣赏（六年级）。

续表

主题园地	每个小朋友的个人照、生活照（一年级）。 单元主题布置（三年级）。 配合单元主题不定期更换（四年级）。 配合各科教学活动主题内容（六年级）。
角落牌	角落卡（五年级）。 各角落分组名单（六年级）。
每日一句	好话（二年级）。 每周一个成语（三年级）。 一句好话（四年级）。 成语/小朋友（五年级）。
公告事项	重要信息通知张贴（一年级）。 各项比赛办法或班级事务（三年级）。 布告栏上张贴（四年级）。 近日活动（五年级）。 活动、课表（六年级）。
其他	（文化园地）文化艺术信息、班级活动照片（一年级）。 语文日报、书香园地（二年级）。 赞美天地（同学彼此或家长、教师对小朋友的赞美）（三年级）。 活动照片列车、活动预告（五年级）。

·鼓励专心的行为，减少干扰。学生有学业及社交上的问题可以以同伴为榜样来学习。容易分心的学生需要安排较私人的区域，或是安排在教师附近。

·提供宽敞的空间。空间拥挤会产生挫折感，且容易干扰彼此的学习。如要规划角落或学习区，则对教室空间的需求更大。

·每个人有放置自己物品的空间。如有工作柜、工作箱，或每个人有一个信箱/篮子放置个人物品。

第三节　安排适合的融合环境

融合班有普通学生也有特殊学生；特殊学生可能有智力障碍、肢体障碍、孤独症、听力障碍、视力障碍、学习障碍、身体病弱、语言障碍、情绪障碍或多重障碍等。对于某些如有视力障碍或肢体障碍的特殊学生，安全的环境就显得特别重要，因而在安排环境及设计空间时，必须选择一个适合学生学习的环境，并符合特殊学生对环境的特别需求。

融合班各年级的教室多采用多功能的方式来安排，有小组教学的座位，教室周围还有角落的布置。平时上自然及社会课时全班一起上，上语文及数学课时分成两组。分组方式有两种，一种将 22 个学生平均分成 A、B 两组，每组 11 人，每组可再分成三小组，每组剩余的 2 人可以合成一小组或是分成两小组；一种是依能力分组，成为大（18 人）、小（4 人）两组。所以在环境布置上，利用矮柜隔成两边，一边有 22 个位置，另一边则有 4 个位置，以利于教学的进行。美中不足的是，有时学生会因声音的相互干扰而影响学习情绪，较易分心，若教师能适时引导，学生也渐渐习惯这种教学环境，则没有太大影响，但仍需两组教师用心注意，以免造成相互干扰。除此之外，其他教学或教学外的活动中，有时需要用到其他辅具。例如，学生需要坐轮椅，就要安排利于轮椅回转的空间；有些特殊课程需要用到二楼的教室时，就需麻烦教师为学生搬动轮椅，一学期下来，教师难免会不堪重负。因此，有行动不便的特殊学生的班级，教室就要安排在一楼，既有利于特殊学生参与教学，也可减轻教师的负担。

教室是一班两组学生共同使用，有两名教师各在一边执行教学，每组各有一个黑板。教室周围是角落，中间则安排学生座位。图 3-1 为竹大附小三年级融合班教室的空间安排。

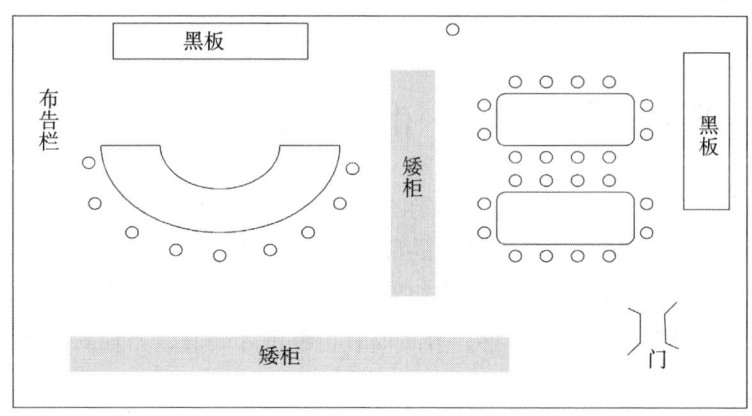

图 3-1　教室空间设计图

学习环境的调整以提供特殊学生安全、安心且无障碍的学习环境为首要目标，再依据个别学生的身心状况与需求进行教室位置与动线[①] 规划、学习区的安排、座位安排等调整。例如，提供宽敞的走道供肢体障碍学生使用轮椅，提供所需的人力、辅具与行政资源和自然支持。尽量避免让特殊学生专用一个空间，以免造成与其他学生的隔离。表 3-2 为融合班无障碍环境与辅助科技的安排。

---

① 注：动线指的是空间扣除家具后剩下的行走路线。

表 3-2　融合班无障碍环境与辅助科技的安排

项目	举例
学校能依据身心障碍学生个别需求主动调整学校环境（如针对肢体障碍学生调整教室位置、针对听力障碍学生设置灯光信号设施等）。	• 针对坐轮椅的学生，在电梯设置镜子，方便其进出电梯时消除视觉死角，确保行动安全。 • 校园无障碍空间设计。 • 为有教员员的学生安排适当的座位。
校园动线设计能考虑身心障碍学生的行动需求。	• 有电梯、斜坡道，除一些非平坦区域，大部分都是学生可达的地区。
学校无障碍设施（如厕所、楼梯、斜坡道等）符合身心障碍学生的需求。	• 两间教室间设有爱心厕所，楼梯双侧有扶手，确保学生安全。
教室空间使用与各类设施能增进身心障碍学生学习及与同学互动。	• 教室属于无障碍空间，设施基本上多元化，对特殊学生学习很有帮助。
学校能提供符合身心障碍学生学习所需的学习设备与资源。	• 有较大尺寸的计算机屏幕，方便视力不佳的学生使用，有触控屏幕和电子白板①方便学生操控。 • 有触摸屏，供特殊学生学习使用。
学校能提供或协助申请身心障碍学生所必需的辅助科技（如辅助科技设备的评估、提供、调整等服务）。	• 学校提供或协助申请电动轮椅、沟通板。

第四节　作息的重要性

作息是一个班级的结构，它告诉你在每一段时间该做些什么。作息安排得当，对教学质量及师生间的互动都有莫大的帮助。学校除了固定或不固定的作息外，还有一些被称为过渡时间的空当。教室如果没有固定的作息，学生的活动、座位、个人空间及日常活动都会妨碍教学，有了作息，教师才能有效率地安排活动及计划教学。

作息影响学生的学习，作息可分为学业性及非学业性。学业性作息通常较具有结构性，正式安排课程，如语文课、数学课、自然课、社会课等，学业性作息所占的比例越高，学生学习的时间就越多；非学业性时间，如每天上课前的班会，没有正式安排课程，却是最佳的生活训练时间。不管作息时间有无安排课程，一旦制定，就应该公开且固定。例如，每周有几堂语文课排在哪几节，这是固定的，这样学生才知道什么时候要上什么课，尤其是特殊学生，作息时间更要固定，否则易造

---

① 电子白板通过连接计算机和投影仪，教师们可以将课程内容显示在电子白板上进行互动教学，还可以使用触控笔或手指对各种应用程序进行操控或书写，每一名学生都可以亲自上台操作进行交互式学习。

成情绪上的困扰。对特殊学生而言，知道每天要上什么课及课堂进行的活动内容是非常重要的，这样才能控制周围的环境，学校生活也才能有规律。又如，语文课的内容多半是认识词语、习写生字，且坐在固定的座位上，特殊学生在上这些课时，情绪通常较为稳定；至于音乐课、体育课并无固定座位，无法预料上课时会上些什么内容，因此特殊学生在上这些课时，经常会情绪失控。

提供特殊学生可视化作息，让特殊学生知道每段作息做些什么事，有助于特殊学生情绪的稳定。制作可视化作息时可将典型的一天拍下来，再将拍下来的照片按照作息的时间排列，有了可视化作息，学生可事先知道当天发生的事，并做好准备。当天作息如有变动时，应事先让班上学生知道，如此学生才不会有手足无措的感觉。在融合班，特殊学生和普通学生的作息大致一样，上课的科目也相同，唯一不同的是有些特殊学生会在一周中的某些时段去治疗室接受康复治疗，或是在角落时间、午睡时间接受班上教师的个别指导。

第五节　作息的安排

为了让学生适应学校的作息，教师可以在固定时间安排一些活动。例如，早上刚到教室时，安排交作业及联络簿，并在固定的时间抄联络簿，或是上课时讲完一个段落后安排学生写活动单（学习单），写完活动单后再安排分享的活动，又或是在每节课开始时，复习上一堂课所教的内容。有的教师会在下课前五分钟布置作业并给予学生收拾课本的时间。遇到有些课需要换教室时，须事先提醒学生，可以让学生了解换教室的原因及方式。如果需要换教室就应该固定哪几节换教室，最好不要有时换、有时不换，这样才不会让学生产生不安定的感觉。

教师的作息包含教学时间的安排及过渡时间的规划，教学时间可分为教师实际教学时间及学生参与学习时间，过渡时间指的是活动转换中空当的时间，也可以是变换教室、变换座位的时间。过渡时间为非教学时间，可分为等待参与活动、获取所需物品或协助、转换教学地点及转换分组的时间。过渡时间如果过长或未妥善安排会造成学生分心，因此教室的座位应该固定，不要随便搬动椅子；教具也应陈列在周围，方便教师上课时使用，以免发生教师取用教具时学生无事可做的情形。转换时，须注意动线、转换的位置，并事先预备教材、教具和活动，教师可以利用班级空余时间让学生练习或复习课程内容。

作息的重要性不言而喻，建议安排融合班作息时遵循下列原则：

· 需要有动态及静态的时间。
· 需要有大动作及精细动作的时间。

- 需要有室内及户外活动的时间。
- 每一段作息之间应均衡流畅，没有压迫感。均衡指的是：
  （1）吃完午餐后，应有一段休息时间。
  （2）户外时间（如体育课）结束后，应有一段让学生安静下来的时间。
  （3）在上课开始时安排唱歌或国学诵读，如此学生较易安定下来。
- 每天课程结束前，安排一些较特别的活动。例如，回忆当天最快乐的事或印象最深刻的事，如此每个学生可带着愉快的心情回家。
- 在每天上学及放学时，应给每个学生彼此问好及说再见的机会。
- 每天的作息应固定且有顺序，给予学生安全感。
- 作息要安排学习新技能及练习旧技能的机会。要把之前学习的内容通过复习再加以练习。例如，利用每一堂课开始时间来复习旧的技能，把新的概念与学过的旧观念结合，既可温故知新也可将旧技能类化。
- 活动的安排需顾及各类型活动间的均衡。例如，均衡安排下列三种类型的活动：
  （1）教师及学生主导的活动。作息应有教师安排的活动的时段，也有学生自我选择活动的时段。
  （2）结构及非结构时间。作息中有明确结构的时段（如上课时间），也有非结构的时段（如下课时间）。
  （3）单独/与教师/与其他同学的活动。作息中应有让学生独处的时段，也有与教师及同伴互动的时段。
- 作息应安排大团体、分组及个别活动的时间。
- 安排可进行多层次活动及准备材料的时段。例如，角落安排各种类型及难易不同的材料，如有不同种类的数学方块；在上课讲解完课文后，提出不同难度的问题。
- 作息和空间配合。例如，小组活动常有作品完成，每个学生应有自己的工作柜放置自己的物品。特殊学生应有一个放置其个别课程的盒子，内有这周为其特别安排的活动，活动根据特殊学生的个别化教育计划来设计，并将每周的目标贴在布告栏或适当的角落。
- 每天的作息安排需顾及学习领域间的均衡。例如，每天的作息均应顾及语文、数学、社会、自然与生活等领域，一周的课程中应安排美术、音乐、构造（如盖房子）、戏剧及体能动作等课程活动。
- 作息的安排及课程能够反映教学理念。当教学理念为主动学习及从经验中学习时，教室中就可安排教具的操作和学习区，在教学时给予学生主动参与的机会，而不是被动地聆听教师的解释。

- 教室作息分为结构式及非结构式（指的是到校、下课及午餐时间）两种，很多功能性活动可以在日常生活中进行，而不需特别安排时间。
- 同一段作息尽量把不同程度的学生放在一组。在做分组教学时，如将残障学生放在一起，可能会造成学习受限、社会隔离及教学呆板等问题。因此，如要使学生间有互动，异质性分组将是一种理想的学习方式。异质性分组既能让不同程度的学生在一起合作学习，也让普通学生及特殊学生都能有意义地学习。
- 减少特殊学生抽离教室的时间。抽离教室意味着和普通同伴隔离，此外也会造成特殊学生参与普通班级活动间断。解决方法为让治疗师参与班上小组教学，或成为教师的助手，把治疗的理念传递给教师。如有必要抽离时，也要尽量减少抽离对教室课程的影响。
- 有顺序地安排课程活动。让学生知道下一段时间做些什么，并能参与每一段时间。
- 安排足够的互动时间。在教室中尽量安排足够的时间让特殊学生与普通学生之间有互动的机会，且安排各种类型的作息（如大团体、小组等）。
- 安排教师与相关专业人员讨论课程的时间。在排课上让任教相同领域的教师有共同的时间进行课程沟通及头脑风暴，并排出一些空档让教师有时间与其他专业人员沟通。

作息安排如表 3-3、表 3-4 所示，分为低年级及高年级。从作息表中可看出融合班在上午时的作息安排，8:40 开始课程。作息可分为大团体时间、分组时间及角落时间、下课时间。大团体时间是所有学生一起学习的时间；分组时间则是将所有学生分为两组后（有两种分组方式，视科目和年级而定），再根据每一小组学生的特质，由教师设计课程，以符合每个学生的需求；角落学习则是由学生自由选择要去哪一个角落，是学生自主学习的最佳时段；下课时间都是 10 分钟，只有课间活动时间为 20 分钟，可配合休闲，让学生可以自由交谈、在户外玩。

表 3-3 低年级课程表

时间	星期、科目 分钟、节次	一	二	三	四	五
上午	7:50-8:00	晨读时间					
	8:00-8:15	整理活动		晨会	整理活动	
	8:15-8:35	晨会			晨会	
	8:40-9:20	第一节	语文 A 数学 B	语文 A 数学 B	语文 A 英语 B	语文 A 数学 B	语文 A 英语 B

续表

时间	分钟、节次	星期、科目	一	二	三	四	五
上午	9:30–10:10	第二节	语文 B 数学 A	语文 B 英语 A	语文 B 数学 A	语文 B 英语 A	语文 B 数学 A
上午	10:30–11:10	第三节	体育—单 游泳—双	生活	生活	生活	生活
上午	11:20–12:00	第四节		乡土语言①	生活	语文（全）	生活
中午	12:00–12:30		午餐时间				
中午	12:30–13:10		12:50 放学	午休时间		12:50 放学	
下午	13:20–14:00	第五节		角落			
下午	14:10–14:50	第六节		社团			
下午	15:00–15:40	第七节		社团			
下午	15:40–15:50			班会			
下午	15:50			放学			

表 3-4 高年级课程表

时间	分钟、节次	星期、科目	一	二	三	四	五
上午	7:50–8:00		晨读时间				
上午	8:00–8:15		整理活动		晨会	整理活动	
上午	8:15–8:35		晨会			晨会	
上午	8:40–9:20	第一节	数学（大） 数学（小）	语文（大） 语文（小）	数学（大） 数学（小）	社会	数学（大） 数学（小）
上午	9:30–10:10	第二节	语文（大） 语文（小）	数学（大） 数学（小）	语文（大） 语文（小）	英语	语文（大） 语文（小）

---

① 乡土语言即方言课，如客家话、闽南语。

续表

时间	分钟、节次	星期、科目	一	二	三	四	五
上午	10:30–11:10	第三节	语文（大）语文（小）	社会	美术	语文（大）语文（小）	体育—单 游泳—双
	11:20–12:00	第四节	社会	自然	美术	语文（大）语文（小）	
中午	12:00–12:30		午餐时间				
	12:30–13:10		午休时间		12:50 放学	午休时间	
下午	13:20–14:00	第五节	英语	乡土语言		数学（大）数学（小）	自然
	14:10–14:50	第六节	健康	社团		信息	自然
	15:00–15:40	第七节	角落	社团		角落	音乐
	15:40–15:50		班会			班会	
	15:50		放学			放学	

第六节　作息和教学结合

融合式的班级既有特殊学生也有普通学生。特殊学生的类别并非同一类时，整个环境可以说是一个异质性较大的环境，因而作息的安排必须是多功能的，既要兼顾普通学生及特殊学生的需要，也要能增进普通学生及特殊学生间的互动；此外，课程的安排也必须具有相当的弹性，可以随时安排其他的辅助课程。

概括起来，整个班级的教学类型可分为个别教学、小组教学、团体教学、角落教学及户外教学五类。在普通小学的教学里，并没有个别化教学的安排，然而在融合的环境中，可以结合特殊教育中的技能，把个别化教学目标放在融合班的作息安排中。例如，通过角落教学来执行个别化教学，如此既可兼顾个别化的教学目标，也可使特殊学生和普通学生有互动机会。

在这种类型的学习环境下，整个教室的教学都是经过特殊设计的。例如，学习角落的安排可以配合课程来设计，户外场地或操场有秋千、单杠、滑梯，可以帮助学生做大肌肉的训练。在语文角中，有图书、图片或字卡，可训练学生的语文能力。学习角落的设置可帮助学生有系统地学习学科领域中必备的技能。

小组教学则是一种比较结构化的教学，由教师特别设计，学习内容包括语文及数学。在分组时，由于低年级学生间的个别差异较小，课程弹性较大，特殊学生和普通学生可放在同一组，但在执行小组教学时，仍需使用不同层次的材料及内容以达到因材施教的目的。

除小组教学及团体教学外，仍可根据学生的需要安排一对一教学，如利用角落时间在个别角辅导特殊学生。一对一教学通常由专业人员负责，如语言治疗师或作业治疗师为特殊学生做特殊的治疗，如果没有专业人员，可由受过特殊教育训练的教师充当。一对一教学主要是弥补团体教学的不足，也是和学生建立关系的方法。如果学生不适合一对一教学，也可安排同伴教学或其他类型的教学。

班上除了固定的教师外，也可安排义工在团体教学时协助特殊学生参与活动，甚至可以把学校教的东西教给父母，以协助父母在家继续辅导特殊学生。在融合班教室中均有个别角的设计，教师可在教室中做个别辅导，让特殊学生的个别化教学目标融入普通的教学情境之中，使抽离教室的时间无形中减到最低。

为了兼顾各种领域的教学，教学宜采用灵活的方式，个别辅导可以在治疗室中进行，也可以直接在教室中进行，根据目标而定。例如，感觉统合训练需要较大的空间和特殊的仪器，到动作训练室训练较佳，而语言矫治训练在教室或治疗室进行均可。

在教室中，每一段作息都有其特殊的意义，因此作息表可用来观察学生的学习情况，并作为教室日志或教学纪录，如此教师可清楚地记录学生在学校发生的事和时间。表3-5为融合班各班的教室日志，内容有每一段作息时间与记录重点及事项。

表3-5 融合班教室日志

融合班教室日志

_____年_____月_____日

时间	作息	记录重点及事项
7:50–8:00	晨读	
8:00–8:15	打扫	
8:15–8:35	晨会	
8:40–9:20	第一节课	
9:30–10:10	第二节课	

续表

10:10–10:30	课间活动	
10:30–11:10	第三节课	
11:20–12:00	第四节课	
12:00–13:30	午餐时间	
13:30–14:10	第五节课	
14:20–15:00	第六节课	
15:10–15:50	第七节课	
15:50–16:00	放学	
备注		

第四章　融合班的班级管理

在融合班，班上除了有普通学生外，还有需要特殊教育服务的特殊学生和普通学生一起学习，在竹大附小的融合班中，每个班都有7名特殊学生和15名普通学生一起融合，除了教学难度高外，更需教师费心管理班级，兼顾普通学生及特殊学生的学习。班级管理的目标不是要学生一直坐着，而是在学习时能坐在自己的位子上。班级管理主要是帮助教师及学生，而不是变成彼此的障碍，其目的为：

＊帮助学生发展自我管理的技能。

＊增加教师教学的时间，减少管理学生的时间。学生可以学会如何使用其时间学习他们需要学习的东西。例如，学习如何在预定时间内完成所需的工作，学习工作的顺序，当他们完成预定的工作时如何选择其他的活动。其优点为：

- 培养学生遵守指示的能力。
- 妥善应用学习资源。例如，知道每个学习区（角落）的活动及材料，并了解活动的规则及材料使用的方法。
- 培养分类的能力，学会整理学习材料及自己的物品。
- 知道何时该寻求帮助。
- 知道何时该更换活动。

第一节　制定适当规则

若无法有组织地管理班级，教师可能每天都要处理学生的问题。为了防止教学被打乱和维护班上风气，增进学习和社会互动，教师必须制定及实施班级管理规则，如果没有制定班级规则，则会导致花更多时间去管理班级。在教室里，班规比学业成就重要，因为有些学生吵闹会打断教师原本有组织的教学。有些教师会容忍这种干扰行为的发生，因为他们觉得无力改变学生不好的行为。以下是班级管理不良产生的征兆：

- 学生对教师的要求没有任何反应。
- 学生缺乏在学校或班上行为的自我控制。
- 学生无法理解教师的期望。
- 教师不明白如何使用行为策略以减少学生的不适当行为。

- 学生无法按时完成指定的作业。
- 教师指令不明，没有重点。
- 学生不知道要做什么。

融合式班级给予学生较多的空间，学生会尝试自我表现，因而秩序较难管理。例如，上课时每个学生都想讲话，这时就需要制定一些规则，做法如下：

- 建立例行活动的管理规则。在融合式班级，师生及同伴间的互动比普通班或特殊班频繁，因此班级秩序较难建立，亟需行为的规范。例如，上课时每个学生都想发表自己的看法，就必须制定上课发言的规则（如发言要先举手），并和学生讨论及建立规则，让学生知道如果没有这些规则，每个人都会受影响。
- 公布班规给全班看，并常常提醒。在学期开始、中期至期末都要执行班规，有始有终。
- 让学生清楚地知道如何遵守班规和不遵守班规的后果。
- 列出每天固定要做的事。例如，早上一来先将联络簿放到教师桌上，表4-1为各班联络簿填写及返回时间表。
- 称赞并让同伴示范正确的行为，可以让学生理解什么才是正确的行为。
- 制定目标以达到自我控制。例如，生气时用握拳代替打人。

表 4-1 各班联络簿填写及返回时间

年级	填写时间	返回时间
一年级	每天早自习	早自习填写完后
二年级	晨会	第一节课以前
三年级	一早到校	放学前
四年级	早上到校自动交	12:00–12:40
五年级	一大早	午餐过后
六年级	晨会	晨会

第二节　融合式班级气氛

班级气氛指的是教室给学生及家长的感觉。当学生待在班级时要感受到友善及温馨的氛围，尤其是融合式班级有特殊学生及普通学生共处，班级气氛更要给人融合的感觉，不会因班上有特殊学生的存在而影响教师的公平性，或因学生间个别差异较大，无法兼顾而顾此失彼。普通学生及特殊学生间无法融洽相处，班级就可能呈现出隔离而非融合的气氛。

融合式班级的气氛究竟应该如何？首先要建立积极学习的气氛，学习环境让学生专注于学习，自然降低问题行为的发生，具体做法为：

·在学生到校前先准备好所需的教材。

·用温暖、亲切、微笑的口吻说出学生名字，让学生觉得来到教室是受欢迎的。

·避免使用太多及命令式的指示，尽量给予学生机会去表达他们的想法，鼓励学生多思考，并鼓励更复杂的思考。

·避免重复性的说明，这样会让学生觉得唠叨。如果学生对要求没有反应，用不同的方式重新说一遍，记得给予学生一个明确和合理的时间用来响应，如果学生还是没有响应，就不再多说。

·言行一致，要求学生时自己也要以身作则。

·避免威胁、贿赂、说教或强烈性的建议，尊重学生的选择。

·经常寻求学生帮忙而且对学生的协助给予反馈。

·鼓励每个学生，并让他们知道班上有他们在真好。

·认为所有学生想做的都是对的。

·通过仔细观察发现问题。

·考虑其他可能的解决方式。

·在要求学生改变前，先思考改变的后果，如换位子可能会带来什么问题。

上述12个策略，可以为学生创造出一个积极及提供选择的学习环境。在课堂上，提供学生选择的机会比控制他们的行为更重要。在给予选择时，必须让学生知道有哪些选择并确定那真的可以选择，因为有些规定是无法有选择的（如准时到校）。对于不同类型的学生，可以给予不同的选择及选择的机会。表4-2展示了融合式班级提供的选择类型。

除了积极学习的教室气氛，还要营造合作的气氛。融合班是由学习能力差异很大的学生所组成的，因此，无论是教学的安排或是学生互动，都希望是合作互助的方式而不是竞争的方式。学生间分享及互助合作需有教师的引导，学生间正向的互动才能产生。教师间强调的是教师间的合作教学，学生间强调的是合作学习，教师应创造学生合作的机会，营造鼓励学生间互动进而合作的学习环境。课堂上要建立互动的规则，例如，让学生清楚地知道在课堂上讲话要先举手，这样教师才能很快地响应学生的需求。课堂上无法兼顾学生需求而让学生感到挫折时，也应在下课后和学生沟通，让学生知道教师还是关心他的。平时在批改作业或签联络簿时，尽量用积极的语句鼓励及称赞学生，如"今天做得很好"，而不是刻意挑学生的毛病。虽然教师希望让父母了解孩子在校的情形，但应尽量用具体陈述的方式。最重要的是学生的学习应和自己比较,而不是和班上同学比较。在融合班以合作取代竞争的班级气氛下,更不希望因学生间过分的竞争伤害了融合的气氛,因此在融合班强调每个人的优点是很重要的。

表 4-2　融合式班级提供的选择类型

选择的类型	范例
教具、图书或点心的选择:在同一段作息或活动下,提供两个或更多的选择。	阅读:选择不同的书。 数学:选择不同的教具操作。 午餐:选择水果种类。
角落课(在三个角落之间):选择角落。	阅读角:阅读。 数学角:实际操作。 科学角:观察细胞。
在活动一开始,选择是否参与活动(优先取舍权)。	自然课:可以选择观察豆类或写学习单。
人:与谁同一组的选择权。	伙伴选择权、选择小老师、选择与谁一起讨论。
地点:户外教学或阅读地点的选择。	阅读:你想在教室、图书馆还是角落阅读。
时间:阅读时间的选择。	晨间活动:阅读 10 分钟还是 20 分钟。

融合教育强调合作、多元、父母参与及友谊四个指标,因此融合班教室应该营造出一种有利于合作、多元、父母参与及友谊的班级气氛。表 4-3 是融合班班级气氛检核表,用于检查班级气氛是否达到上述四种指标。

综上所述,融合班教室应该营造出合作、多元、父母参与及友谊的气氛,然而这样的班级气氛并非一蹴而就,需要下列因素的配合:

・教师教育理念一致。
・良好的师生与同伴关系。
・以人为本而不失放任的班级管理。
・合适及多元的教学内容与方式。
・关心与尊重学生间的个别差异。

表 4-3　融合班班级气氛检核表

融合班班级气氛检核表
合作
是　否
□　□　教室座位的安排是否有利于同伴间的合作?
□　□　教学安排是否有一起合作的机会?
□　□　教师是否鼓励同伴间互相支持与协助?

续表

家庭方面	
是 否	
□ □	家长是否是学校团体的一分子？家长如何在学习过程中协助他们的孩子？
□ □	家长是否是学校计划及决策的一员？学校如何邀请并期待家庭和社区的介入？
□ □	学校是否提供家长信息？
□ □	父母能否有效地与孩子沟通他们的想法？
友谊	
是 否	
□ □	是否使用不同的分组及活动方式，以促进各种学生间的互动及友谊的建立？
□ □	是否会因为个人的需求安排"互动课程"？
□ □	特殊学生是否能参与课外活动及校外的社交活动？
多元化	
是 否	
□ □	是否意识到学生间的个别差异并提出来讨论？
□ □	使用的课程是否能消除对特殊学生的刻板印象，如特殊学生一定是弱势的？
□ □	教学主题及活动是否会彰显教室的多元化？是否教导学生从不同的角度来观察环境？是否教导学生尊重多样性和差别？学校如何展现对有不一样文化的家庭的欣赏？
□ □	对残障的了解是否成为课程的一部分？

第三节 融合式班级的管理原则

学生是学习活动的主体，在学习上依照自己的起点往前冲，互不干扰；教师扮演引导的角色。班级管理原则如下：

· 不要因学生上课不专心就责骂学生，先检讨自己的教学是否让学生无法参与。
· 不要因为自己的方法行不通就责怪融合教育是无意义的。
· 当学生忘了写功课、带课本、没有订正作业，或是忘了带教师指定的物品时，应给予学生补救的机会，多听听学生的解释，不要主观认定学生说谎。
· 吃午饭时让学生开心地交谈，以增加学生互动的机会。
· 融合式班级的每个人都要学习去判断、分辨行为的对错，学生有时会模仿不好的行为，但这是一段调整期。
· 平时告诉学生什么是对的、什么是错的，但不要期望学生一次就记得。
· 尽量多称赞学生，以建立学生的自信心。
· 在学生面前不要刻意提起哪些学生为特殊学生。
· 学生的管理应由两名教师共同负责，联络簿也由两人共同签名，不要对学生说"你是那一组，不是我负责的"这样的话。
· 班级所有规定应由两名教师共同执行，尺度必须相同。

- 班级规则可由学生制定。
- 班级气氛以合作代替竞争。
- 班级管理应人性化,而不是动不动就告诉学生要扣分。不要滥用行为管理制约学生,造成学生的恐惧。
- 作业应适量,重视作业的创意。
- 融合班严禁体罚,要通过人性的管理让学生知道什么是对的、什么是错的。
- 管教的原则不分普通学生及特殊学生,一视同仁。

每班两名教师须共同讨论及制定班级规则、管理尺度、班级理念及特色。以下是融合班教师班级管理做法及理念问卷调查范例,■表示回答项。

一、上课

1. 学生想要在上课发言时:
■自由发言。
■需举手,等教师叫到才可发言。
□其他_____。

2. 学生在上课时想上厕所:
□可自行前往。
■需举手告知教师。
□其他_____。

3. 学生在上课时,与其他学生讲话:
□无所谓。
■口头禁止并了解原因。
□其他_____。

4. 学生在上课时无故走动:
□无所谓。
■口头禁止并了解原因。
□其他_____。

5. 学生上课时不专心听讲:
□无所谓。
■口头禁止并了解原因。
□其他_____。

6. 学生没带课本或上课用具:
□处罚,如_____。

■跟别人一起看或一起用。
☐其他＿＿＿＿＿＿＿＿＿＿＿＿＿＿＿＿＿＿＿＿＿＿＿＿＿＿＿＿。

7. 上课时，学生传纸条：

■禁止。

☐无所谓。

☐其他＿＿＿＿＿＿＿＿＿＿＿＿＿＿＿＿＿＿＿＿＿＿＿＿＿＿＿＿。

8. 其他规定：

（1）禁止上课吃东西，分享时例外。（2）尊重他人想法。＿＿＿＿＿＿。

二、午餐

1. 进食时，学生应：

☐不可讲话。

■可轻声讲话。

☐其他＿＿＿＿＿＿＿＿＿＿＿＿＿＿＿＿＿＿＿＿＿＿＿＿＿＿＿＿。

2. 午餐时：

■听音乐。

☐不需听音乐。

■依同学喜好。

☐其他＿＿＿＿＿＿＿＿＿＿＿＿＿＿＿＿＿＿＿＿＿＿＿＿＿＿＿＿。

3. 学生的午餐盛装：

☐由教师盛装。

■由同学轮流帮其他人盛装（自行要求分量）。

☐由同学自己盛装。

☐其他＿＿＿＿＿＿＿＿＿＿＿＿＿＿＿＿＿＿＿＿＿＿＿＿＿＿＿＿。

4. 学生的午餐内容：

☐可自己挑选菜色与分量。

■不可挑选菜色，每样都要吃，分量可以自己决定。

☐菜色与分量都不可挑选。

☐其他＿＿＿＿＿＿＿＿＿＿＿＿＿＿＿＿＿＿＿＿＿＿＿＿＿＿＿＿。

5. 学生的午餐：

■一定要吃完。

☐不一定要吃完，不想吃就不必吃。

☐时间到了就要收起来，不管有没有吃完。

☐其他_____。

6．学生吃午餐时，吃得比较慢者：

■会用策略请学生吃快点，如时钟指示或午餐时长提醒。

☐不会介入。

☐其他_____。

7．其他规定：

_____。

三、午休

1．午休时，不想睡觉的学生：

■还是要趴着休息。

☐可以做自己的事，只要不吵到别人。

☐其他_____。

2．其他规定：

_____。

四、生活常规

1．学生在教室或走廊里跑步：

■严禁。

☐只要不追逐就好了。

☐其他_____。

2．学生说脏话：

☐处罚，如_____。

☐无所谓。

■了解原因再视情况而定。

☐其他_____。

3．学生争执或打架：

■教师会介入。

☐让他们自己解决，无法解决再由教师处理。

☐其他_____。

4．其他规定：

_____。

第四节 分组教学

分组是融合班保证教学质量的不二法门，也是融合班班级管理的特色。融合班有全班一起上的大团体教学，也有小组教学；有同质性分组，也有异质性分组。不管是何种分组方式，都应该符合教学对象的需求。

和学前教育比较，小学融合班的课程要达成一定的课程进度和学期目标，而且随着年龄增长，课程难度也越来越高，所以上课时的分组越来越重要。不适当的分组会导致教师跟学生双方都有很大的挫折感。分组可以分为异质性及同质性两种，同质性分组指的是同样能力的学生在一组，例如，学习能力较低的学生都被分在同一组进行教学；异质性分组指的是不同能力的学生在一组。融合式班级分组需考虑到特殊学生在普通班的人际关系，善于利用特殊学生的兴趣或特长予以分组（如喜欢画图、跑得很快、很大方喜欢上台、有才艺、很无厘头等），找出特殊学生可以胜任的角色，让同伴间的互动更有趣。

很多学校习惯将同年龄的学生依能力分班或分组。然而当低成就的学习者被编排在一个没有有能力的学生协助的团体时，他们的成绩可能会更糟。有效的分组必须遵照以下准则：

- 在教学开始时，全班采用异质性分组。
- 在固定练习及技能强化上采用异质性分组。
- 在改正性的教学上采用同质性能力分组。
- 在充实活动上运用同质性能力分组。
- 同质性分组和异质性分组平衡。

在竹大附小融合班里，不管是同质性分组还是异质性分组都是将学生分成两组，每组中每个学生都要互相合作，分组情形如下：

- 平均分组（异质分组）：22 名学生平均分成两组，每组 3 名特殊学生及 8 名普通学生，每组由 1 名教师负责，低年级的语文及数学课采用这个方式。每组特殊学生和普通学生平均分配，一起学习，课程进行和设计兼顾特殊学生和普通学生，平均分组时两组教学应相互协调。
- 分大组和小组（同质分组）：三、四、五、六年级语文及数学课内容难度较高，所以采用大小分组，大组 18 名学生（其中 15 名普通学生、3 名特殊学生），小组 3~4 名特殊学生，大组中仍有轻度障碍的特殊学生参与，小组只有特殊学生。例如，数学采用同质性分组，分成能力高及能力低组，每组学生程度相同时，教师在教学时就只需设计一种程度的数学内容，教师负担较小。然而，即使小组都是特殊学生,也不可忽略其学习的机会。

当两组在同一间教室教学时,两名教师应控制声音大小,注意每一组普通学生及特殊学生之间的互动。在融合班不管是同质性分组或异质性分组都要做到因材施教,按学生的程度设定不同的学习目标进行教学。能力分组最大的缺点是易造成高低组学生间的对立,易让低组学生有自卑的感觉,因此即使要使用同质性分组,也不能让学生所有科目都被分在低组,最理想的方式是有些科目采用同质性分组,有些科目采用异质性分组。异质性分组的好处是让程度不同的学生有机会一起学习,也可让程度好的学生作为程度差的学生的榜样,并创造同伴间互相学习的机会。

以下是竹大附小融合班分组的原则:

- 一至六年级自然与生活、科技全班一起上。
- 艺术与人文、计算机、乡土语言及体育不分组,全班一起上,各班须安排一名教师与外聘教师协助。
- 角落跨两个年级上课,角落时间安排特殊学生参与辅导。
- 四、五年级数学课可跨年级、跨组上课。
- 社团跨三个年级上课,六个年级共安排八个社团。

第五节 班级管理策略实例

观察不同年级、不同科目教师进行班级管理时发现,越会使用班级管理策略的教师,学生越能参与教学,各班班级管理策略如下:

一、六年级健康教育

全班一起上(22名学生,其中7名特殊学生)。

- 拒绝同学时,所说的话要明确(例如:"停,我不玩了!""停,你的话或是行为让我不舒服")。
- 制定课堂互动的规则,回答问题前要先举手,并得到教师的许可才可发表意见。
- 表现良好的学生(如发言适当、作业准时上交、上课时不吵闹、帮助同学等)可以在个人加分板上加分。
- 表现良好的小组(如整组最快安静下来、正确回答问题等)可以在小组加分板上加分。
- 将未交作业的学生座号写在黑板上,以提醒学生交作业。
- 在上课开始前,先请学生闭上眼睛,让学生静下心。

·请学生回答问题时,用抽签的方式来决定,以示公平。
·以分组的方式安排座位,且每组至少有一名特殊学生,让普通学生能协助特殊学生。
·尊重个别差异,依学生的能力给予适当的问题及协助。

二、六年级音乐课

全班一起上(22名学生,其中7名特殊学生)。

·座位安排:以小组的方式进行教学,教师给予适当的提示,让同伴间更易于互相协助、讨论。
·制定课堂互动规则:回答问题前要先举手,并得到教师的许可才可发表意见。
·正强化:以小组方式进行,当学生答对时教师要给予口头赞美或是加一分。
·去音乐教室练习时,教师要先让学生在教室前将队伍排好再一起上楼,特别安排班长站在队伍前带领。
·音乐教室在楼上,教师应安排两名学生协助坐轮椅的同学,负责带其到音乐教室练习合唱。
·为了使学生能有上台表演时的感觉,教师会让学生排成"∩"形练唱,并让学生按照上台时该站的位置进行练习。为了易于指导,可将学生分为三组。
·关心及尊重学生的个别差异:对于坐轮椅的学生,教师准许其坐着轮椅和大家一起合唱;对其他特殊学生,教师会给予适当的协助。
·教师会走动以观察学生是否认真练习,若没有就会提醒,或是站在其前面指导。
·以小组进行:若哪一组没有认真练习,都没唱出声音,教师就会针对那组让他们重复练习,直到整组都整齐地发出声音,在这期间,其余组就坐下。

三、二年级数学

B组(11名学生,其中4名特殊学生)。

·在上课当中若有学生分心,教师不会严厉地指责,而是进行劝导。
·当学生答错时,教师不会直接说学生答错,反而让学生再次尝试用不同的角度思考。
·当学生对自己没信心时,教师能够给予正强化,让学生知道自己是被关爱和关心的。

四、一年级语文课

· 活动大家一起进行，学生和教师一起念所学习的生字、句子、短诗。

· 对表现好的学生，请其他学生给予"爱的鼓励"。

· 上语文课时数生字笔画，教师会提醒学生："拿起你的金手指"，让学生注意听讲。

· 课上到一半若有学生躁动，教师会心平气和地跟他们说："谁的眼睛在看老师才可以下课"而不是用责备的口吻。

· 每个人都负责一个任务，借此训练学生的责任心。

· 让特殊学生坐中间，增加与普通学生相处的机会。

· 在学生很不乖的时候，教师会很明确地告诉学生："你再这样，我会生气！"用很明确的话语告诉学生自己的感受，而不是随意发飙。

· 在学生提出问题时，不直接告诉答案，而是问学生："那你觉得是怎么样的？"给学生思考的机会。

· 教师善用"默契词"进行师生互动（例如，教师会说："请大家把金手指拿出来""请大家跟我一起念词组/造句"）。

第六节　教师访谈

问：班级管理中分组讨论时的秩序如何控制？

答：教师一开始会建立规范及规则。讨论一定会有声音，尤其讨论到很高兴的时候声音就更大了，所以要建立一些规则跟学生互动。学期的第一个月会花很多时间跟学生建立这样的关系和规则，后面就可以控制这个状况。声音方面，教师可提醒他们不要这么大声，因为一个班上有两组在上课，音量一定要降低。秩序除非有特殊的状况，其实都还好。

问：不打扫或不午休的孩子如何处理？

答：看个案。例如，有一个学生在家是不用打扫的，所以在学校也不会有打扫的习惯，这个可能要慢慢陪着他去做，因为对他而言，打扫并不是生活的一部分。分配打扫任务时，一个特殊学生会搭配一个普通学生，就可以互相带着做，这样比较不会出现问题。我们没有强迫学生午休，只是让学生保持安静，可以不睡觉但不要影响到其他人。

问：如果影响到呢？

答：如果影响到，就会请学生到教室外面，这样才不会吵到其他人，这是在开学的时候师生就达成的共识。在教室管理方面，教师会跟学生沟通，不一定都是教师自己去决定，而是会跟学生互相讨论，大家制定共同的规则，如班规。大家讨论出来的规则就要遵守，如果没有遵守就提醒学生，或是开会的时候讨论是否要调整规则。

问：是否有处罚？如果不遵守，如何处置？

答：如前所述，会请学生去教室外面的走廊，请学生坐在那边安静下来，等他觉得自己不会再吵到别人了再进来坐好。

问：请问教师的班级管理理念是什么？

答：比较喜欢自然的方式，师生一起学习，学生要知道自己学什么。我一直带给他们这种观念，不是因为他们是学生，我是老师，他们就要坐在那边听老师上课，我比较不喜欢这种感觉。我很喜欢让学生分组讨论，然后在班上表达想法，你说的是什么，我说的是什么，我喜欢这样，然后他们也觉得上课不会那么有压力。

问：开始要带一个班的时候，对于如何着手管理这个班级有何想法？

答：教师要先了解这些学生，因为每个班的状况不一样，像我之前带的两个班，学生的特质很不同，在这班用的方法不见得适合另一班的学生，所以不太敢说用什么方法去带他们，而是想知道他们的特质是什么。教师要先了解学生，然后再针对学生需要的是什么去设计。有些学生需要教师的启发，他可能是比较安静的，我就会启发他们，让他们能够活泼起来，有创造力和想象力；而有些学生比较躁动，可能需要的就不是这些而是能让他们静得下来的方法，所以需要视学生的特质。不过基本上学生都需要鼓励，教师了解学生的话，学生通常就不会跟教师多嘴，要让他感觉到这个老师是真的关心学生，而不是要来管学生的那种老师。这个可能也需要时间和学生建立关系，建立起关系之后，学生就比较愿意接受管教。

问：有哪些班级管理的方式是比较有效的？

答：之前使用过"爬格子"，累积一段时间就可以换一张卡，卡盖完后又可换一张其他的，到期末的时候换礼物，用这种强化的制度。还有一种比较快的强化，如盖满一张30格或是几格就可以马上换礼物，可是后来在检讨这样的方式，因为有些书说这样制约学生好像不是很人道。不过也有一些以人为本的书，介绍特殊教育里面的行为改变策略，这种制约挺有效的。我后来发现其实还是看学生，因为有些学生口头强化就很高兴了,但特殊学生可能就很需要行为改变策略,让他真正看到强化物在这里。后来到这一班,之前这班的教师他们不使用这种强化,因为觉得不要给学生太多物质强化,他们认为口头的赞美就够了,所以我就不敢一下子改变太大,原则上还是按照他们以前的模式。

问:学校有个学生因为多动的问题被罚,家长挺生气的,您有什么看法?

答:如果教师已经知道多动是他的困难,他也不是故意要唱反调就不应处罚。但如果有些学生他可以做到却故意捣蛋,这个就要处罚。

问:在融合班是否需要处罚技巧?

答:不太建议处罚,要想一些方法让学生愿意听你的。要看每个学生的特质,有些学生用说的就知道,但有些学生说了很多次还是一样,要去抓学生的弱点,让他觉得他被老师了如指掌,他就会害怕,他知道老师不是存心找他麻烦。教师最重要的是跟学生建立关系,但有些教师会觉得如果跟学生关系很好,学生就会没大没小,整个班级管理没有秩序,学生没有办法静下来,上课要讲的东西就会听不进去。所以要想办法去跟学生建立适当的关系,让学生知道老师是有原则的,什么时候可以开玩笑什么时候不行。学生其实都很聪明,一段时间后,他就知道这个老师不能开玩笑,然后什么时候又可以跟老师聊天、跟老师做些什么,让学生觉得老师是真的关心他,那么在纠正他一些行为的时候,他就会比较愿意听。假如学生一直觉得老师是在找他麻烦,他可能就会存心跟老师作对,越说他就越不听,越出状况,变成一个恶性循环。

问:我有几天去那边帮忙,学生都会爬到我的身上来,然后我知道这样不行,我就会跟他们说不可以这样子,可是我觉得好像很难,他们还是会一直粘我的身上。

答:可能是因为那个时候你的角色是比较模糊的,没有一个很清楚的定位。如果是老师的话,若之前你很亲切地跟他们聊天,当你不希望他那种行为出现时,就要很严肃地告诉他:"不可以这样喔!""我不喜欢人家这样。"他们马上就会缩回来。下一次你再碰到他,你可以很亲切地跟他打招呼,或是主动跟他聊天。你找他聊,他会发现你上次对他那么严肃并不是讨厌他,而是在告诉他"我就是有这个界线在这里,但是我很关心你",下一次他就会慢慢找出尺度在哪里。像在下学期,你是实习教师,你在班上会有一个界线,我们会设定实习教师在班上是做什么的,有什么事情可以找你,学生就会很清楚,下课时间或者是上课中你会来协助,他们会很清楚你是老师,不是以前的大学生哥哥、姐姐来陪他们玩,慢慢让他们知道那个界线。

第五章　融合班的行为管理

当学生无法参与学校生活时，会通过他们的行为显现出来，因此学生的行为本身可视为一种与外界沟通的方式。融合式班级中有普通学生及特殊学生，个别差异大，行为模式也较多样化，因此行为管理及常规的制定和同质性高的班级相比更需要技巧。

任何一个班级都会有一些固定的规则，称之为常规，在融合班制定常规时要特别做到下列几点：

- 制定具体、明确、清楚、简单的规则指令以利于工作的进行。例如，制定将教室打扫干净、将物品归类的规定时应明确、具体，让大家都懂。
- 要能保护个人、少数人及团体的权益。团体成员都要遵守制定的规则，但也要兼顾到少数人的权益。例如，准时到校是每个人都要遵守的，但对于家远的同学，则需给予一些弹性，如晚 20 分钟。
- 以爱为出发点，并非只以管理为目的。制定规则的目的是希望有共同的行为准则供团体成员遵循，而不是借此处罚学生。
- 要提醒学生遵守常规，以免学生忘记。将规定贴在布告栏，或公布遵守常规的事例加以提醒。
- 视学生能力制定合理的期望。公布学生表现良好的行为的例子，让学生明确哪些行为是合乎大家期望的。如何谓专心？教师期待的专心行为是什么样的？可以举例某位学生专心听讲行为，让学生知道什么是专心，如上课时要坐在位子上，不摇椅子、不转笔。普通学生及特殊学生专心程度不一，对其期望也应该不同。此外，教师在要求学生时用词应明确，要告诉学生你的标准是什么。例如，教室整洁的标准是什么？教师对教室整洁的期望是什么？是只要倒垃圾还是还需要拖地、擦窗户？如未明确告知，学生就可能无法做出正确的行为。
- 制定出每种教学类型的常规。制定出一般性、大团体、小组、个人被期望且合乎学生能力的目标，如不乱丢纸屑，要将纸屑丢入垃圾桶。
- 常规能增进学生的课程学习。提供有弹性、有互动，能增进学生学习的课程。
- 教师扮演管理者的角色。教师示范并以身作则，引导学生学习，让学生有归属感。
- 管理要符合理念。制定常规时要考虑融合班班级的特色，例如，理念强调尊重与合作时，常规就会要求每一组学生共同遵守，每个学生都要负连带责任；当班级特色强调尊重时，则尽量不要在其他学生面前辱骂学生，以免伤及自尊。

第一节　为何学生无法参与活动

当学生无法参与活动时，可能有下列原因：

· 学生不了解活动规则。例如，当他们不知如何和同伴互动时，就会有捣蛋的行为产生，他们必须先学会和同伴互动，才能参与同伴的活动。

· 学生需要得到较多的关注。当他们得不到注意时，就会用其他方式来引起教师的注意。

· 学生可能有挫折感。有些活动对学生可能太难，因而他们很难参与。

· 学生可能觉得无聊。当活动太简单或不适合学生时，学生可能提不起兴趣。

· 学生失去主控权。当活动完全由成人主导时，学生失去选择的机会，因而失去兴趣。

· 学生可能有生理的问题。如生病、饥饿、口渴等，都会让学生失去参与活动的兴趣。

· 学生不了解成人或同伴使用的语言。教师在和学生互动时，要观察学生对语言的理解程度，如果发现学生听不懂教师的话，教学及互动时应尽量口语化，减少过多的术语及专有名词。

· 班级管理规则尚未建立。当没有建立班级管理规则时，教学就容易产生干扰，干扰行为越多，学生参与教学的机会就越少。为了让学生参与教学，一定要做好班级管理。

第二节　突发性的情绪问题

突发性的情绪问题包括哭闹、不进教室，或固执于某一件事等。

一、行为出现的原因

· 对学习的不满。课程太难或太容易、不明白教师说的话、功课量太少或太多、学习活动缺乏变化。

· 人际关系的不安。同伴友谊关系紧张、师生摩擦、小团体产生。

· 团体气氛不和谐。敌对的气氛、惩罚的气氛。

二、处理原则

处理情绪行为问题时，建议遵守下列处理原则：

- 找出学生发脾气或不合作的原因。
  （1）身体不适或感到不安。学生如果真的身体不适，应尽快为他们送医诊治；如果是不适应某个环境，应先让学生安定下来，然后再逐渐让学生接近该环境。
  （2）不明白教师的指示及不懂得表达。加强与学生的沟通训练，利用辅助工具（手势或图片等）。
  （3）自己喜欢做的活动被终止了或被要求做一些不喜欢的事情。预先让学生知道活动时间及安排，要改变活动行程之前先通知学生，并给予学生适应的时间。
- 安排班级间交流一小段时间，增进不同班级间学生的互动。
- 允许适当的动作与噪声，使学生感到放松。
- 试着使用多元的教学方式或不同的教学风格、形式，增进学生的参与。
- 常常夸奖良好的行为，明确地指出哪些行为是被称赞的，如"谢谢你先举手再回答问题"。
- 将在校记录寄到学生家中，让家长可以更了解孩子的行为问题且给予实质的帮助，并请家长记录学生在家的生活，以便和学校生活对照。
- 教室规则尽量简单明了，并张贴在布告栏，确保规则能执行且容易理解，具有公平性及合理性。
- 教师在下达指令前先引起学生的注意，让学生重复指令以确保学生都明白。
- 张贴并让学生了解每日课程计划及午餐食谱，且确实执行。学生会因他们能控制周围环境而感到舒适及放松。
- 允许学生跑腿，做些班级琐事。
- 让学生使用数字图表来记录他们是否完成了当日的学业目标。
- 让学生远离容易分心的位置和人，如窗户、门边、厕所或爱说话的同学。
- 允许学生使用一些学习用品以增进其精细动作，如计算器、胶带、拼图及计算机等。
- 如果教师忙于处理其他学生的问题，可以指派有能力回答问题或提供帮助的小老师协助。
- 有行为问题的学生应将行为契约贴在他们的书桌上，教师告诉学生他们应该常常看他们的行为契约，教师也应该寄一份相同的契约给家长在家张贴，这样可以帮助学生时时提醒自己的行为且使他们顺利达成目标。

・训练学生遇见任何状况时可以理性地去接受任何意见。

・运用视觉提示（如图表）让学生有次序地使用公共物品和公共设施，如厕所、削铅笔机、图书馆等，这样学生容易理解。

第三节　严重行为

以下介绍几种严重行为及处理方式。

一、作弊

作弊指的是学生任意抄袭他人、使用小抄，或是把别人的作品当作自己的。作弊是一种不诚实的行为，就像骗人或是偷东西一样，是很难去改正的。虽然作弊能得到立即的好处，但是它却会带来一连串的问题。惯性的作弊会使学习落后，并且朋友都会躲避。作弊的人逃避失败，甚至认为作弊是容易的、是被允许的。作弊或许能拿到高分，但失去发挥潜能的机会，甚至会产生沮丧以及较低的自我认同。

・分析作弊为什么会发生。了解学生为什么会作弊，如果是很多人都作弊，分析是否是因为课程的安排问题。如果是课程太难，教师需要去了解为什么学生觉得太难，并且给予补救教学和协助，减少作弊的动机。

・建立对作弊的规范。明令禁止作弊行为，并且公布考试规则，如桌面干净、眼睛看着试卷、不准交谈、不可讨论。让学生明白考试的目的是了解学生的学习，作为教师教学的参考，据实作答是非常重要的。对于作弊，也要制定规范，如重考或是 0 分的处置。

・私下沟通。对学生说出你的怀疑，冷静地说出你有看到他在作弊，让学生知道他可以是诚实的，他只是犯了一个错。对于作弊的学生，教师需要给予鼓励和帮助，并且不要伤害他的人格。

・改变考试环境，让学生没有机会作弊。例如，桌与桌之间有间隔，或是教师在考试时四处巡走，但不要给诚实的学生带来压力，无论如何以相信学生为前提。

・重新指定作业。对于作弊的学生重新指定适合的作业。

・奖励好的行为。对于独立完成作业的学生给予奖赏。

・重做大型作业以培养其耐心。

・扣分。如果重新指定作业、奖励好的行为的方法不适用时，给予适当的处罚；如果学生的目的是得分，那么在发现他作弊的时候给予扣分，且特别注明扣分是因为不遵守纪律，而不是因为学习成果不好。

- 指定阅读作业。找一本跟欺骗或是作弊相关的书让学生阅读，或是陪他一起阅读，让作弊的学生了解诚实的美德。
- 转介。如果尝试过许多方法后仍无法让他改变，转介给其他教师来指导。

二、说脏话和辱骂

说脏话和辱骂可能起因于模仿、失望、愤怒或为了引起他人注意。处理方式除了私下谈话、改变情境、鼓励恰当的行为、鼓励不说脏话的人及忽视辱骂的言语外，还可尝试下列行为矫治的方法。

- 扣除活动时间。当学生出现谩骂等行为时，便扣除他的活动时间（2、5或10分钟），并在发生口头谩骂时收回点数，在一定的期限后（一天、两天或一星期）让学生用好的行为交换点数。
- 隔离（time out）。当学生出现说脏话、谩骂的行为时，就请学生去"冷静角"约2至15分钟，当学生表现良好时（不大吵大闹），就可以让学生回来，当学生回来时要适当地赞美、鼓励他。
- 学习正确的行为。通过练习正确的行为与学习适当的行为来消除其不适当行为，要求学生对受害者道歉，并私下监督学生练习道歉的话。

第四节　行为观察与分析

当学生无法参与学校课程或是有行为问题产生时，都要先了解行为发生的次数、情境、对象及其他相关行为，才能找出矫正行为的方法。当问题行为出现时，应先做行为分析，通过观察学生的行为找出行为发生的原因，了解行为背后的动机及行为后的处理。行为分析的方法如下：

1. 平时多加观察，记录每段时间发生的行为，范例如表5-1所示。

表5-1　儿童教室行为观察记录表

学生姓名：A生　　　记录地点：一年级教室　　　记录日期：

时间	情境/前因	表现行为	结果
8:23	班会	躺在地板上，教师请其取杯子喝水	
8:24		杯子置于桌子、四处游走、取玩具在地上玩	
8:25		躺在地上、打喷嚏	
8:33		起身玩文具、自言自语（躺下）	
8:36		起身、继续玩纸片、打喷嚏	

续表

时间	情境/前因	表现行为	结果
8:40	第一节课	玩手指头、躺在地上	
8:42		起身上楼	牵他上楼上课
8:50	上语文	坐在位子上、自言自语、用手抓身体	
8:54		跟着旁边的同学念	
8:54		发呆、打喷嚏	叫到他要他回答问题
8:56		面对窗户、发呆	
8:58	小朋友表演	头转回面对圆桌	
9:02		眯眼、趴在桌上、打喷嚏、挖鼻孔、吃手指	
9:07	放音乐	挖鼻孔、吃手指、趴着、捶自己的手	
9:08	全班起立		
9:09	放音乐	四处游走	拉回位子
9:10		四处游走、玩计算机教室门把、四处游走	
9:11		趴在实验台、玩水龙头、四处游走	
9:12	音乐课	回位子（站）	协助做动作
9:14		坐在椅子上、眯眼、打喷嚏	
9:15	放音乐	起立、四处游走	拉回位子
9:16	轮唱	大叫、躺在地上、哭叫	
9:25		躲在水槽下	带下楼
9:30	第二节课/感统教室	自己到感统教室	
9:35		进教室、走动	
9:42		躺在秋千上	要求其坐着，依教师指示，教师协助做动作
9:45		趴着荡秋千	
9:48		坐滑板车、抓球	要求其坐着，依教师指示，教师协助做动作
10:00		站在秋千上	要求其坐着，依教师指示，教师协助做动作
10:04		趴在秋千上荡秋千（用手荡）	

续表

时间	情境/前因	表现行为	结果
10:05		离开秋千玩地垫,再回秋千,趴着荡	
10:07		上滑梯,坐在高处	
10:08		溜下滑梯,再往上爬	
10:09		玩滚轮、爬上	
10:10		爬梯、溜滑梯	教师给指令,协助做动作
10:11		溜下滑梯、趴在秋千上	要他上滑梯
10:12	下课		要他穿鞋回教室
10:15		坐在位子上	
10:24		坐在位子上玩书	
10:26		躺在地上	
10:27		起身对同学大叫、咬头发	告诉其他同学要如何与A生相处
10:28		躺在地上打喷嚏	
10:30	第三节数学课	躺着、头在椅子下、打喷嚏	
10:40		躺在地上	要A生起来
10:42		坐起来	
10:43		站起来、玩护膝	取走护膝
10:44		玩文具、四处游走、坐回位子、背向黑板	
10:50		趴在桌上	
10:55		取出本子,拿笔画画	
11:00	下课	画画、坐在位子上	
11:15		离座、回座、画本子	收本子
11:20		画画	
11:21	第四节角落课		
11:45	个别辅导	看图说东西(铜锣烧)名称、数数	拿铜锣烧给A生看
11:47		躺在地上、洗手、拿餐盒	叫A生洗手、拿餐盒

备注:发呆2次、大叫2次。

2. 记录学生的问题行为。平时在处理学生的问题行为时，不妨将处理情形记录下来，以了解处理时是否有缺失或是不一致的情形，详见表5-2。

表5-2 学生问题行为处理记录表

学生姓名：A生

发生时间	行为叙述	处理方式及说明	行政支持负责人	备注
9/4（二）	一早到校，A生因为睡眠不足发脾气，一直吵着要回家，只要上半天课，要老师打电话回家请妈妈来接。老师跟他讲道理，他骂老师"老太婆"。因大哭大叫干扰自然课，老师带A生至体育馆，A生在体育馆推倒椅子，把拖鞋甩不见。	老师先安抚其情绪并建议下课时睡一下，但A生不从，哭闹不休。老师说高年级了要读全天，除非生病发烧才能回家，后来带至体育馆让他发泄，沟通后返回教室上自然课。放学时告知家长希望能让A生早点休息，调整A生生活作息。	A老师 C老师	• 持续观察 • 通知家长
9/6（四）	一早到校因为妈妈说声音怪怪的，就吵着生病要回家休息。老师不同意，就说老师"根本没有爱心，不让我回家"。	老师检查发现喉咙有一点点红，建议下课多喝水，但A生情绪不稳，发一顿脾气后才安静下来。	A老师	• 持续观察 • 通知家长
9/14（五）	防灾演习全校均需疏散至草地上，A生嫌草地上有狗屎味，草碰到脚很痒，不肯疏散至草地，大哭大叫并冲向人行道。	老师将A生带至身边，选一处草较短的草地让他站着，并指出全校同学都疏散至此。但A生吵着要找妈妈，冲向路旁人行道，老师迅速带回，并告知疏散常识及必须在集结点不可乱跑的重要性。	A老师 B老师 C老师	• 持续观察 • 通知家长
9/14（五）	游泳课不肯自己换泳衣，要老师协助，又嫌泳衣很紧发起脾气。老师协助其戴泳帽时，有几丝头发尚未塞入泳帽内，就生气地将泳帽摘下并丢到地上。	老师要求A生学习穿泳衣，并给予协助。戴泳帽时老师要求先把头发塞至耳后，抓住帽缘，慢慢把头发塞进去。告知A生生气不能解决问题，没戴泳帽不能游泳，不生气时再戴。	A老师	• 持续观察 • 通知家长
9/17（一）	为了减肥，中午不肯吃饭，吵吵闹闹很久，最后在老师要求下于午休时间吃完。	老师发现A生添的分量并不多，要求A生要把自己添的量吃完，并说明减肥不是不吃东西，而是要多运动。事后请家长协助辅导。	A老师 B老师	• 持续观察 • 通知家长
9/21（五）	防灾演习又因疏散至草地而大闹。A生说："草地很臭，有大便的味道，我不要站在草地上""防灾演习都是假的"，跟老师僵持，不服从指令。	老师安抚他并要求其安静且服从指令。到整个演习结束，A生仍然喋喋不休。	B老师	• 持续观察 • 通知家长

续表

发生时间	行为叙述	处理方式及说明	行政支持负责人	备注
9/26（三）	B老师要求收玩具。A生说："你知道你的教师节卡片为什么这么少吗？我们都喜欢A老师。"老师提醒他这种话说的不合适，再不听话要告诉妈妈。A生听完踮着脚、手叉腰，扑向老师。	老师说把玩具收起来，A生不从，并提醒A生不该说不合适的话。老师提醒要听话，最后坚持陪同A生将玩具收起。	B老师	• 持续观察 • 通知家长
9/28（五）	中午不肯用餐，午休时继续吃饭。因为耽误午休，老师要求下课留下来趴在桌上练习午休，A生开始发脾气大吵大闹。	因为午餐吃得慢，午休继续吃，又因他不喜欢午休，不想让A生有侥幸的心态，故要求下课趴在桌上，A生因此发怒。最后在教师坚持下，A生服从指令，并因大叫行为向老师道歉。	A老师	• 持续观察 • 通知家长
10/9（一）	放学时间，B生和C生在玩餐盒，A生认为C生插队，拿起餐盒扔向C生，砸伤了C生的脸颊及嘴唇。	告知A生打人是不对的，就算C生插队也不能打人，要求A生回教室坐着，乖乖认错。告知A生爸爸，请其电话关心C生受伤状况。	A老师 B老师	• 持续观察 • A生家长电话关心C生并道歉
10/12（五）	游泳课仍不肯自己换泳衣，要老师协助，嫌泳衣很紧发了点小脾气。	虽然发了小脾气，经老师提醒很快就好了。	A老师	• 已改善 • 持续观察
10/12（五）	C生妈妈发现C生手臂上一块硬币大小的瘀青，C生叙述是游泳时A生弄的。	周一询问A生，A生说游泳时C生拍他肩膀，他想告诉C生不要拍，C生又用水泼他，他很生气就捏C生。老师要求A生向C生道歉，并再次提醒A生生气时不能打人。	A老师	• 持续观察 • 通知A生家长 • 在校教师密切注意双方互动
10/15（一）	交英文作业发现没有小组英文篮子，老师说先放在大组英文篮子里或小组数学篮子里，A生拒绝。A生开始大叫、踩脚："你都没有给我篮子要我怎么放，大组同学都有。"老师说："待会找给你，你等一下。"A生说："你都不听我说话，早就跟你说过了，为什么不能拿给我？"老师说："A生很可爱要好好说话。"A生说："为什么要好好说话，不要说我可爱，说好听的话让我觉得很恶心。"	老师拿篮子给A生让A生完成交作业工作，提醒A生跟老师讲话要礼貌，要好好地说，不要大声吼叫，最后A生向老师道歉。	A老师 B老师	• 持续观察 • 通知家长

学生的问题行为一般做如下处理:

· 给强化物（注明何种强化物）。

· 忽视。

· 隔离（记录地点、时间）。

· 其他。

3. 找出不良行为的前提后果。在处理行为问题时，最有效的方式是记录特殊学生的行为，了解行为前提及后果，使用前提（Antecedent, A）、行为（Behavior, B）、后果（Consequence, C）分析模式，A、B、C 的说明如表 5-3 所示。

表 5-3　前提后果分析模式

前提（A）	行为（B）	后果（C）
在行为之前发生了什么？ 小明的老师说："现在要上数学课。"	你看到什么或听到什么？ 小明尖叫和猛撞桌子。	在行为之后发生了什么？ 老师把小明带离教室。

ABC 行为分析表如表 5-4 所示。

表 5-4　ABC 行为分析表

学生姓名：A 生　　记录者：＿＿＿老师

问题行为	时间/地点	行为前表现	行为表现	教师处理	行为后事件
用手推同学，同学跌倒。	第二节下课间。	B 生和同学玩抓人游戏，A 生冲过来。	·推了 B 生一把，B 生跌倒。 ·又推了 C 生一把，C 生跌倒。	·教师告诉 A 生不能推人并向 B 生和 C 生道歉。 ·要求全班同学下课不可玩追逐游戏。	A 生道歉，自己不会再推人了。

第五节　提供积极行为支持

除了矫正消极行为外，还要提供积极行为支持。积极行为支持共有三个原则，在很多情况下提供积极行为支持可以引导学生如何看待问题行为，以及提供帮助学生的方法。积极行为支持三大原则如下：

＊所有儿童和少年本性都是善良的。每个学生都有善良的特质，不要忽略了学生的善良。支持所有学生的学习和成长，特别是那些表现出不寻常、困难、挑战或妨碍行为的学生。

＊创造沟通环境。教室里的成人会影响班级气氛，教师和其他专业人员都须无条件地欢迎、支持儿童和少年。在学校的每个成人把创造沟通环境视为自己的责任。

＊所有的行为都是在尝试传达某些信息。通常学生因为想被了解，会在教室或家里做出不被大众接受的行为，任何行为都有其背后的意义，看到这些行为时可以试着做下列事：

- 了解学生行为的意图。
- 协助学生做好行为和感觉的联结。
- 协助学生使用一些替代性或不同的方式去沟通，表达出他们的想法、需求及期望。
- 权力和控制并非塑造学生行为的有效方式，使用权力和控制去改变学生的行为反而会将学生逼迫到角落。

建议执行个别化教育计划时，将上述三个积极行为支持原则列入行为处理原则。除了提供积极行为支持外，处理行为问题时还须遵守以下指导方针：

- 管理须一致，不区分特殊学生及普通学生。
- 当学生做出适当的行为时给予赞美，特别是那些行为有困难的人。例如，当学生拒绝举手，教师可以试着对另一个学生说："A同学，谢谢你举手，你想说些什么？"而不是直接跟C同学说："你看A，他有举手，如果你这样做，我会叫你。"
- 需和作息及环境安排配合。问题行为或意外事件的发生，和作息及环境安排有关，如过分拥挤的环境易造成意外事件，因此教师需将意外事件发生的时间、地点都记录下来，以了解事件发生的原因并做好补救措施。平时教师在填写教室日志时，应将行为直接记录在教室日志上（教室日志按作息时间排列），借此了解行为和作息间的关联。当意外事件影响到学生的安全时，也应记录在教室日志上，防患于未然。
- 教导及奖赏学生适当行为。对适当行为要加以奖赏，奖赏可以是物质或口头赞赏、微笑和轻抚，但要实时给予并持之以恒才会有效果。
- 切勿对不当行为给予过分关注或妥协。有些学生是为了要吸引教师注意而故意捣乱，所以如果教师一直制止学生的行为，反而让学生达到了引起注意的目的。
- 找出行为背后的原因。例如，如果学生打人是为了与同学沟通，应教导学生沟通的技能，自然可减少打人的行为。行为矫治应从建立学生积极的行为及教导如何与别人互动开始，而不是去压制行为的发生。总之，找出行为背后的原因，给予清晰的指示并辅以示范，改变教学形式并提前预告是非常重要的。

第六节　制订行为干预计划

做好了行为分析，还要有一套有效的行为干预计划以改善不良行为，以下介绍几种行为干预方法。

一、制定行为目标

帮助学生找出可被大众接受的行为替代方案,改变不良行为,使其减少甚至完全消失。例如,找出不良行为(如打人)后,可根据行为前提及行为本身设定行为干预目标,如果行为前提为"别人碰到他",行为是"打人",根据行为前提设定的目标则为"当同学不小心碰到他时,能用报告教师的方式响应,而不用打人的方式",进行行为改变计划。目标行为评估表如表5-5所示。

表 5-5　目标行为评估表

学生姓名:＿＿＿＿＿　　记录者:＿＿＿＿＿

时间	行为前项	行为	正确	做不到	需协助	无反应
6/5	当别人碰到他时	能报告教师		√		
6/6	当排队碰到别人时	会说对不起			√	

二、制定课堂行为检核表

配合班级的作息及特色,详细列出所有学生须遵守的行为规范。表5-6是以竹大附小融合班为例制定的小学学生课堂行为检核表。

表 5-6　小学学生课堂行为检核表

＿＿＿＿课 我是否做得到?			
行为	图片	是	否
坐在位子上,手脚放好			
安静听课			
遵守指令			
排队			
参与讨论			
说话适当			

三、制定行为契约

契约是学生与教师或父母双方认定的约定，可以是口头也可以是书面，契约用语必须积极、清楚，表现行为后要立即给予奖励（林素贞，2013），以下提供两种范例：

行为契约

姓名：＿＿＿＿＿＿＿＿＿＿　　日期：＿＿＿＿＿＿＿＿＿＿
我最想要改变的行为是＿＿＿＿＿＿＿＿＿＿＿＿＿＿＿＿＿＿＿＿
为了改变行为，我会＿＿＿＿＿＿＿＿＿＿＿＿＿＿＿＿＿＿＿＿＿
为了帮助我，我的老师会＿＿＿＿＿＿＿＿＿＿＿＿＿＿＿＿＿＿＿
为了帮助我，我的家人会＿＿＿＿＿＿＿＿＿＿＿＿＿＿＿＿＿＿＿
如果我改变这个行为，我将会得到＿＿＿＿＿＿＿＿＿＿＿＿＿＿＿
　　　　　　　　　　　　　　家长或教师签名：＿＿＿＿＿＿＿＿
　　　　　　　　　　　　　　学生签名：＿＿＿＿＿＿＿＿＿＿＿

自我管理契约

在走廊我必须有适当的行为	是　否
我要有好的行为	是　否
我要少惹麻烦	是　否
我要学习自我管理	是　否

写一个句子说明为什么我要改变自己的行为：
＿＿＿＿＿＿＿＿＿＿＿＿＿＿＿＿＿＿＿＿＿＿＿＿＿＿＿＿＿＿＿
如果不想，请写一个句子说明为什么：
＿＿＿＿＿＿＿＿＿＿＿＿＿＿＿＿＿＿＿＿＿＿＿＿＿＿＿＿＿＿＿
我同意执行自我管理计划。
　　　　　　　　　　　　　　学生签名：＿＿＿＿＿＿＿＿＿＿＿
　　　　　　　　　　　　　　教师签名：＿＿＿＿＿＿＿＿＿＿＿

四、制定在校行为检核表

在校行为检核表分为团体及个人两种。

（一）团体行为检核表

团体行为检核表配合学校作息而设定，如表 5-7 所示。

表 5-7 竹大附小融合班学生行为检核表

	教学目标	评估	备注
生活教育	在八点前到校		
	能保持工作柜整洁		
	能轮流使用设备		
	能协助特殊学生		
	会排队		
	放学时能将东西放入工作柜		
	喝完饮料能将空盒丢入垃圾桶		
	能整理自己的工作柜及抽屉		
学习态度	能准备好上课要用的东西		
	能注意听讲		
	能操作教具、主动学习		
	能收拾好课本才出去		
	能准时进入教室		
	离开教室时能告知教师		
	能做指定的作业并交给教师		
	上课时能不干扰别人的学习		
	有问题时能举手		
	教师及同学讲话时能安静聆听		
	上课时能坐在椅子上		
角落	能选择自己想去的角落		
	能完成角落中的工作		
	能收拾角落的东西		
	能遵守角落的规则		
午餐/午休	饭前能洗手		
	能捡起掉在地上的饭粒		
	能做清理的工作		
	午休时能安静睡着		
	放学时能收拾好自己的书包		
其他	能避免干扰行为		
	集合时能很快安静地站好		

评估标准：√做到，△待加强，×未做到。

（二）个人在校行为检核表

行为和作息通常相关，因此可针对在校的每一段作息制定明确的作息目标，让特殊学生知道每一段作息要做些什么。表 5-8 是以一名孤独症学生为例所制定的在校行为检核表。

表 5-8　A 生在校行为检核表

时间	作息	周一	周二	周三	周四	周五
7:30–7:40	到音乐教室静坐，听音乐	○	○	○	○	○
7:40–7:45	交联络簿、作业	○	○	○	○	○
	轻声说早安，找同学握握手					
7:45–8:05	拿扫把扫楼梯	○	○	○	○	○
	把扫把放好					
8:05–8:40	坐在座位上，小声诵读国学	○	○	○	○	○
	小声回答问话					
8:40–9:20 第一节	能拿出课本、铅笔盒，专心听讲	○	○	○	○	○
	坐在座位上，小声回答问话					
9:20–9:30	擦黑板、上厕所、喝水	○	○	○	○	○
	跳垫 300 下					
9:30–10:10 第二节	能拿出课本、铅笔盒，专心听讲	○	○	○	○	○
	坐在座位上，小声回答问话					
10:10–10:20	擦黑板、上厕所、喝水	○	○	○	○	○
	跟同学玩游戏，能收拾玩具					
10:20–11:00 第三节	能拿出课本、铅笔盒，专心听讲	○	○	○	○	○
	坐在座位上，小声回答问话					
11:00–11:10	擦黑板、上厕所、喝水	○	○	○	○	○
	跟同学玩游戏，能收拾玩具					
11:10–11:50 第四节	能拿出课本、铅笔盒，专心听讲	○	○	×	×	×
	坐在座位上，小声回答问话					
11:50–12:30	洗手	○	○	○	○	○
	排队打饭	○	○	○	○	○
	坐在座位上吃饭（离开座位最多一次）	○	○	○	○	○
	吃光午餐	○	×	○	×	×

续表

时间	作息	周一	周二	周三	周四	周五
12:30–12:45	收拾餐盒，擦自己的桌子	○	○	○	○	○
	刷牙（不弄湿衣袖）	△	○	○	○	○
	收拾书包	○		○	○	○
12:45–12:50	排队放学、倒垃圾	○		○	○	○
12:45–13:10	安静趴下午休		△			
13:10–13:20	上厕所、喝水		○			
	找社长上社团课		○			
13:20–14:00 第五节	能听老师的话		○			
	安全玩游戏		○			
14:00–14:10	上厕所、喝水		○			
	找赖老师		○			
14:10–14:50 第六节	能听老师的话		○			
	安全玩游戏		○			
14:50–15:00	上厕所、喝水		○			
	跟同学玩游戏，能收拾玩具		○			
15:00–15:05	收拾书包		○			
15:05–15:45 第七节	听老师的指令上体育课		○			
			○			
15:45–15:50	排队放学		○			
我今天得到的圆圈		18	30	18	17	17
家长签名						

总计	我得了（100）个○
奖励	我可以得到：回家可以看哆啦A梦
处罚	我不可以看动画片

执行办法（请家长务必配合）：
1. 评估标准：达成打○，完成一半打△，未达成打×。
2. 每天超过16个○（周二全天达到24个○），就可得到一张贴纸，达成目标当日回家可以看哆啦A梦，整周都达成目标可以放风筝或去公园坐船，没达成目标回家不可以看动画片。

五、制定在家行为检核表

除了上述行为检核表外，也可针对特殊学生制定在家行为检核表，范例如表 5-9 所示。

表 5-9　一周行为检核表

时间	检核项目	周一	周二	周三	周四	周五
早上	早上听到闹钟自己起床					
	自己整理床铺					
	脱下来的衣服放在椅子上					
	生气的时候会说"我生气了"					
	能收拾工作柜					
	将用过的物品放回原处，如茶杯、课本、铅笔盒、彩笔、剪刀					
下午	将脱下来的鞋子放入鞋柜					
	下课时将铅笔放回铅笔盒					
	将作业单放入夹子中					
	带午餐盒回家					
	将不用的课本放入工作柜					
	会自己收拾桌面					
	能轻声说话					
	将课本、作业、铅笔盒放入书包					
合计	昨天我的联络簿上有（　）个圈					
	今天我总共得（　）个圈					

备注：
1. 评估标准：达成打○，未达成打×。
2. 奖惩办法：每天超过七个○（周三超过四个○），可以给予奖励。每天没有达到七个○，回家不能玩电脑或看电视（取其一）。假如整周达成目标，请爸爸妈妈给予奖励。

六、召开个案讨论会

当教师尝试过一些方法仍无法改变学生行为时,则需召开个案讨论会。以下以一名孤独症学生为例,针对其在校的不良行为召开个案讨论会,以期解决问题。个案讨论会记录如下:

(一)问题

A生在校参与度差,且一直有撞头、情绪失控的行为,行为处理记录如表5-10所示。

表5-10 个案行为处理记录

学生姓名:A生　　年级:四年级

日期	事件描述	处理方式	处理/会谈者	备注(主管签名)
9/13	情绪不稳定(2:20pm),将书柜的书推倒,饭盒里的饭菜倒出,拖把散放在厕所洗手台上,头敲桌子。	老师告诉A生这样的行为是不对的,并带着A生收拾残局,但是A生不理。告知母亲(4:00pm)。A生看到妈妈,跟妈妈说自己很累很饿(可是A生并未告诉老师)。最后是由妈妈收拾物品,A生并未参与。	A老师	
9/14		A生妈妈说A生似乎知道自己做错事了,所以在妈妈接送回家的路上显得比平常乖。之后,只要A生又弄乱物品不肯收拾,老师就告诉A生:"你不收拾,妈妈来才帮忙收拾,你就会晚一点回家喔!"刚开始这方法有用,后来又失效了。	A老师	
9/17	• 今日老师介绍盖章奖励卡,告知A生听话便可盖章。 • 知道不可以躺桌上,经规劝无效,会故意四处跑到各个桌子上躺着。 • 在学校上大号。 • 下午一点左右,将内、外裤全脱下,询问其原因,A生未理会,并躺地上、桌上。	由两名老师强行为他穿上裤子,内裤上有残余粪便未擦拭干净。	A老师 B老师	
	• 重复脱裤行为,在垫子上敲头,把裤子脱掉。 • 眼神与平常不同,似乎有抽搐现象(母亲来时也发现其抽筋。	请父母来接回家。父母来带他时,无法站立,由父亲背上车。	A老师	

（二）讨论过程

1. A 生母亲的想法：

· 三年级分为小组上课，学习情况还好。愿意上语文，不愿意上数学（可能当时数学老师不了解他）。

· 固执。目前看 DVD 只喜欢其中一段。

· 他很容易累，在校又不愿意休息，会容易发脾气，目前已养成中午回家睡觉的习惯。

· 他的印象有时会持续很久，他与 B 生在幼儿园时曾有冲突，会一直记得过去的冲突。目前和 C 生不和。

· 敲头的行为在四个月大时就发生，在家会敲床垫。

· 人多的地方，他容易发脾气。

· 我们愿意请人带他，但担心别人无法胜任，也曾想自己陪，但爸爸不同意。

· 他能学多少就学多少。

· 晚上睡眠状况不佳，上午时间精神状况不好。

2. 学校的想法：

· 希望进行较长时间的行为分析，了解 A 生不同分组时的状况。以一周为观察时间，了解他比较喜欢上哪些课。

· 特殊学生无法适应"动态"的课，如音乐、体育（上体育课时他一个人不知道要做什么），要给予积极的指示。语文、英文的流程较固定，比较能参与。

· 做好安排，上体育课时让他有事做，可在教室听音乐、跳跳垫。学校可"退一步"，但希望让他融入我们的世界。

· 他可能需要有人在旁告知周围发生的事并提醒他要做的事。

· 他已习惯听觉刺激，要尝试多给予视觉刺激。

· 孤独症学生容易养成固执行为，想办法引导他做其他选择。

· 请母亲协助记录在家的作息。

· 我们分析他在家的生活状态：玩电脑、看电视、听音乐，这些刺激较有趣，使他无法专注上课。要慢慢改变，使旁边没有这些刺激。

· 目前科技进步，不能再让他在家自学，否则未来无法适应社会。

（三）结论

· 做行为分析，分析 A 生为什么会撞头，了解原因及发生前教师说了什么。

· 在学校 A 生较易与人发生冲突，将他带回家虽可减少冲突，但会让他无法适应社会，要教导他，让他减少负面行为。

·请实习教师做记录：他可以坐多久、什么课较能坐得住，以了解发生什么事产生这种反应。

·会敲头可能是不知道可以用别的方法（没有转换），可协助其做转换，下次可换成敲桌子。他可能是想要什么或想引起父母的注意，因为一敲头教师就过去帮他，可能会强化他敲头的行为。

·很多特殊学生无法在学校午睡，因为人太多。

·帮助他养成一些习惯，慢慢增加其自主性（不要为他做太多）。

·一点一点地改变他。

·记录他情绪爆发的次数。

·他需要独立自主的空间，给他一个属于自己的空间，里面不要有电视、电脑，也不要有噪声，放些他喜欢的玩具、垫子、播放音乐。

·请父母每天花五分钟和他互动，再慢慢增加时间。

·孤独症孩子需要多元学习，从相同的东西中增加不同的刺激。

·他的活动都是团体活动或是有母亲在旁，他需要每天有时间做自己的事，安定下来。

·孤独症孩子需个别辅导，需要一段安静的时间。

·去人多（陌生）的地方之前，让他知道会发生什么事、看到什么人。可先去拍照，用视觉刺激帮助他理解事件，并可选不同的地点，让他认识地方，提升语言技能。由于看到的东西常是快速的，可用简单的图片协助他说出来。

·在学校刺激较多，有较多机会让他响应刺激；若带他回家，担心会退化而回复自闭。

·增加人力。

第七节　教师访谈

问：班上的学生有哪些学习习惯比较不好，跟别人不一样，要如何解决？

答：有一个学生比较爱讲脏话、比中指，其实他很聪明。我刚开始很困扰，因为还不是很了解他，我今年才来，上学期的时候就不了解他。他会反复地比中指，他的目的就是要你生气。我刚开始没有清楚这一点，所以让自己掉进那个陷阱里面，也会很生气。后来慢慢有几次错误的处理，发现今天错了，明天就提醒自己不要再错了，过几天又错了，重复几次滑铁卢事件，我再回去反省。最后，我用的方法还是我前面提过的，就是改善和他之间的关系，去关心他，让他觉得你是愿意接纳他的。他其实问题挺多的,家里也有问题,但他很聪明,他内心知道自己有问题,可是没有办法控制自己,所以我觉得他也挺苦的。那时候就觉得如果我被他打败的话,我自己也很苦。如果要帮他的话,第一个就是要自己跳出这个不能陷进去的情境。后来就是调适,使自己的情绪不受他的挑衅,这一点是我这边调整比较大的部分,做好这样的调整,他的状况就有一点改善。目前他的问题还没有解决,可是比较稳定了。我的感觉就是要从根源去找问题所在,然后看他要的是什么,如果我们可以提供就尽量去帮助他,这样应该会比较好。

问:在教学中,有没有觉得特殊学生会造成教学上的一些困扰?

答:例如,上述他的一些问题行为干扰很大的时候,就会造成困扰。不过我觉得从上学期到现在,我不断地去思考怎么处理这个问题,其中也有很多的收获。我的感觉是问题出来的时候,可能也是自己会有所进步的时候,所以就不用去怕会出现什么状况,这次没有处理好,下一次处理好一点就可以了,这样自己才能越来越进步。我觉得要处理得很完美不是那么容易,除非班上的学生都可以掌控得很好,就不会有这么多问题。像这学期有些学生,情绪会有很大的反应,会干扰上课,这种情况应该是同样的问题,就是先去观察这个学生,他在什么时候会有一个很大的情绪出来,然后避免这些状况出现。在尽量避免后,情况就会好很多,接下来就要去思考当他情绪起伏比较小时,怎么样让他能够参与到课程里面,如果能够参与课程的话,问题行为出现的概率就会降低。大概就是通过这几种方式去做调整。

第六章　融合班的师资管理

教师在学校任教，是学校的一员。班级教学计划的实施会受到整个学校组织的影响，师资管理要通过学校环境介入。教学并不是单单只靠教师，教师无法一个人执行教学计划，还必须有一个有组织且有条理的学校，学校因素包括课程、纪律、成绩、教材以及学生的能力。学生有各式各样的需求，学校需要提供合适的课程，允许多元的选择，才能符合学生的个别需求。融合班有普通学生及特殊学生，必须符合所有学生的社会性及学业性需求才能称为融合，除了要注意普通学校所重视的学业成就，还必须能增进所有学生的学习，提供有组织的跨领域、跨年级的课程，教师也必须在执行与发展教学方案的过程中自然扮演积极的角色。

第一节　融合班教师必备的理念与技能

融合班教师必须用心设计课程内容与教学类型，让课堂活动既适合个别学生又符合社会文化，让各种不同学习风格的学生都能参与，还要满足不同资质、不同兴趣学生的需求。这不只是对有特殊教育需要或社交需要的学生很重要，对教室中的每一个学生都很重要。因为学生是从每天的课程中学习与成长的，而学校对待差异的态度，学生也会不自觉地学起来。因此实施融合，学校必须提供一个支持差异、尊重差异的环境，以促进不同学生的学习与互动。

教育计划一定要考虑到教师的价值观、期望及信念。融合班和普通班最大的不同是它面临不同类别、不同程度的特殊学生及程度比特殊学生好的普通学生，因此课程内容必须涵盖不同的方面、不同的领域及技能才能兼顾特殊学生及普通学生的需求。特殊学生可能并未具备其他学生已具备的技能，因此拟订个别化教育计划、了解家庭的需求、计划未来的安置与衔接、安排连续的评估以及掌握学生的进步等都是教师必须学习的。此外，教师必须协助特殊学生主动学习及参与，提供特殊学生以家庭为中心的服务，让家庭扮演更重要的角色。教师除了提供功能性的课程外，更需不断评估学生，以了解所教的内容是否有效。比起普通班或特殊班教师，融合班教师在教学上付出更多，因此须具备更多的技能以应对繁复的教学工作。一般而言，融合班教师须具备下列技能：

·能提供适当的教学，知道学生应学习什么、何时学习及传授学习的方法。教师要能辨别出学生的需求与其能力间的关系，设计合适的教学策略与课程内容，选择合适的辅具来提升学习。此外，必须评估学生的起点、长处及短处，经常评估学生的学习表现。

·能做计划。计划要涵盖各式各样的课程及活动时间的分配，实施合乎学生能力的教学或干预，善于利用及管理教学时间，制定每日固定要做的事项（惯例），按学习进度教学，减少在活动中转换的时间，即使不教学也要安排事情给学生做，并尽可能遵守自己制订的计划。

·准备课程时，能引导学生思考、问问题。一开始教师需设定教学目标及一个可供学生讨论的框架，先教会学生课程内容再提供练习，利用事先计划好的问题指导学生讨论，让学生主动参与并为自己的学习负责，鼓励主动性的参与，让讨论离题的情况降到最少。问问题后，给予学生思考的时间，鼓励学生讨论。即使学生回答不够完整、正确，教师仍要称赞并响应正确的部分，对不正确的地方则要厘清学生的想法。学生不理解问题时，教师可改变问题，或是换一种方式发问。若学生不会回答，教师可给予渐进的提示，引导他们想出答案，若学生还是无法想出答案，教师可公布答案，然后请学生用自己的意思来表达。对学生表现出的困惑应给予即时反馈，教师的称赞能强化学生的好行为。有效地使用赞美，赞美时要清楚明确地告知赞美的理由。

·能设计多元教材及利用科技如计算机，让学生真正地参与学习（Onosko & Jorgensen, 1998；Udvari-Solner, 1996）并提升教学质量。扬弃传统的纸笔教材，比如在社会课时可以用地图、地球仪、各县市的简介、旅游书籍来上课。广泛地使用各种教学材料很重要，因为可以让每一个学生有成功的学习经验，并且可以使用最适合他们的方式进行学习。

·能使用真实和可操作的材料来教学，分析教材内容，评定什么教材可直接使用或是需要改编。教材可以被归类为核心教学教材、练习教材、休闲活动或是补充教材。好的教材必须内容客观，排列顺序由简到繁，能提供学生各个学习阶段（如获得、熟练、维持、延伸）的学习。有些学生无法通过传统的方式和教材来学习，因此大部分教材需要改编以符合学生的个别需求，这表示教师必须知道如何去分析和改编教材以顺应学生的需要，例如，调整课本上语言的表达方式、缩短句子的长度、替换拗口的字词、强调关键词等。

·讲课的时候，能事先规划上课的内容。如果事前计划得不好，课堂上缺乏刺激，就会造成学生混乱，因此教师必须组织讲课的内容且能稳固地掌控教室情境，利用真实情境，这样才能引起学生的兴趣。课文要用有逻辑性且排过序的方式呈现，讲课的过程中利用问问题来与学生互动及取得学生的反馈，观察学生肢体语言来确定学生是否了解上课内容，利用抑扬顿挫的声音、肢体动作和手势来强调重点。选择对学生目前及未来有意义的课程活动，活动时间必须足够，活动结束后还要引导后续的讨论，并以学生对概念的理解情况作为课程设计参考。结合提示、示范、练习和支架式教学等策略，训练学生问题解决及思考策略。示范的优点是它提供了一个具体的例子，去阐明一个事实且让抽象的概念更具体化。借由练习，学生可以很快了解教师的上课内容，然后再增加问题的困难度。此外，允许学生用多元方式表达他所学到的知识和技能，让学生把新的信息及已经习得的知识做联结，将先前学会的技能应用到新的情境。

第二节　教师分工与分组

当一个班级有一名以上教师时，教师的分工与协调就显得格外重要。在融合班里，有受过普通教育训练的教师和受过特殊教育训练的教师，两者必须一起工作，并且能把现有的课程及活动加以调整，以应对特殊学生个别化教学的需要。换言之，班上所有的教师都应参与课程的计划及实施，而不是分成两个部分，由一些教师完全负责普通学生的课程设计，另一些教师负责特殊学生的课程设计和教学。在融合式教室中，课程必须经过统整，特殊学生的课程必须融合在普通课程之中，每名教师的地位也是平等的。每名教师不但要能带个别教学、小组教学，也要能带团体教学，虽然不是每名教师都受过特殊教育专业训练，但可由受过特殊教育专业训练的教师带领其他教师，学习观察学生的需要、拟订教学目标、设计教学活动。

一个班级应该使用不同的编组方式。如语文课合作小组在 A 组，社会课合作小组在 B 组，好让学生有机会接触班上所有的同学，每隔一段时间跟不同的同伴学习而受益（Ferguson, Ralph & Meyer, 2001；Kasa-Hendrickson, 2002；Oyler, 2001）。教师可以在上一些课时，把有相似学习目标、兴趣、需求与技能的学生编成一组，然后上另一些课时，把学习目标、兴趣、需求与技能各不相同的学生编成一组，这样可以让学生有机会互相分享与学习。

分组时，视每组人数多少，再让 3～4 名学生形成一个小组。在融合班分组时，每一组都要有特殊学生，以免给特殊学生贴标签。选择小组成员时，有些教师会让学生自己选择伙伴或团队成员，可能会造成班上的一些学生因为没有人要跟他同一组而有被孤立或沮丧的感觉。另一种分组方式是教师根据能力、性别来分组，让每组具备相同的能力及性别的成员。无论如何，当教师更换组别时，应该要让特殊学生事先知道，以做好心理准备。在初等和中等教育里最常被使用，同时也最常被误用的分组方式就是小组讨论模式。教师必须随时注意且监督学生的讨论，以免学生偏离主题。教师分工与合作的原则如下：

1. 每班有两名教师，学生管理应由两名教师共同负责，班级所有规定应由两名教师共同制定并执行，不要常告诉学生"属于某一组""不是我负责"之类的话。原则是两人管教的尺度必须相同，联络簿也由两人共同负责。

2. 任何形式的教学应让所有学生都能参与，每名教师教学时应制造普通学生与特殊学生互动的机会，尤其要让特殊学生在课堂上也有参与的机会，而不是在课堂上给特殊学生一个玩具或是在课后给予特殊学生作业单就算是达到其所需要的教学目标了。当教学无法兼顾普通学生及特殊学生的需求时，应检讨上课的方式，而非责怪融合教育是无意义或不可行的。为使教学精致化，教学采用分组方式进行，无论将班上 22 名学生平均分为两组（每组 11 名学生）或是分为大小组，两组的教学内容应先协调，且两组应尽量在同一间教室，以免造成小组间差异过大。作业及评估应适量，并做到因材施教及展现创意。

第三节 增进教师间合作的策略

合作包括课程与教学计划的设计与拟订、尊重每个人的专业、分享资源及成果三方面。

一、课程与教学计划的设计与拟订

课程与教学计划设计与拟订的过程需要融合班教师共同参与及合作。在分工上，每名教师都应为每个学生提供学习的经验，特殊教育教师应知道如何为特殊学生设计个别化教育计划，各司其职，并分工合作。表 6-1 是融合班三名语文课教师针对课程与教学提供其做法的范例。

表 6-1 融合班语文课课程与教学做法

	A 师 （三年级）	B 师 （四年级）	C 师 （四年级）
上课方式 （如何引导）	• 小组合作学习。 • 与学生对话互动。 • 提问（学生练习提问题）——反向操作，以前是教师提问题。 • 比较赏析（配合教材，每几课即有一个讨论单元，做好整理）。	• 利用实物或原著介绍。 • 介绍作者生活背景年代。 • 共同阅读后提出问题讨论、表达。	利用生活化的方式、生活化的口语、模型或实物引导学生，引起其动机和兴趣。

续表

	A 师 （三年级）	B 师 （四年级）	C 师 （四年级）
如何针对特殊学生做调整	• 基本上对特殊学生的上课调整与以前差不多，因为学生学习的特质并未因教材改变而改变。 • 本教材中有些文章较优美，有些教学目标通过分组合作学习来达成。	• 给予较多关注。 • 给予生活化的词语，供其指认、辨别。	利用生活化的词语、生活中的经验给学生辨别、仿写、造句、运用。
作业安排	• 本套教材本身有设计学习单，由浅至深，因此可依学生能力选择不同学习单作为作业。 • 剪报纸文章进行分享或写日记，特殊学生有时有阅读测验、日记等作业。	• 由学生先行计划，如可选择生字、词语、作业单或其他方式。 • 自行安排时间完成（未规定完成日期）。 • 每一个主题有一个主题作业。	• 选择生活化的字词、句子，学习查字典，造简单的句子，词语的变化与指认。 • 日记与图书日记。
学习单安排	本套教材的学习单有些适合在课堂上使用，会选择性利用。有些是供小组合作学习，以小组为单位完成，有些是每人一张，特殊学生则另做调整或简化。	视课堂需要，如分组讨论题目。	• 句型练习，内容理解，深入研究。 • 排列短句、阅读测验。
评估的安排	• 观察记录（教师）。 • 书面测验（依特殊学生的能力调整方式）。 • 作业评估（档案评估）。	档案评估：书面作业（作业簿、作业单、主题作业）。	档案评估：作业单、上台说故事。
整体遭遇到的困难	还好。	• 较难掌握整体架构。 • 文章较长，对特殊学生的注意力是一项考验。 • 课程进行方式较灵活、开放，较难兼顾特殊学生需求。	• 文章较深较长，需改编课文。 • 部分课文较抽象，特殊学生无法理解，需转化为生活化、经历过的、较具体的、较口语化的文章，这样才能接受与练习。
学生兴趣引导	目前尝试让学生练习写阅读日志，利用星期二、四早自习20分钟阅读课外读物，并写阅读日志；教师与特殊学生共同阅读并引导其撰写阅读日志。	学生将教材视为故事书，有兴趣浏览，选自己喜欢的内容，学生有主导权，更有兴趣学习。	借由故事书图片让学生模仿肢体动作，教师用口语来讲述相关故事。学生通过模仿表演激发兴趣并主动阅读（学生喜欢阅读听过的故事）。

二、尊重每个人的专业

不论是普通教育教师还是特殊教育教师都有其专业能力，因此给予尊重进而合作无间是非常重要的。

三、分享资源及成果

教师之间除了在教学时充分合作及给予尊重外，无论是在行政资源或是教学资源上都应分享，互通有无，在成果上更应共同分享。以下为小学融合班四名教师的生命教育教学分享会（三次），分享内容为如何在不同班级及年级实施生命教育。

（一）生命教育——快乐人生（第一次聚会）

讨论纲要：

- 确认小组成员。
- 讨论研究主题。
- 决定组长。
- 讨论生命教育的重要性，以及学生对生命教育的需求。
- 分享"心光灿烂—心光祈愿卡"的使用。
- 讨论活力工作坊进行的时间。
- "善行日记"在生命教育中的使用。

讨论内容纪要：

- 由高年级（五、六年级）语文教师四人及实习教师一人共五人组成一组。
- 研究主题命名"快乐人生"，期待学生与教师都有快乐的人生。
- 培养学生对人生深度的思考，从绘本或影片中体验生命的意义，进而寻求快乐的人生。
- 现在社会上的学生有时会把自己的感情封闭起来，压抑自己的感情，导致情绪或心理的不稳定。
- 学生时常不了解自己的优缺点，因此会产生嫉妒等负面情绪，学生需要认识生命、面对自己的生命，进而"接受、面对、改变"自己的命运。
- 其中一名教师分享自己在班级中使用"心光灿烂—新光祈愿卡"的经验，让其他教师体验。
- 可利用晨读时间进行心灵对话，或利用一两堂语文或社会课进行课程。
- 使用"百善卡"鼓励学生行善，或观察别人的善行，培养感恩心。
- 先由累积善行开始，多给予学生肯定。

（二）生命教育——快乐人生（第二次聚会）

讨论纲要：

·分享各班"百善卡"实施成效。

·讨论目前班级中班级管理的问题与困难。

·拟订下次开会要讨论的内容大纲。

讨论内容纪要：

·五年级"百善卡"实施效果显著，初步达到学生善行的目标及数量，以往不热衷写善行日记的学生，也逐渐开始写自己或别人的善行。

·五年级接下来会要求善行的"质"，要求学生反省思考别人或自己的善行对自己的影响（包括事件、发展、心得）。

·六年级"百善卡"是全班进行，每天利用晨读时间或是放学前的空当来盖善行印章，每天轮流当善行组长。善行组长当天要负责观察大家的善行并记录在黑板上，其他学生也可以提供善行组长大家观察到的善行。如果写了善行日记，则再盖一个印章。

·六年级中改变最多的一名学生目前很积极做善行，教师有时会用"百善卡"当作奖励卡，以达到显著的效果。

·"百善卡"可以营造一个"善"的氛围，让班级中的学生越来越会包容别人，间接也影响管理不好情绪的学生，其态度越来越温和。

·善行卡对于班级中较单纯的特殊学生效果很好。

·班级中有学生不愿意做善行的时候该如何处理？教师公开提醒该学生别人做过的善行，鼓励他们慢慢自发做善行。

·下次除了继续讨论"百善卡"进行的成效，也开始计划下一阶段"快乐人生"欲实施的教学活动。

（三）生命教育——快乐人生（第三次聚会）

讨论纲要：

·六年级教师分享感恩卡活动。

·五年级分享上周善行进行的情形与结果。

·讨论接下来可能进行的活动。

·讨论与分享"米饭实验"进行的细节。

讨论内容纪要：

·六年级目前进行"感恩卡"活动，每个学生自己制作一张卡片，并在上面写上自己想要感恩的对象（人、事、物）。

- 一开始让学生搜集生活上用到的东西，把东西放在袋子里，让学生去摸摸看猜是什么东西，学生猜到以后，让其思考这个东西对自己有什么意义。对各式各样的东西感恩。
- 教师讲故事（集百恩），要学生找100个东西去感恩，学生一开始觉得不可能，在带领之下学生慢慢转变心境。
- 五年级老师分享埃玛奶奶的故事。
- 班级中有学生听到故事后想到自己的外婆，眼眶泛红。
- 五年级在讲完故事后，让学生填写生命教育学习单，班级中丧亲同学填写学习单时感触很深。
- 目前善行日记写的善行好像有点"泛滥"，尤其女同学之间会大量写很小的事，接下来要倡导记录善行时要完整、清楚，有自己的想法。
- 圣诞节临近，制作圣诞卡，让学生多制作一些感恩卡，发给其他班级的人，分享感恩的心。
- 期末可进行"期末感恩"活动，让学生思考学期中要感恩的对象是什么。
- 未来可在班级中分组进行，一组感恩物品，另一组感恩人，全班都可以参与。
- "米饭实验"可派值日生记录班级中同学要对米饭说的话。
- 每碗米饭下面可写提示语，提示学生可以对这碗米饭说哪些话。
- 对着米饭说话的时候，可以对米饭说自己的缺点，把对自己不满意的地方告诉米饭。

此外为了增进教师间的合作，学校可安排下列活动，活动方式如下：
- 每天安排一段时间供教师讨论当天所发生的事情及交换意见。
- 每周安排一次课程讨论，讨论课程进行时所发生的问题及个案研讨。
- 在开学时，讨论班级管理的理念，以建立彼此的默契。例如，讨论当教学计划无法执行时，其应对方式（如增加人力）及过渡时间应如何安排（如先打扫完的学生可以到角落操作教具，或是在上课前先去图书角看书）。此外，教师应随时注意在每一段作息结束前五分钟提醒学生准备收拾课本及文具用品。

第四节 教师如何协助普通班中的特殊学生

教师除了执行教学外，还要了解特殊学生的学习特质，不断地引导，提供较多的例子及教学所需的协助。例如，编写学生看得懂的课文，让特殊学生了解上课的内容，以参与教师的教学。教师的责任不只是将学生不懂的问题教他一次，或示范如何做就好，而是要了解学生为何不懂，是不是题目本身超过学生的能力，如果是这样就要找出学生已具备的能力,如已认得哪些字、学会哪些数学概念,再以这些习得的字或概念为基础设计题目,这样学生才能阅读并了解题目的内容,回答题目中的问题。因此教师在教学时必须了解课程的顺序,哪些要先教,哪些要后教,并且不要一次教太多,最好在上每一堂课时,为学习较缓慢的学生准备这一堂课要学习的重点,再在上课中找空当教这些和课程相关的重点。

以下几点可给班上有特殊学生的普通教育教师以参考:
· 视特殊学生为普通学生。
· 利用团体教学达到个别化教学的目的。
· 将每段作息都变成可以学习的。不管是上课或下课都可提供学生学习的机会,如下课可培养学生间的互助及合作。
· 在普通的课程中插入特殊学生的目标。
· 先从社会性融合做起,再谈课程与教学。
· 找额外时间辅导,对无法参与课程的学生安排个别辅导。

第五节　融合班教师的特质

竹大附小融合班现有六个年级,每个班有 22 名学生,其中 15 名为普通学生,7 名为各种类别的特殊学生,如听力障碍、孤独症、智力障碍及肢体障碍等,是台湾唯一将普通学生与特殊学生以 2∶1 比例融合的班级,对教师及学生而言都是个很特别的班级。融合教育强调尊重学生,给予学生较多的选择,采用民主方式对待学生,提供活泼温馨的教学气氛,用奖励及启发的方式引导学生学习,不希望看到教师用强迫学生学习或体罚的方式来对待学生。

和普通班与启智班不同的是,在融合班任教的教师既要会教普通学生,也要会教特殊学生,除了教学对象不同外,教学还要同时兼顾程度差异很大的学生的需求,因此教学负担较重。教学工作包括教学准备、调整教学、编选教案及教材、引导特殊学生学习、引导特殊学生与普通学生融合、促成教师间合作、与家长沟通及如何做评估等事项,还要随时调整教学内容以符合学生需求,更需随时参加教学讨论以提高教学技能。因此,融合班教师须具备教学热忱、创意及理念,愿意接受训练及成长等特质。教师的特质是能否胜任融合班教学工作的一大要素,综合专家学者的看法,融合班教师应具有下列特质:

1. 马斯特罗皮耶里和斯克鲁格斯(Mastropieri & Scruggs, 2001)认为融合班教师应具备的特质为结构性教学、清晰、重复、热心、适当的步调、扩大学生参与(交互式教学)、有系统地监督学生进步。

2. 钮文英（2008）认为融合班教师应具备理解融合教育的意义、体察融合教育的价值、有从事融合教育的意愿与热情、关怀弱势群体的人道情怀、有教无类的胸襟、多样化的教学方法（多元智能教学、适应个别差异的教学及合作学习）。

此外，教师应具备与人共同管理一个班级、克服融合情境教学困难的决心，还要有较高的挫折容忍度和敏锐度、喜欢学生、喜欢及愿意改变教学方式、乐观、惜福、稳定、积极面对及解决问题的能力。因此，为了适应融合班的教学工作，教师应先了解班上的学生，愿意和学生一起成长，想想看在教学上自己能够以及愿意做哪些改变，量力而为，再看看自己的改变是否改变了学生，最重要的是放松自己，放慢自己的脚步，不要和别的教师比较，肯定自己（内化），视需要寻求资源。

表6-2是一名三年级融合班教师的教学特色及风格，从中可以了解融合班教师具备的特质。

表6-2　三年级融合班教师教学特色及风格

填写者：A老师　　任教科目：语文、社会、健康与体育、乡土语言

项目	做法、特色及风格
作业批改评分标准	·学生用心程度。 ·小组合作度。
如何协助学生完成作业	·课堂示范讲解。 ·分组讨论。 ·观赏他组的作业与思维分享。 ·交回作业后的反馈。
小组合作	·安排异质性小组座位。 ·教师教学及在个别教具引导下，组内由组员们分工协调工作。
上课如何激发动机	·从生活实例切入。 ·带入旧经验。 ·课程动静交叉安排。 ·学生分享相关经验并反馈。 ·使用电子媒介。
如何结束每一堂课	·复习本堂上课重点。 ·活动式、分组式综合评估。 ·小组出题目相互评估。
课程常用哪些教具	·PPT。 ·电子媒介、电子白板。 ·各式操作教具、器材。
是否让学生分组报告	视课程性质需要而定。重视学生的实践及分享，并借由聆听他人来审视自己。

续表

项目	做法、特色及风格
有特殊学生时如何调整教学	·分组时，教师安排指定工作、组内协调分工。 ·部分参与课程。 ·以操作式课程为媒介。
出学习单（一课有几张）	视科目性质。例如： ·语文一堂课约1~2张，另有1~2张延伸作业。 ·社会一堂课约1份（小组共同完成），个人约1张。
鼓励学生找资料	配合时事、课程、生活等（如节气），鼓励学生找资料并分享。
作业类型	学习单、课本习题、阅读、剪报并绘图。
如何给学生奖励（奖惩标准）	·学生个人表现优良给予个人奖励，另加入小组的合作加分机制，鼓励学生主动协助特殊学生参与。 ·社会性强化为主，物质性强化为辅。
如何增加学生对不同学生的认同感	·教师对主动协助特殊学生的学生公开赞美。 ·教师以身作则。 ·分组上课，提供需小组共同参与完成的作业。 ·教师主动赞赏特殊学生。
教学特色	·以合作学习的方式，带动课堂中的每一个学生。 ·引导学生思考，避免直接提供答案。 ·以整合概念（如概念图）为主，由上往下引领学生学习。 ·重视操作与组间反馈，加强思辨能力。
班级特色	·重视每一个学生的感受。 ·以尊重的心待人、说话、做事。 ·生活礼仪。 ·学生自律的养成。
读书风气的培养	·物理空间设置阅读角。 ·提供表率——公开表扬运用零碎时间阅读的学生。 ·教师善用空当时间安排学生阅读。 ·学生上台报告——好书分享。

从上述教师教学特色中可以发现，融合班教师工作内容不外乎环境准备、教学及行为的管理。

表6-3为根据融合班教学的情境制定的融合班教师工作项目检核表。

表 6-3　融合班教师工作项目检核表

项目	教师姓名			
	A师	B师	C师	D师
在角落时间支持及延伸学生的学习计划。				
和其他教师交换教学心得。				
和学生一起吃午餐。				
在学生到达之前把教室准备好（如把桌椅摆好、准备好教学材料）。				
在离开前关好门窗及电源。				
准备及填写需采购的物品。				
准备一学期一次的教学座谈会及个别化教育计划会议。				
记录特殊学生是否叫得出他人的名字。				
注意普通学生及特殊学生的进步。				
为学生讲故事。				
整理及布置教室，为物品标上名称。				
为特殊学生设定目标并将目标贴在黑板上。				
介绍新学生，协助其适应。				
随时支持其他教师。				
帮助学生在对话中使用更多字词。				
决定教室管理规则及对学生的限制。				
计划及执行小组教学。				
写下活动计划及评估方法。				
在父母接送孩子时和父母交谈。				
使环境整洁。				
自制或准备所需的教具。				
教具材料的保存与分类。				
教案的撰写与整理。				
搜集教学资料。				
填写教师日志及其他表格。				

评估标准：√做到，△做一半，×做不到。

第六节　教师访谈

问：您对于融合班持有什么样的理念？

答：融合班是未来社会的缩影，让学生和家长提早面对迟早要面对的问题，也让每个普通学生都知道，不是每个学生都像自己这么幸福，他们生下来就是这样。但是特殊学生还是一样有积极向上的一面，而普通学生也在学习他们积极向上、光明的那一面，并激发他们惜福的感情。特殊学生在这里可以模仿和学习，也可以学习及早独立。而我们往往都会劝家长要学着慢慢放开，不管是放手、放心或是其他，都要慢慢放，因为我们没有办法一辈子陪着他，把他当作是一个责任或是包袱，都会过得很痛苦。

问：融合班任教的教师应该要具备什么特质才有能力胜任？

答：第一个要认同融合的理念，这是先决的条件，然后吃苦耐劳，再来就是有较大的包容性。个人的特质要有弹性，出状况时可以随时调整，如果不能去改变，又强调原则，那可能就会很苦，因为融合班是有很多事情是常常在变的，教师要能够适应且有弹性。再就是愿意学习，其实如果愿意学习，能力应该没问题，既然是从师资培训制度里面出来的，应该都有能力在融合班任教。如果愿意一直学习，常常吸收新的东西如国外的资料，并且会试着做做看，虽然以前没做过，可是若愿意抱着学习的心态的话，就不会那么排斥。所以基本上，如果有学习能力，再配上那些特质，应该就有能力胜任。

问：融合班和一般班级有什么不同？

答：本校融合班最大的不同在于教师，目前融合班慢慢有更多教师愿意留下来，甚至改变自己，也慢慢认同这个环境，这是跟别的学校最大的不同。融合班这几年的努力已经累积很多的资料和珍贵的经验，或许在其他学校有很多行政支持，可以将这些繁杂的东西建档，但是目前融合班仍然做不到，缺乏人手将这些资料分类、统整、归纳。

问：融合班教师与普通班教师或特殊班教师相比有什么不同？例如，在专业知识、教学能力、班级管理等方面是否存在区别？

答：普通班教师或特殊班教师所要面对的学生相同，他们的教学层次也比较趋于一般化。而融合班教师要面对的是不同的学生，而且每个学生都不一样，状况也不一样。所以融合班的教师不论教了几年，面对不同状况的学生，都要重新规划自己的教学方式，随时都在学习，随时都在面对新的挑战。我印象最深刻的就是吴淑美教授讲过一句话："你们要选择怎么样的工作在于自己。"这句话是我在遇到挫折时常会想起的话。

问：教融合班需要具备什么比较特别的条件或能力？若一般师范学院特殊教育系学生想在融合班任教，会建议他修些什么课或具备一些什么能力？

答：基本上要具有热忱，然后就是要认同这个理念，如果不认同融合的理念，教融合班真的会挺辛苦的。如果有热忱，到哪里教书都会很快乐，只是在这里教书，更需要热忱。除了专业能力，基本上要了解学生发展的历程，因为学生的阶段层次很多，教师本身需要对课程很了解，才能知道学生发展到课程的什么阶段、什么是适合他的方式。这种能力很重要，如果判断错误，教学上只是白用功，教很容易，但没有符合他的需要，就没有效果。学生这么多，要符合每一个人的层次，基本上要花一点工夫去了解。

问：该怎么得知学生的起点能力呢？

答：一些有关儿童的发展的基本理论要懂，一般特殊教育系通常偏向特殊学生或培智的课程，但在融合班，各种程度的学生都有，普通班课程以普通学生的发展及要具备的能力为主，要调整普通班课程去适应特殊学生的需求，这部分要有特殊教育的能力，也要兼有普通教育的能力，教师自己要摸索拿捏。

问：教融合班的时候，有没有遇到较特殊的困难是自己没有办法解决的？

答：时间永远不够用。以前有一些经验没有累积下来，之前教师花了很多时间设计作业单，如果有累积下来，同样的年级或单元就有很多资源可以利用，很可惜这方面没有做，所以教师每年都在面对新的课程，每年都要设计作业单。以我为例，教数学和自然，我教三年级和五年级，一班有8个特殊学生，加上三年级教小组课程，有4个特殊学生，自然课还要跨到其他班，所以就是至少面对十几个特殊学生，要设计作业单，使每一个学生都有适合他的作业单、适合他的作业、适合他的课程。事实上，时间是一个很大的因素，要把自己知道可以做、应该做的做到，跟时间做很大的竞赛。如果以前有累积一些资源，我们可以挑选一些，学生马上可以用，另外一些学生不适用然后再来修改，这样可以减轻这部分的负担，这是在教学上比较大的一个困难。当然，学生有些行为状况、情绪状况，超乎教师能处理的能力时，其实挺需要一些专业人士的支持。

问：教师平常都是怎么准备教学？

答：在开学前会把整个课程都看过，了解这学期大概要教哪些东西。平常有空的时候，会把相关资料都收集起来，会去图书馆借或是把它录下来，有一些单元则会上网去找资料。还有些是根据以前留下来的记录，学生一定会留下一些个别化教育计划、以前的作业单、考试卷什么的。

问：教自然和数学，会不会和自己所学差别很大，从而要花比较多时间准备教学？

答：其实不会，刚开始教会有一些惶恐，因为觉得自己不知道如何去教这些东西，但后来自己有研究，再上课之后，就觉得不用太担心。就像学生有很多能力，例如，我们说多元智能是很多智能都应该具备，只是哪一个方面比较突出，不一定是社会课、自然课，可能是逻辑方面比较强或是语文方面比较强，又或是知觉动作方面比较强。不过事实上小学的课程并没有分得这么清楚，现在都在说各种能力是融合在一起、结合在一起的。就三年的经验来讲，对学生而言，尤其是年纪比较小的学生，他并没有分得很清楚一定是什么方面很好或者什么能力很强，对他们来讲，还在培养发现的一个阶段。我也是从这个经验重新认识到每一个人很多的智慧能力都是具备的，可是在以前的环境里面我们没有去发现。另外我发现，大学里面所教的训练在教书时其实很有用，大学其实是学方法，大学里学到搜集资料的方法、研究问题的方法、看一个事情的方法，事实上在教书方面、在设计课程方面，是一个很实用的部分。数学和自然的知识，其实是我从开始教之后，才重新又回头学习了这些知识，当然没有办法像数学系毕业的教师讲很深的理论，但是小学课程的理念还没有像初中那样专业精通，还是一个比较基础的、概括性的东西，目前觉得还能够胜任。

第七章　特殊教育理念

受到融合教育及最少限制环境的影响，越来越多的中重度特殊学生进入一般公立学校，如公立小学、初中。班上有不同程度的学生，对小学、初中普通班级现有的课程不可避免地造成一些冲击与挑战。

特殊学生难以将所学的知识应用于其他地方，他们通常需要额外的时间和注意力以发展较复杂和抽象的概念。即使经过认真指导，他们仍然可能忘记所学的知识而出现误解。他们的问题包括：

- 无法了解成长与改变的发生是持续的。
- 无法察觉自己的优势与弱势。
- 无法对自己有肯定的想法。
- 难以了解及控制情绪和感觉。
- 无法向他人投入情感。
- 社会互动有困难。
- 缺乏适当的社交行为。

第一节　特殊学生融合课程

普通班为了应对特殊学生进入普通班，课程内容（语文、数学、自然、社会、健康与体育、艺术与人文等领域）及上课方式必须调整，由于目前各领域课程的广度或范围不够广，以至于不能把每个学生学习的内容都含在教学活动中让学生觉得有参与感，进而达到成就感。因此，如何让课程符合不同程度学生的需求就变得非常重要。前提是不论学生残障程度多严重，他都要能在学校或社区中生活、工作、学习及休闲。因此，学校在课程安排上必须做到下列几点：

- 学校必须设计和日常生活相关的活动、教学内容或领域，如此学习才有意义。
- 特殊学生能融入社会是特殊教育的目标，特殊学生要能适应学校生活才能进而适应社区生活。
- 学校及家庭间的合作是学生成功适应学校的要素。
- 教学的决定必须个别化，决定必须反映学生的特质、生活方式、年龄、学生及父母的需求。

- 学生的依赖及部分参与也是合适的教学目标，不可因学生无法独立完成一件工作，就将其排除在学习之外。
- 结构式的学习必须在不同的情境中发生，有意义的学习不仅限于学校情境，也可在周围的环境中发生。
- 特殊学生的学习过程是累积的，必须和普通学生的发展顺序结合，太早学习某些技能是不对的。
- 找出学习最自然的方式及时间，在日常教学中有些活动不需经过特别的设计。
- 不要让科目及作息限制学生的学习并造成学生的隔离。
- 尽量让特殊学生参与活动以增进其体力。
- 让特殊学生都能进入主要课程，期待他们学习。
- 要让特殊学生能主动学习（例如，举手回答问题；完成相同科目的课程，但内容经过改编）。
- 对于需要实践的学生，学校应提供社区的经验（例如，讲到和历史有关的单元，安排学生参观社区中有历史性的建筑，并搜集资料做报告）。
- 多安排合作小组及到社区参观的学习，例如，自然课安排四人一组的合作学习小组；讲到"饮料"时，可以让学生去学校附近的麦当劳，学习如何在麦当劳购买饮料。

第二节　台湾特殊教育新课标

2013年1月修订的台湾特殊教育新课标涵盖义务教育、高中与高职三个阶段，强调设计特殊教育需要学生课程应首要考虑普通教育课程，重视个人能力本位与学校本位课程、采用课程与教材松绑的执行方式，以设计出符合特殊教育需要学生所需的补救或功能性课程。为落实特殊教育课程与九年一贯制课程间的衔接及符合特殊教育需要学生的学习需求及特性，新课标增加"特殊需求"领域课程，加上九年一贯课程的语文、健康与体育、社会、艺术与人文、自然与生活科技、数学、综合活动七大领域，共计八个学习领域。特殊需求领域的学习内容可包含职业教育、学习策略、生活管理、社会技能、定向行动、点字、沟通训练、动作技能训练、辅助科技应用、领导才能、创造力、情意课程等科目，以及其他不属于单一学习领域的专题研究、独立研究等特殊需求领域的课程。特殊教育新课标指标编码参考九年一贯制指标编码方式，每个领域分成不同主轴，再分成不同学习阶段（初阶及进阶），再分成次项目，指标按主轴—学习阶段—次项目—流水号排列。以沟通训练指标为例，指标1-1-1-1"能在自然的身体摆位状态下，将身体面向沟通对象"，是指身体语言主轴下、初阶学习阶段、肢体动作沟通次项目中的第一项能力指标。除可单独教导此能力外，也可配合其他课程领域（如语文或社会领域）融入此指标进行教学。使用者应根据专业团队所提供的标准化或非标准化评估结果与建议、沟通能力的评估结果，并参考观察及会谈所搜集的资料，充分了解学生基本能力与需求，以合适的能力指标为基础设计教学，协助学生习得特定沟通技能或沟通类型。

特殊学生是否需要外加"特殊需求领域课程"？需要哪些领域、主轴、初阶或进阶的课程及次项目？要回答上述问题依靠学生具备多少能力，视学生目前所属年段在该主轴或次项目具备的能力、要学习其中的哪几项而定（卢台华，2011）。

第三节 功能性课程

根据特殊学生的学习特质，功能性课程教学内容及范围可分为社区生活领域、功能性学业领域、日常生活技能领域三大项，每大项再分为几个小项：

一、社区生活领域

◎ **自我管理/家庭生活**

- 吃/准备食物。
- 打扫/穿衣。
- 卫生/如厕。
- 安全及健康。
- 协助/照顾他人。
- 预算/计划/作息安排。
- 做家务。
- 户外生活。

◎ **职业**

- 教室/学校/社区的工作经验。
- 工作准备。

◎ **休闲/娱乐**

- 校内/课后。
- 独处。

- 家庭/朋友。
- 体能活动。

◎一般社区功能
- 旅行。
- 社区安全。
- 购物。
- 外出就餐。
- 使用服务设施。

二、功能性学业领域（认知）

科目以四个主要学科（语文、数学、社会及自然）为主，功能性课程可以从这四个科目选取较实用的内容教导特殊学生，形成实用语文、实用数学、实用社会及实用自然四大功能性学业领域，内容如下：

- 实用语文：阅读与写作。
- 实用数学：金钱与时间管理。
- 实用社会：与人互动。
- 实用自然：观察自然环境。

三、日常生活技能领域

任何课都应该涵盖这三种技能：

- 社会技能。
- 沟通技能。
- 动作技能。

从补救性/功能性技能模式的角度来看，不管学生的心理或生理年龄是多少，某些技能是表现"正常"行为所必备的，因此其教学重点集中在教导学生成人阶段有用的、功能性的技能（即非身心障碍成人可能在日常生活表现的技能）。为了让特殊学生融入普通课程，先要了解特殊学生要学些什么。这些技能包含：

- 语言/沟通技能。
- 生活自理能力。
- 居家生活。
- 社区生活。

- 职业/职前生活。
- 休闲/娱乐生活。
- 与非身心障碍者的互动。

功能性课程可分为功能性学业课程、社区生活技能（含生活和职业教育、家庭、休闲、社区参与、身体和情绪健康、个人责任与关系、社会技能及自我决定）及日常生活技能转衔（不同教育阶段的转衔、每日不同服务情境的转衔及学生到成人角色的转衔）。虽然各学派对特殊学生学习内容的范畴秉持不同的看法，然而提供特殊学生功能性、实用性课程已是一种共识。何谓功能性的活动？根据凯利（Kelly, 1992）的看法，功能性活动指的是：

- 活动是同龄普通学生也需要学习与进行的。
- 是经常需要做的活动。
- 活动可在自然情境用真实的器材来教学。
- 活动对学生会产生立即效应。
- 活动足以让学生应对生活中有意义的环境中的需求。
- 活动有助于同伴的互动。
- 活动是目前以及未来的环境中所需要做的。
- 如果未做此事，他人就必须做（替他做、帮他做）。
- 活动能改善生活质量、选择能力及独立性。
- 活动有助于社会的接纳。
- 活动是有趣的。
- 活动能让学生部分参与或独立参与未来更多的事物及环境。
- 增进学生迈向最少限制环境的能力。
- 符合生理年龄。
- 学生对该活动有积极的反应。
- 增进学生积极的态度或人格。
- 教师以外的人可以参与活动。
- 家长认为是重要的。

有了上述功能性活动指标，教师在安排特殊学生课程时就需考虑所安排的活动是否符合上述指标。

第四节　将特殊学生需求课程融入普通课程

在融合班，这些特殊学生所需学习的内容可以融入普通学生的课程中，成为功能性课程，以下将逐项介绍。

一、社区生活领域

◎ **自我管理 / 家庭生活：**
・吃 / 准备食物：吃营养午餐、准备庆祝会的食物。
・打扫 / 穿衣：打扫时间训练打扫技能、返校日打扫、穿好上学的衣服。
・卫生 / 如厕：卫生纸、手帕、指甲检查及上厕所。
・安全及健康：放学能排队、蛲虫检查、尿液检查。
・协助 / 照顾别人：拔河比赛时能协助及照顾别人。
・预算 / 计划 / 作息安排：通过早自习时间做作息安排、数学课教导如何使用零用钱、学习在角落时间做计划并按作息整理书包。
・做家务：打扫时间训练擦桌子及擦窗户。
・户外生活：通过校外教学教导户外技能。

◎ **职业：**
・教室 / 学校 / 社区的工作经验：帮教师发本子、周末到附近社区帮忙。
・工作准备：整理图书馆及教室图书。

◎ **休闲 / 娱乐：**
・校内 / 课后：下课时安排普通学生和特殊学生一起玩、放学后或周末和同学打球。
・独处：一个人时能安静看书、听音乐。
・家庭 / 朋友：通过家庭聚会郊游或每学期学校郊游，学习如何与家人及同伴互动。
・体能活动：体育课或课间活动安排增进体能的活动，如在操场跑步。

◎ **一般社区功能：**
・旅行：毕业旅行、户外教学。

- 社区安全：防震及防灾演练、消防演习、参观和社区安全相关的机构。
- 购物：到商场或超市购买零食或文具用品。
- 外出就餐：到麦当劳买午餐。
- 使用服务设施：使用公用电话、电梯。

二、功能性学业领域（认知）

- 阅读：阅读联络簿、阅读短文。
- 写：写名字、写便条、写信。
- 金钱管理：管理自己的压岁钱及零用钱。
- 时间管理：按时交作业、遵守学校的作息。

三、日常生活技能领域

- 社会技能：给予和同伴互动的机会。
- 沟通技能：在课堂上给予其表达的机会。
- 动作技能：在课堂上给予其操作的机会。

此外，也可以配合融合班的课程与活动将特殊学生的学习内容并列，如表7-1所示。

表7-1 融合班课程和特殊学生学习内容

融合班课程	特殊学生学习内容
语文课	阅读、写
数学课	购物、写、时间管理、金钱管理
自然课	写、阅读、户外生活、社会技能、观察自然环境
社会课	家庭生活、社区安全、写、阅读
健康教育课	卫生、写
体育课	体能活动、动作技能
美工课	动作技能、协助他人
角落课	时间管理、作息安排、选择
班会	作息安排、工作准备
午餐时间	吃、卫生、做家务、外出就餐、工作准备

续表

融合班课程	特殊学生学习内容
打扫时间	打扫、卫生、做家务
放学	安全、休闲活动
下课	户外生活、语言、休闲、独处、工作准备
班会	沟通技能、社会技能
团体活动（社团）	社会技能、沟通技能、工作准备
上厕所	卫生、如厕、社区安全、使用服务设施
升旗、降旗	时间管理
园游会	金钱管理、购物、预算
运动会	体能活动、社会技能、动作技能
户外教学	户外生活、社区安全、动作技能、语言
计算机课	工作准备、动作技能

从表 7-1 可看出在融合班可将特殊学生所需学习的内容融合至普通班的课程架构中。

第八章 融合班的课程设计

课程原意为跑道，引申为学习的路程，即为达到教育目的，学生学习必须遵循的途径，其要素分为目标、内容、组织及过程。教学则是将课程付诸实施的一种活动，课程和教学有相互依赖的关系，教学受课程指引，课程也会受教学影响。如果课程内容和教学活动符合学生能力，则可以大大降低问题行为发生的可能性。有效教学是处理问题行为的第一道防线，而教师是课程的魔法师。

课程与教学设计分为教学前评估阶段、计划阶段、教学阶段及教学后评估阶段。换言之，课程与教学主要包含课程计划的拟定及教学的执行。对有些教师而言，学校提供现成的课本，就以为不需要第一、二、四阶段，事实上任何教学都需要事先预备教材、教具和活动。教学又分为教师实际教学、学生参与学习及转换时间，转换时间指的是等待参与活动或获取所需物品和协助的时间，转换时要注意转换的地点、动线及分组。教师若善于运用转换或空余时间，让学生练习或复习课程内容，可增进学生学习效果。

一般而言，让学生愿意参与的课程必须做到下列几点：所有学生同时参与、有思考时间、不必有先备知识才能学习、学习重要技能和概念、尊重个别差异、同伴学习、师生互动及差异性教学。

在竹大附小融合班中，三分之一学生是特殊学生，普通学生占大多数，因此它不是特殊班，而是学生之间个别差异非常大的班级，和其他普通班只有1~2名特殊学生的环境不同。在融合班，座位的安排可以看到对方，而不是排排坐，进度和一般小学完全相同，普通学生和其他学校普通学生以一样的方式学习，视需要加深加广。

为了让所有的学生都能依自己的能力学习，教师必须将课程内容设计成活动，将每课编成不同程度的学习单，鼓励学生思考及发言。在作业安排上并非每个学生都有一样的作业，考试也可以有不一样的考题，完全依据学生的起点来设计。在融合班所有的学生都被期望能主动学习、主动阅读。为了让所有学生都能参与，上课方式做了调整，例如，音乐课以打击乐器为主，美工课运用各种素材并鼓励学生创作以表达自己的情感，体育课则安排游泳、舞蹈及各种球类活动，此外，也安排了英文及计算机等课程。

在整个融合实验中，教师、学生及家长都要学着去体会融合的真谛，认同融合教育。

第一节 课程设计原则

在一个异质性较高的教室中,如何把课程系统地呈现出来,并且符合学生的需要,依赖教师能否有效地控制教室的情境及做好班级管理。在小学阶段,普通学生与各类特殊学生安置在一起时,教学着重于协助学生展现各方面的能力,教学主要以自然与生活、社会、语文、数学、健康与体育和艺术与人文六个领域为主,这些领域也是普通学生应该加强的部分。在找出普通学生及特殊学生的基本共同需要之后,教师就需要把整个教室按科目领域来布置,特殊学生的教学目标可贴在教室的布告栏中,或按科目和领域直接贴在合适的学习角落,如此教学活动就可按照教学目标来进行。教学目标能融入日常教学情境中,不但可增加学生实践的机会,也可拉近普通学生和特殊学生间的距离。

学习单元一定要对学生有意义,并且跟学生有关,探讨的主题一定要生动有趣,并且能激发学生的学习兴趣,教学内容也一定要给予学生适当的挑战,教材教具也要能让各种不同需求的学生都能使用。例如,在教室里的图书角应放置适合不同程度及兴趣学生阅读的书,种类越多越好。此外,教师也应该要安排几堂让学生认识和尊重差异的课程。例如,教师可以在语文课跟学生分享力克·胡哲[1]有肢体障碍的故事,或是在读《深夜小狗神秘习题集》[2]时,跟学生讨论孤独症的复杂性和多样性,帮助学生了解班上的孤独症同学。

教师在做课程计划之前,首先要了解自己的教育理念,它会影响到如何教及如何呈现课程。以下是计划融合班课程时需注意的事项。

·提供有顺序、有系统的课程。课程的安排需静态动态兼顾,给予学生充分自主的空间,不强迫学生学习。课程需能给学生心理及生理的安全感,让学生知道要学的课程及所需的知识。然而课程执行应有弹性,视实际需要调整,活动安排也必须有弹性,以学生需求为主。

·提供实用性及功能性课程。课程安排必须和学生的生活相关、有意义,并且适合教学情境,如在吃午餐时,可以让学生数一数一桌有几个人。由于传统教材非生活化,学生不易从中学习到该学到的东西,应让知识变成活的且有机会运用。

·课程内容多元化,打破资质界限。在融合班有些课是打破年级界限的,如角落课一共分为七个角落,学生可以选择不同的角落,上课学过的内容可以在角落学习时加以应用或类化,角落教学使得学习的途径多元化。在融合班,教材内容应该

---

[1] 力克·胡哲出生于澳大利亚墨尔本,天生没有四肢,由于自传《人生不设限》而广为人知。
[2] 马克·哈登. 深夜小狗神秘习题集[M]. 林静华,译. 长沙:湖南文艺出版社,2005.

针对科目做一个跨领域的联络教学计划，课程不能只以单科单领域为教学材料，尽量将各科课程内容融入其他领域的目标，这样学生才能从中学会主目标外的功能性子目标，兼顾各个层面学生的需求，也拉开学习的广度。一般而言，课程应着重增进学生各项能力的发展，且应包含至少三大领域：认知、技能及情意。表8-1以美术课的撕贴画为例分析如何做到跨领域。

表 8–1 艺术人文跨领域课程

领域	艺术与人文——撕画
精细动作	剪刀及手的使用
认知	颜色及物品的辨别
情绪	耐心、轮流、安全、分享、礼貌借还东西
语文	说出撕画的内容及命名

· 提供主题式课程。学习必须能激发学生的动机，这样才能长久。日常生活中的事务并非按科目或领域呈现，而是需要学生应用系统的知识来解决问题。因此，如何将错乱无章的信息有组织地通过主题或单元来传递，并配合实际的情况传授，对普通学生及特殊学生是非常重要的。单元或主题的教学有助于学生的学习，如辅以适当的情境效果更好。例如，和中秋节有关的单元若配合月饼的制作及节日介绍，则更传神。

· 提供差异化的课程。为了让学生有自主及胜任的感觉，课程的难易程度应适中，既要兼顾挑战性，又要降低学生的挫折感。因为有些学生的学习进度和程度都和同伴不一样，如果课程不够有挑战性，有些人会觉得无聊或是漫不经心而导致学习情绪低落。总之，课程计划必须符合学生的年龄、兴趣及能力，教导特殊学生时，必须考虑其年龄的需求，而不只是以心理年龄为主，而要在同一活动中安排不同难度及种类的学习经验，以符合小组中不同能力的学生的需求。因此，教师需具备同时安排不同难度课程的能力。

· 课程内容应尽量完整和正确。虽然学生年纪尚小，但仍应介绍较完整的知识，使学生能充分理解概念。因此在融合班，要求教师在传授每一科科目、每一课课程时，给予学生完整的概念。例如，音乐课不只是唱唱童谣，应介绍各种乐器，使学生了解旋律及音调的特性。同样地，在安排语文学习时，也可安排和语文相关的活动，如童诗、儿歌、儿童文学、阅读报纸等活动。在安排活动时，仍应考虑学生学习的极限，应避免过难或不适合学生年龄的活动。

· 课程应辅以课程式的评估。课程式的评估可用来检验学生的进步，反映平时教学的内容。课程评估应多元化，可采用目标评估、活动式评估，而非全以纸笔测验为主。除了个人评估，也可并入小组分数，以达到合作学习的效果。

- 让学生主动学习，并从做中学。安排让所有学生都能参与的课程，尽量不把特殊学生隔离，减少把学生抽离教室的时间。学生的学习必须经主动学习才能发生，因此，课程安排需通过操作及体验，减少教师单向的沟通，以增进主动学习的机会，如此才能习得新的概念。此外通过学生间的合作学习也可让学生多参与课程。

表 8-2　语文多元智能课程设计计划

单元名称：时间诗两首　　设计者：四年级融合班 A 老师

单元活动	语文	空间	人际	反思	逻辑数学	音乐	自然观察	肢体动觉
头脑风暴：以小组合作的方式，让学生思考生活中还有哪些东西、事件、词语是与时间相关的。		√	√			√		
制作时间：以小组合作方式，制作与时间相关的东西，如时钟。		√	√					√
生字出击：让学生自行准备字卡，在上课时当小老师展示自己的字卡，并于课后做字卡反思，学习欣赏他人、反省自己。	√	√		√				√
体验时间：让学生亲身体验做喜欢的事与讨厌的事，同样 1 分钟会有什么不同感受。				√			√	√
故事图绘制：在深入课文后，让学生轮流上台绘制故事图。	√	√	√					√
珍惜时间：教师做实验，虽石头已装满烧杯，看似无法再装，但是沙子依旧能装进去。让学生推想，虽然在我们生活中有许多大事占满了时间，但依旧有许多如沙子般的零碎时间，要懂得好好利用。		√		√			√	
比喻大不同：以小组合作的方式一起思考，如何用不同的比喻方法描述一个主题。		√		√				
童诗创作：以小组合作的方式创作童诗，并让学生体会童诗的音韵、文字之美。在创作完毕后，上台与其他小组学生分享创作的童诗。	√		√			√		

- 设计多元智能课程。以更宽广的角度看待学习，从多元的角度来看学生的成就，以宽容的角度来看障碍，找出学生的优势并且从优势切入弱处，运用多元的教

学方法，使用多元智能理论拟订课程计划。多元智能课程包含语文、逻辑数学、人际、自然观察、肢体动觉、音乐、空间、反思等智能探索学习（新增宗教智能）。表8-2介绍了运用多元智能理论设计的课程计划。

此外，融合班鼓励学生进行八大智能自主学习。由学生自行决定及选择主题，运用八种智能来拟订学习计划与进度，并以小组合作学习的方式制作口头及书面报告，从中学习搜集、归纳、整理资料等统整性的能力；在讨论过程中，学会沟通与接纳。特殊学生的学习也在普通学生自行拟定的计划中进行，让普通学生懂得去了解特殊学生的需求，以期能达成主动协助特殊学生的目标。表8-3是初中多元智能自主学习进度计划表。

表8-3　初中多元智能自主学习进度计划表

主题：三毛的撒哈拉之旅　　组员：A生、B生、C生、D生

顺序	重点	学习目标（学习单）	课程统合（与哪些课程有关）	多元智能	周数、节数	地点
1	确定主题与小主题	• 搜集主题的相关资料，以便了解主题内涵。 • 阅读搜集的资料并分类。 • 写学习单，将搜集的资料做摘要。		人际	第二周第一、二节课	教室 图书馆
2		• 查出三毛求学、工作经历。 • 搜集撒哈拉沙漠地形、人文风情资料。 • 深入了解撒哈拉人民笃信的宗教——伊斯兰教。	语文 社会 自然	语文 空间 自然	第三周第一、二节课	教室 图书馆 计算机教室 家里
3	撒哈拉地理、文化	• 了解撒哈拉所在地理位置、环境、气候。 • 充分了解撒哈拉的习俗、穿着。	社会 艺术与人文 自然 地理	语文 空间 自然	第四周第一、二节课	图书馆 计算机教室 家里
4	撒哈拉人民普遍信仰伊斯兰教	• 了解伊斯兰教的信仰规定。 • 该宗教所信仰的神。 • 该宗教在哪里盛行。	社会 艺术与人文	语文 自然 人际	第五周第一、二节课	图书馆 计算机教室 家里
5	三毛的一生	• 了解三毛求学经过。 • 知道三毛有哪些作品、翻译了哪些书籍。 • 阅读搜集资料并分类。	语文 社会（历史）	语文	第六周第一、二节课	图书馆 计算机教室 家里
6	撒哈拉交通规则、工具	• 骆驼、骡马的遗传关系、生理构造。 • 在沙漠中如何考驾照。 • 沙漠中最常见的交通工具。	自然 艺术与人文 生活科技	语文 自然 人际	第七周第一、二节课	图书馆 计算机教室 家里

设计多元智能活动课程时，每个智能常用的点子如下（林心茹译，2005）：

语文活动：
- 通过讲故事来解释……
- 处理一个有关……的争议。
- 写关于……诗、童话、小说、短剧、报道。
- 把短篇文章、小说和……产生关联。
- 做一个简报，有关……
- 课堂讨论，有关……
- 制作一个谈话性的广播节目，探讨……
- 撰写一个读后感，关于……
- 创作针对……标语。
- 制作有关……的音频。
- 进行一个访问，对象是……，议题是……
- 写一封信给……，关于……
- 用计算机来撰写……
- 你的其他选择……

逻辑数学活动：
- 编……的故事问题。
- 把……题目转换成数学公式。
- 做一个……的时间表。
- 设计并执行一个关于……的实验。
- 制作一个策略游戏，应用勾股定理来阐释……
- 应用三段论法来说明……
- 做一个类推来解释……
- 运用……思考技能来……
- 设计一个关于……的密码。
- 分类，关于……
- 描述在……之中的形态或对称。
- 运用技巧来解题……
- 你的其他选择……

肢体动觉活动：
- 角色扮演或模拟……
- 创造一个或一套动作来解释……

- 编一支关于……的舞蹈。
- 发明一个关于……的下棋或地板游戏。
- 为……安排一个经验之旅。
- 请人来示范……
- 设计一个动一动来……
- 做一个……的模型。
- 用手边材料来说明……
- 为……设计一个产品。
- 运用技术来……
- 你的其他选择……

视觉活动：

- 流程图、地图、集合、图表。
- 制作一个幻灯片、视频或相片选集。
- 设计一个海报、布告栏或是壁画，关于……
- 运用记忆系统来学习……
- 创作艺术品……
- 发展……的建筑图。
- 为……制作广告。
- 变化……的大小和形状。
- 以颜色标示出……的步骤。
- 发明一个下棋或地板游戏来说明……
- 图解、描绘、着色、素描、雕塑或是构造……
- 运用投影机来教……
- 运用技术来……
- 你的其他选择……

音乐活动：

- 举办一个音乐成果发表会。
- 为……写歌词。
- 唱一段饶舌歌或一首歌来解释……
- 指出……的节奏形式。
- 解释一首歌的歌词是……
- 解释一首歌的音乐，像是……
- 演奏一场古典音乐，像是……

- 制作一种乐器并用其来演奏……
- 用音乐强化学习……
- 搜集并演奏关于……的音乐。
- 为一首歌或音乐作品填写新的结尾,来解释……
- 创作一首什锦歌① 来描写……
- 运用技术来……
- 你的其他选择……

人际活动:
- 举办一场会议来宣扬……
- 与一位伙伴运用"大声地解决问题"来……
- 角色扮演多元观点,在……
- 组织或参加一个团体来……
- 参加一项服务计划来……
- 运用……社会技能来学习关于……
- 教导其他人关于……
- 和一个小组合作设计规则或程序来完成……
- 用……来协助解决一个地区性或全球性的问题。
- 练习给予和接受关于……的反馈。
- 运用自己的力量,设想自己是团体的某一个角色来完成……
- 制作一个地图或系统来……
- 使用电子邮件来……
- 你的其他选择……

反思活动:
- 描述能帮助你成功地完成……的特质。
- 为……运用一个比喻。
- 设定并追求一个……的目标。
- 描述你关于……的感受。
- 解释你在……所持的个人观点。
- 描述一个你关于……的个人价值观。
- 运用自我导向的学习来……
- 撰写关于……的文章。
- 解释在学习……时你所体会到的目的。

---

① 什锦歌:由不同歌曲组成,上一首没唱完可接着唱下一首。

- 进行一项你在……所选择的计划。
- 接受其他人对你在……上的付出所给的反馈。
- 自我评估你在……的工作表现。
- 运用技术来……
- 你的其他选择……

自然观察活动：
- 搜集和分类有关……的资料。
- 为……做一份田野观察日志。
- 将天气现象比喻为……
- 为……分类。
- 解释一种植物或动物如何与……相似。
- 做一份……的分类。
- 使用双筒望远镜、显微镜、放大镜观察……
- 确认……与……之间的关系。
- 照顾植物或动物以学习……
- 描述在……之中的循环或形态。
- 详述……的特征。
- 到郊外注意观察……
- 运用技术去探索……
- 你的其他选择……

第二节　增进普通班中特殊学生参与课程的原则

当班上有特殊学生参与时，教师准备课程必须把握下述原则：

- 让所有的师生认识及了解特殊学生的学习特质，并给予所需的协助，以建立彼此间的信赖及共识。
- 特殊学生的课程可以经过调整，上课的科目和普通学生相同但目标较简单。
- 准备不同种类的教材教具，以符合学生的兴趣及需求。例如，美工课时准备不同的美工教材及工具，以便采用多层次课程。
- 同样的时间并非每个人都要做同样的事，在同一时段可允许学生做不同的事，可视特殊学生程度安排不同的活动课程。例如，上语文课时，同一组的学生有的在剪，有的在贴，有的在着色，有的在听讲。特殊学生可以在教室中从事和其他学生不同的活动，例如，自然课时可以在旁阅读相关的图卡。

・安排学生间合作及互相支持的方法，如此才能有效地做好班级的管理。

・尽量让特殊学生参与学校活动，但特殊学生参与课程的类型及种类可以不同，在融合班只要教学活动做适当的调整，特殊学生都可参与融合班的教学活动。特殊学生的能力和普通学生相比差异大，学习速度和普通学生不同，因此参与学校课程的方式不同于普通学生。一般在融合班参与学校课程可经三个方式：

（1）采用多层次的方式来安排课程。

（2）学习的重点是沟通、行为及动作。

（3）给予不同的学习目标，不要求学生完成课程设定的目标，只需达到部分目标即可。

参与的目的除了达到个别化教育计划目标外，特殊学生还可以从普通课程中学习适当的社会行为，并成为普通班级的一分子。一般而言，特殊学生可以参与很多普通学生的活动。比如体育课，如果特殊学生体能达到和普通学生相同的目标以及做出相同的表现，就不需做任何调整；当特殊学生无法参与体育活动时，可以为他设计较简单的运动项目或降低要求、减少参与时间；如果完全无法参与，是否准许其不上体育课将视学生情况而定。即使特殊学生干扰上课，也要考虑抽离教室可能会影响特殊学生参与普通班教学活动。

・分组时，须以异质性分组为主，分组时考虑性别、普通学生、特殊学生的均衡性，每组应有男生、女生、特殊学生、普通学生及各种能力的学生，以反映班上的组成，增进同伴的互动。

・让课程的目标尽量适合大多数的学生。必须先拟订特殊学生的课程目标，再将目标融入平时的教学过程中，如此才能符合特殊学生的需求。

第三节　教师访谈

问：设计课程时，如何兼顾普通学生和特殊学生的需求？

答：普通学生的需求主要是在教材，他们在教材中学习得很完整就可以了；特殊学生的需求应更多思考实用性，如生活上的实用性。另外就是要看特殊学生的能力，他能到哪个程度，加上实用性，两个合起来然后再看教材当中有哪些部分是可以让他们学习、完成的，这就是我兼顾的方式。

问：如何准备语文？

答：A老师：之前，当然是先看好课本内容，然后再想一想，如这一课用几节课的时间可以把它教完，然后再想一下这一组有几名特殊学生，他们的目标是什么，就可以在这个学习过程中加入他们的学习目标。加入学习目标后，就会把整个教学流程想一遍，然后在什么时候会插入一些教学目标，一旦教到目标，就可以设计他们的学习单。我刚开始会写下一些较不熟悉的计划，先做计划。例如，星期一两节课，第一节要上哪些？第二节要上哪些？现在比较熟练，脑海里面会过一遍，过一遍之后，学习单也差不多可以设计了。然后就是上课的时候，配合课程内容延伸，我比较喜欢找一些让学生感动的故事或是童诗让他们读，或是投影。就是通过这个延伸，让他们能够反思一些东西，希望可以达到多重的目的。这样让他们自己做文学欣赏、语文练习，还能让他们反思自己的品德。

B老师：在学期开始时，我们就会把各科的教学计划先设计出来，平时以一个单元为主来准备。相关资料、平常的教学内容、教学目标等，都会在之前的教学计划和内容当中设计好。这学期，我还会加入一个部分，就是让学生自己来决定他们想要学什么。我会跟学生讨论，让他们去选，让学生决定他们要学习哪些东西。

问：教师要如何准备这些资源？
答：资源很多啊！例如，我会买一本童诗，故事就要看平时的搜集，有一些季刊等。平常看一些杂志会看到自己喜欢的东西，刚好这个主题可以用。上网也可以，有时同事会互相推荐一些图片。

问：为什么分两组？
答：因为人数的关系。一班20几个人，分成两组比较容易照顾到特殊学生。

问：为什么要分大组和小组？
答：到三、四年级就会开始分，一些东西年级越高，特殊学生参与的机会越少。小组是六个人以下，可以针对他们的需求去调整。

问：大组的组成如何？特殊学生分在大组还是小组？
答：不一定，看特殊学生程度较适合在哪一组。

问：低年级是A、B组，中高年级分大、小组，哪些科目会这么分？
答：语文和数学。

问：自然没有？
答：自然全班一起上。

问：一般认为特殊学生需要较多的时间来教导他，同样一堂课40分钟的时间，如果要对特殊学生有比较多照顾的话，相对就压缩普通学生的学习时间？

答：我们并不会特别去照顾特殊学生，应该是把时间分给所有的学生。

问：怎么个分法？

答：进行课程设计或课程调整，学生都有机会参与到课程里面，这样时间就分到每个学生身上。

问：九年一贯制讲究教学联系，各科之间有没有做联结？

答：有的。学期开始的时候，教师之间就会互相讨论，我们有做课程统整的部分，横向的部分就可以联结在一起。我带数学和自然，这两部分联结就比较快，其他部分，我觉得我们班的教师之间都能互相配合。

问：会不会先有一个主题，再各科来配合做联结？

答：我们是先看各科有什么单元，彼此之间再配合和互相联结。还是要顾及各科的旧经验，这是不能抛掉的，再考虑中间能联结什么东西。

第九章 增进普通学生与特殊学生的互动

人与人以及社会之间的互动,对于特殊学生而言是困难的;特殊学生能力不足又缺乏适当训练,更难以掌握社交技能。应该给予特殊学生机会,让他们学会用大众可接受的方式来表达自己的想法,并将这样的技能应用到教室及教室以外的情境。

第一节 提供互动的环境

营造一个让特殊学生与普通学生互动的环境比任何策略都重要。竹大附小融合班每班有三分之一特殊学生,但并不因班上特殊学生人数多就影响特殊学生与普通学生的互动,反而更加紧密。访谈普通学生时,普通学生回答:"从特殊学生身上看到自己过去的影子,在和特殊学生相处中,发现他们和自己的不同。"例如,有一次教师问一名特殊学生觉得自己跟其他学生有何不同,特殊学生回答说:"自己的脑子跟别人不同,他的脑子比别人都好。"听到这样的话,普通学生也不会刻意去指正他或和他争辩。访谈中发现融合班学生有包容心,能容忍及接受别人和自己的不同。

融合指的是彼此的接纳,接纳彼此的优缺点,认为每个人都是有贡献的。融合班之所以命名为融合班,就是不分普通学生及特殊学生,全班打成一片。特殊学生给普通学生提供当小老师的机会,普通学生学会如何处理特殊学生的行为,不论普通学生还是特殊学生都可从别人身上学到一些经验。融合班教导学生能主动及自动自发地学习,并鼓励学生间的互助。普通学生帮忙抄作业、拿课本到当小老师等,他们习惯班上有特殊学生。在他们眼里,他们不认为班上有7名特殊学生,以为班上只有2~3名特殊学生。融合班提供了和不同能力学生相处及互相扶持的机会,融合班这类异质性高的班级强调的是同伴间的合作,以合作取代竞争,竞争也建立在合作的基础上。

在课堂上教师会要求2名普通学生和1名特殊学生一组一起念课文,普通学生会逐字指给特殊学生念,让特殊学生专心。普通学生除了课业的学习外,还要担任特殊学生生活及学业上的导师,特殊学生也会选择比较能了解他们需求的同伴为他们的小老师。长期的相处下,普通学生不但不会嫌弃比他们程度差的同学,反而学会体谅及养成独立自主及服务的价值观。

观察融合班学生的社会互动时发现，他们具有以下特质：

1. **勇于表现自己**

融合班里的学生，人人都争着表达自己的想法。这是因为他们处于一个开放的学习空间中，所以他们可以放心地展现自己，不需要担心被任何一种形式的权威所压迫。

2. **同伴互助互信**

在竹大附小融合班，特殊学生和普通学生的互动非常自然，能力较好的学生会帮助能力不好的；而被帮助的特殊学生也能完全信任帮助他们的普通学生。在成人世界中少见的真爱在此时呈现，令观察者深受感动。

融合班学生能力不同，但通过合作学习、教师间的通力合作，彼此都能看到并欣赏对方的优点，相处久了普通学生及特殊学生间不再壁垒分明，而是形成一个整体；家长们也融合在一起，不分普通学生或特殊学生家长。

第二节 增进互动的策略

在有特殊学生融合的普通班，普通学生与特殊学生的互动不见得能自然发生，因此教师要提供互动的机会，引导及教导学生间如何引发社会互动，以下是制造社会互动的机会：

- 利用全校集合活动的时间，如早会升旗，让普通学生与特殊学生一起参与。
- 参加全校性的活动，如户外教学、毕业典礼。
- 共同使用学校的场所和设备，如图书馆、户外场所等。
- 让特殊学生与普通学生共同合作完成报告或作业，如共同做美工作业。
- 让普通学生协助特殊学生做功课。
- 让特殊学生帮忙做事，如帮教师送公文、发联络簿。
- 安排特殊学生及普通学生间的互动，如把座位安排在一起。
- 利用课堂或下课休息时间，让特殊学生和普通学生一起说话、讨论。

此外，如何在一个融合教育班级制造普通学生及特殊学生间的社会互动，可参考图9-1流程图。

图9-1显示，影响融合式班级社会互动产生最主要的因素是教师及学生的行为。教师行为包括其秉持的理念及具备的技能，理念包括提供学生适当的反馈，如对学生的反应给予支持。技能则包括在课堂上提供示范以增进学生认知及社会能力，提供在职训练以提升教师的教学技能也是增进教师行为能力的一环。

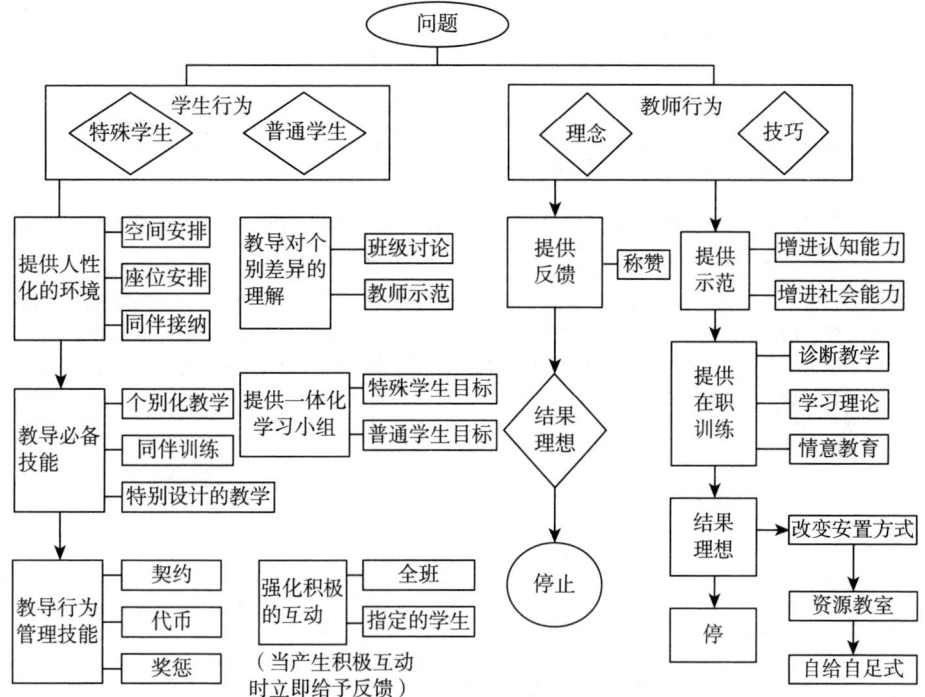

图 9-1　普通学生及特殊学生社会互动流程图

学生行为则分为普通学生及特殊学生两方面，特殊学生方面提供接纳与关怀、人性化的环境，教导必备技能及行为管理技能；普通学生方面则需教导其对障碍类别及个别差异的理解，提供一体化学习小组及强化积极的互动。

以下是融合班师生如何营造师生接纳与关怀的环境以增进普通学生与特殊学生间的互动，各年级增进学生互动的做法如表 9-1 至表 9-3 所示。

表 9-1　六年级互动的做法

1	有三个学生吃饭速度比其他人慢，因此每天午餐与教师同桌吃饭，教师会关心他们的生活与学习，并提醒与协助他们加快用餐速度。
2	当特殊学生与普通学生有摩擦时，教师会在第一时间了解状况，辅导普通学生如何与特殊学生相处并与其家长联系告知状况及处理方式，同时和特殊学生的家长联系，告知特殊学生的状况以及处理的方式与建议事项。
3	普通学生对特殊学生有消极的言语、态度时，立刻加以了解与辅导。
4	利用 PPT 及影片向普通学生介绍特殊学生的障碍，启发他们的同理心、怜悯心，教导他们如何给予特殊学生协助。
5	普通学生会提醒特殊学生将课本翻到正确的页数，并协助其划重点、写笔记。如琳帮助娴，苹帮助坤，宸帮助志等。

续表

6	普通学生会与特殊学生合作完成打扫工作。例如，普通学生每日陪伴、协助特殊学生完成打扫工作。
7	普通学生会提醒特殊学生作息时间或完成其分内工作。例如，提醒特殊学生在课间休息时擦黑板，提醒特殊学生下一节是什么课。
8	同组同学给予热情的赞许，鼓励特殊学生好的表现。例如，特殊学生在数学课的成就使得同组同学为他欢欣鼓舞，或模仿同组同学而在口语表达上进步神速。
9	普通学生学习爱与接纳，在温柔的语气中提醒特殊学生。例如，特殊学生常会不自主地抓痒、抠脚、上课中喃喃自语而与同学起冲突，也常固执不顾旁人感受。教师辅导其正确良好的卫生习惯好让人喜欢，也辅导普通学生用温柔的语气提醒他人，同时也请特殊学生每回遇到提醒不忘谢谢同学。
10	欣赏特殊学生的长处，常用积极的言语肯定、鼓励。例如，特殊学生若学会控制情绪，有礼貌地回应他人，教师就会赞美他的进步，在期末颁发"温柔进步奖"，鼓励他与家长。

表9-2　二年级互动的做法

1	扫地时，普通学生会协助特殊学生一起扫落叶，特殊学生不时会跑走，但普通学生会很有耐心把他带回来，并且一起完成扫地工作。
2	上课时，特殊学生较难跟上教师的教学进度，普通学生会依教师指示完成自己分内作业后，再去协助特殊学生，当他的小老师。
3	下课时，特殊学生有时会跑去别班教室或不知去向，普通学生会帮忙带他回教室，或者带他去上厕所并带他回教室。
4	特殊学生因身体状况不稳，出现尖叫或打人行为，教师会告知学生们他的状况不好，也难以控制自己，让学生们理解。等他身体状况稳定后，教师会带他去向被打的学生道歉，学生们也都愿意接受，并且心疼特殊学生的病痛。
5	学校的啦啦队活动，普通学生与特殊学生都会一起练习，普通学生也会带不会走位的特殊学生走到定点，并且一起完成所有的舞蹈动作。
6	因为班上有善行列车的活动，普通学生愿意多花时间与特殊学生相处，或帮助他们。例如，下课时陪着特殊学生一起跑步，协助特殊学生一起倒垃圾、与特殊学生一起当日生等。
7	校外教学时，特殊学生的手脚较不灵活，无法自己完成米粉装袋的工作，站在对面的普通学生看到后，就一边包装自己的米粉，一边示范带着特殊学生完成。
8	放学排队时，普通学生会主动牵着特殊学生的手，让他们在路队中排得整齐，不乱跑。
9	上课铃响后，特殊学生不会自己带着课本跟铅笔盒到他的座位就位，普通学生会教他分辨正确的课本并带他回座位，之后也能够教他一边数数字一边翻到正确的页数。
10	下课时，有的特殊学生因社交互动技能不足，常自己留在教室，普通学生看到了会找他们一起出去跑步或玩游戏。

表 9-3　其他年级增进学生互动的做法

项目	做法
教师会提供特殊学生课堂学习及表现的机会	• 依据问题难易程度，请不同程度的学生回答，给予特殊学生机会。 • 安排特殊学生发部分联络簿，建立认同及和同伴互动时应答的能力。 • 调整难易程度及配合小组上课内容，给特殊学生课堂表现的机会。
教师会适时与特殊学生互动	• 下课时间会让特殊学生加入或安排普通学生与特殊学生互动。 • 上课走近特殊学生，观察了解其学习状况，适时协助。下课了解互动情况，并给特殊学生数份小点心，请特殊学生分享给其他学生，增进师生间与学生间的情谊。 • 在自己的课程中与学生建立默契。
教师会持续关心并改善特殊学生的班级适应情形	• 特殊学生本身有适应问题，会协助找出适当的处理方法，并要求事前反复练习，养成习惯。普通学生和特殊学生相处有问题会请双方互相清楚地表达想法，找出双方可接受的相处方式，请双方事前反复练习，养成习惯。 • 焦虑特质的学生会请同伴和其分享减少焦虑的方法。 • 和家长保持联系，主动了解、关心学生的状况。
教师会争取学生家长对特殊学生的接纳	• 告知家长教学相长对每名学生学习态度与品格发展的实质性好处，并实时告知家长每名学生进步与成长情况。 • 让学生当干部，并争取表现机会让家长肯定孩子的努力。 • 提供亲职教育①的讲座信息。 • 利用家长会、运动会等增进和其他家长的互动。
多数同学会协助促进特殊学生在班级中的适应	• 多数学生愿意带领口语能力不佳的特殊学生，练习打招呼与认识同学和教师。 • 教师平时在课堂引进特殊教育宣导，让学生了解有许多不同特质的人。 • 教师身体力行，真心欣赏/接纳特殊学生，学生自然学习模仿。
多数同学会主动与特殊学生互动	• 班上学生大多从小与特殊学生同班，并能了解其需求，和其建立互动模式。 • 若特殊学生有困难，普通学生会主动提醒或教导其课业。
多数同学会主动协助特殊学生	• 普通学生是班上教师不可多得的小帮手，主动协助特殊学生，这在融合校区是很棒的现象。 • 帮忙提醒、帮忙拿起掉在地上的东西等。
特殊学生有公平参与班级或学校各项活动的机会	• 分享好句时，特殊学生也有分享的机会。 • 进行投票时，每个学生皆有投票及轮流当开票人员的机会。 • 无论运动会还是班会，每个人都有公平参与的权利。

---

① 亲职教育指借教育功能以改变父母角色的表现，即怎样为人父母的教育。

第三节　社会互动课程

对学生而言，教师是否教导学生社会互动技能，是社会互动课程成功与否的关键。特殊学生与同伴、教师们一起获得积极社会互动的经验，可以从中学到自信，激发学生达到自我实现。在安全的教室环境里，有机会与别人分享及讨论遭遇的困难是很重要的。要看特殊学生的优点，不要过分注意他们的缺点，否则会使特殊学生不愿意与人互动。如果问题变得特别严重，学生可能会被社会孤立。有特殊学生融合的班级可采用下列策略以增进学生间的社会互动。

1. 给予适当的强化。在融合班中，强化的方式以口头的精神鼓励为主。物质的奖励会因奖励的物品必须不断增加而增加班级管理上的困扰，所以在奖励方式的选用上，融合班常选择口头的强化方式。

2. 给予学生充分表达的机会。在融合班，学生是学习活动的主体，教师扮演引导的角色。教师提供学生充分的表达机会，引导学生自行思考、寻求解答，学生可以毫无顾忌地说出自己的想法。

3. 合作学习。合作学习对于增进学生人际关系和社会互动有显著的效果。有研究显示，合作学习可以帮助许多学生克服在社交和在学校所面临的障碍，并且提升个人自我概念并增进社会技能。

教师必须知道学生擅长和较弱的地方，并利用机会教学生联结他们过去的经验来学习新的课程，这些联结关系提供学生更深一层的社交学习，并且可以应用在真实世界当中，进一步达到融会贯通。教师可以利用探索课程训练学生社会技能，此外，这些课程内容要具体且经过挑选，符合学生的需要和兴趣，以增进学生的学习。学生在某些科目表现较优异能促使他发展自信心，愿意与人互动以及增加学习动机。对于学生是否能肯定自我价值以及感到快乐、自尊成为支持的重点。任何社会互动模式都需要有稳固的社会技能做基础，除了提供基本的互动外，还需要有经过认真计划的社会互动课程来达到预期的效果。

为了使学生能够适应这个社会很多的角色，他们必须要学会了解、适应，接受生活中的改变以及去欣赏与自己不同的人。适应及接受他们生活中的改变，有利于自我概念的提升。学会体谅、接纳、情绪控制、尊重他人、与社会互动、参与学校生活、与自己不同的人相处，对特殊学生及普通学生都是一个重要的课题。

特殊学生由于有限的经验及语言能力，影响了他们了解、解释社会观念及问题的重点。他们常不知自己发生什么事，而且无法使用基本的言语去表达他们抽象的情感。熟练言语可以使他们有能力去自我反思，去解释他们情感上的冲突。与社交技能有关的主题可以反映在所有课程当中，例如，社交可以和阅读、写作、语言、历史、地理、经济及艺术等领域作丰富且有意义的联结。音乐和文学反映了文化价值和习俗，同时也提供了一条道路，让我们能够了解人类如何适应环境以及体验人类文明的精髓；数学和科学提供学生学习解决问题的方法。综合这些可以刺激思考过程以及创造解决人类问题的方法。

在教导和练习繁复的社交技能上，讲述、小组讨论、示范及角色扮演都是适当的方式，通过讲述可以教导具体的社会技能，示范可以让社交技能更容易获得，小组讨论可用来练习社交技能以及解决人际问题，角色扮演则对于教导社交行为特别有效。其他教导积极社交行为的技能包括：同理心、自我监控、图示法以及利用物质强化物等，这些都可以修正学生的社交行为。教师还可以安排以下活动以增进学生间的社会互动：

·学生必须标示他们生活中的重要事情。如果学生有有重要意义的照片，可以带来一起分享。

·安排角色扮演活动。请学生扮演父母如何与孩子说明不要与陌生人交谈，特别是在回家的路上。

·开放学生上台的时间。上台前训练学生如何发言，让每个学生在课堂上分享搜集的资料及周末发生的关于自己的事情，分享时鼓励其他学生发问，可以让分享的同学有机会深入解释自己，当学生分享做得很好的时候要赞美他。

·训练与他人交谈。

·剪辑报纸杂志上呈现脸部表情的图，贴在布告栏上，请学生记录图上表示何种情绪。指出这些画家使用什么样的技巧以呈现不同的情绪，特别是嘴巴与眼睛。列举表达情绪的单字，请学生在下课时将这些单字与图片连连看，并解释他们为何做这样的选择。在卡片上写下感觉的单字，把它们发给学生，请学生表演自己所拿到的卡片，其他同学则试着猜他在表演什么情绪。

·提供画有不同颜色的纸盘并讨论颜色所代表的意思。

蓝色＝难过的、沮丧的、孤单的；

绿色＝平静的、中性的、精力充沛的、自然的；

黄色＝开心的、快乐的、明亮的、阳光的、兴奋的；

红色＝生气的、心烦意乱的。

选择一个符合自己心情的颜色，并加以说明。学生可以在团体里玩这个游戏，也可以想其他的情绪字眼。每天拨出一点时间让学生讨论他们的选择，只要适合他们的心情，可以在一天内改变许多颜色，记得请学生解释为什么。教师要时时提醒、鼓励学生在心情不好时或是愉悦的日子完成这项练习，联络簿上可以增加一个填写心情颜色的栏位，好让学生将自己的心情颜色写在联络簿上。

·跟学生解释你将列举许多班上同学相似与不同的地方，在黑板上写上两个标题——我们有什么相似？我们有什么不同？并邀请学生发表意见。学生可能会从衣着、身高、发型、声音、性别或是指纹去做分类。让学生归纳他们的答案，并问学生是否相似比不同多，或是相反。选一名自愿的学生请他离开教室，用水彩在他的额头、脸颊上点上红点，之后再请学生回到教室，其他学生可能会笑或是一直注视那名同学。短暂的讨论后，教师和学生解释，我们可能因为一个人的外表、身体残缺、文化背景而产生许多偏见。请学生感受在他们生活中发生的事情，并想想为什么发生了改变。让学生带他们不同年龄的照片或是老照片，比较他们与现在有什么不同。讨论教室内邻座同学对自己的利与弊，如果是一个特殊学生或普通学生坐在旁边，答案是否不同。

第四节 教师访谈

吴淑美（2001）通过教室观察发现，教师在教学时协助特殊学生的比例比同伴间主动协助高38%，然而在美术课上却发现同伴协助特殊学生的比例高于教师协助，可见有些课程易引发同伴间的协助。此外，从教室观察中也发现任教于融合班的教师都能安排同伴间的合作及互助，即教师能认识到班上学生的个别差异，而愿意给予学生间互动的机会，让特殊学生更能参与学习。

访问曾任教于这个班的十名教师关于增进学生间互动的策略，其问题及结果如下：

问：请描述您在教室中观察到普通学生与特殊学生社会互动的例子。

答：学生相处相当融洽，教室中普通学生及特殊学生打成一片的例子很多，例如，排队时普通学生会带特殊学生排队，午餐时互相帮忙盛饭，普通学生会帮特殊学生抄联络簿。

问：您认为是哪些原因导致普通学生与特殊学生间建立关系？

答：·了解彼此是同班同学。

·教师的引导。

·课程设计中有互动活动。

·家长的配合。

·人性本善。

问：身为教师，您做了哪些努力使普通学生及特殊学生之间能建立起关系？

答：
- 安排普通学生协助特殊学生。
- 对普通学生说明特殊学生的特性。
- 赞美帮助特殊学生的学生。
- 分配小组建立合作关系。
- 班会设计互动课程。

问：在您使用的技能或策略中，您认为哪些是最有效的？

答：
- 主动安排特殊学生及普通学生间的互动最有效（安排普通学生当小老师）。
- 异质性分组，让普通学生习惯和特殊学生一组。

问：任教于融合班有什么印象最深刻的事情？

答：上体育课的时候，有一个学生没有办法跑步，只能用走的，因为他有肢体障碍。每次上体育课赛跑之后，他总是最后一个，跟他同一组的一定是最后几名，可是最后大家不管是哪一组的，一定都会一起帮他加油。他落后很多，全部学生都跑完了，只剩下他一个人还在走，学生原本已经跑到终点了，就会跑到他还在走的地方，然后陪着他一步一步走到终点，然后帮他加油，这一幕让人心里很感动。

问：如何让普通学生协助特殊学生？

答：当普通学生知道要协助特殊学生的时候，他们是很乐意的，但是他们有时候会用错方法，如直接告诉特殊学生答案，或是直接告诉他"你就这么做"，这样特殊学生并没有得到很好的学习。另外，有时候普通学生会排斥帮助特殊学生，因为他们觉得特殊学生速度很慢，有时他们想要尽快完成一件工作，如果要让特殊学生来完成，他们觉得会拖长时间，或是觉得做出来不够漂亮，他们的排斥是因为这些原因。我会跟学生做些沟通，告诉他们教师希望看到的是每一个人都有做事情，不能剥夺同组其他同学学习的权利，每一个人都要做事才能学习，不能怕别人做不好就不给他机会，那他就越没有机会学习，这是我会跟学生做心理沟通的部分。另外，我会告诉普通学生该怎么帮特殊学生，可以做什么，我会直接告诉他步骤，如要问什么问题，或是由他来做什么，这是他会的。有时候普通学生不了解特殊学生已经到什么程度，教师就会告诉他特殊学生会什么，那个部分可以让给他来做，他可以做得很好。当学生知道方法，知道教师的要求，他就知道怎么协助特殊学生。

问：在教导社会互动上，如何让普通学生帮助特殊学生？

答：有些情境，其实他们会很自然地玩在一起，教师只有在他们的互动方式不好、有问题的时候才会介入。介入不是指责他们，而是借此机会引导他们怎么样互动。尤其有些特殊学生，善意地想要和大家玩，他们的用意其实是想要去打招呼，可是方式不对，趁这机会教师可以教他们如何表达自己想要但又不会让对方生气的方式，特殊学生在这一方面比较需要教师的指导。而普通学生更需要的是如何引导他们理解这些特殊学生的用心，去了解、看到他们背后的原因，他原来是要跟我玩，原来是想要跟我打招呼，就是教学生怎么去了解这些特殊学生，这挺重要的。

另外，协助学生去了解每个人的不同特质，有时候可能通过讨论去引导他们。其实学生很聪明，他们甚至都能说出可以用什么方法去帮助特殊学生，所以有状况出现的时候，反而是教他们的最好时机。虽然有一些家长会很担心他的孩子会不会跟同学在互动中出现问题、会有挫折感、会受委屈等，通常我会告诉家长其实学校就像一个小社会一样，以后孩子长大进入了社会，他一样要面对这些问题。若在学校里面就有这些状况发生，我们反而有机会教育他，所以如果能用一个比较积极的方式去看这件事情的话，应该说状况多的话，孩子反而学得会比较多。

问：特殊学生在融合班有什么好处？对普通学生有什么好处？

答：在融合班里，特殊学生比较有自信，因为他们学到互相尊重，这是最大的收获，他们可以互相学习，互相尊重，甚至可以互相欣赏、学习彼此的优点。普通学生除了以上的好处，他们还能学到领导的能力，去帮助其他需要帮助的人。

问：教师在中间设计了什么活动推动彼此的融合？

答：我想是日常生活、平常的作息与上课的态度自然而然地影响。

问：有没有设计一些活动、讨论或宣传引导？

答：基本上没有用宣传引导的方式，而是把很多东西运用在日常生活里面。当你的观念是这个样子，你的行为自然会产生，自然而然对学生有种模范的作用。当我们对每个学生都是一样同等，他们就会自然观察到教师对学生的方式。一个班级有三个教师，其实也不只三个教师，在融合班里有很多活动、课程，学生会认识、接触很多的教师甚至家长，在这样的气氛之下，自然而然会知道如何和特殊学生相处。活动有很多，如班会、上课、班级管理，但是这些活动的出发点不会只针对特殊学生，而是针对班上所有的学生，只是考虑到每个学生的特性和需要。基本在自然的方式或环境下，他们就能学到。在合作学习中，我们是分组学习，教师在中间引导学生共同完成一件事情，他们就有机会去学习，不一定需要特别去设计活动来学习融合。在融合班有一个惯例，融合班的学生要学习认识每一个小朋友是不一样的，即使我们都是普通学生，可是我跟你还是不一样的，要帮助普通学生认识特殊学生，需要给他们一个观念。假如特殊学生能够坐三分钟已经是很棒的事情，若要他跟普通学生一样坐十分钟才叫公平的话，其实这对特殊学生来说就是不公平的，因为他就是在这方面有困难。

教学上教师要制造一些情境让特殊学生去动，在其他学生没有察觉到的情况下让特殊学生有机会起来走动一下。例如，刚好请特殊学生帮忙拿东西或擦黑板，看当时的情境让特殊学生有机会名正言顺地起来走动，走动完再回去坐下。可能教师也要随时给他强化，如今天好棒，坐了三分钟都没有起来，然后观察他已经差不多又快不行的时候，赶快再制造一个机会让他动一下，动一下回来至少又能够安静三分钟（假如他的极限是三分钟），然后他有意要和教师配合的话，他会很愿意再坐三分钟，那再加起来就六分钟了。可是其实他中间起来走动过一次，但那是教师制造给他的情境，他不觉得那是自己起来走动，他会觉得是教师叫他起来的，就会觉得自己很厉害，信心就会增强。如果教师是用这种态度来对那个学生，其他学生就不会去跟特殊学生计较公不公平。其实当学生可以跟教师一起去鼓励特殊学生时，整个班级的气氛就不是对立的，会觉得全班的学生都愿意去帮助特殊学生，那个时候气氛会比较好一点。

问：发现教师的融合理念是有教无类，设计多层次的课程，在课堂里面达到各自不同的目标，在小组合作学习的模式下，自然而然的长时间慢慢去融合。还有一个疑虑，虽然自然而然在小组活动中会有一些融合，但是会不会额外再设计一些活动、讨论，对学生做些宣传引导？

答：在自然的方式或环境下学生会学到，在合作学习中是分组学习，教师在中间会引导他们共同完成一件事情，这样就有机会去学习，不一定需要额外设计活动来学习融合。

问：教师在班上会运用什么样的活动去带领学生创造一个融合教育的特色？既然融合班和其他班不一样，一定有它的精神，可能教师是用一些引导、活动，或是什么技巧？

答：好像没有什么特别的活动是为了体会融合的特色而组织的，应该说教师会把融合的精神用在日常生活的常规里面，从早上一进教室，只要是他们在一起，都有机会把这样的精神带给他们。在他们互动还有相处之中会出现一些问题，教师通常是抓住机会开展教育，有时候上课上到一半出问题，课程就要停下来处理那个问题，就是马上告诉学生刚刚是什么状况，然后解释给他们听，或是用讲故事的方式让他们体会对方的心情。倒不会用特别某一个活动去让学生感觉到融合的精神，而是把它融在日常生活里面。其实融合应该主要是互助，从中去了解每个人就是不一样的，教学生怎么观察，有一个概念不是你把他们丢在一起，他们自然就会融合，还是需要教师发现他们有这个问题，通过讲故事或是用聊天开玩笑的方式把问题引出来，然后让学生发现这是他们自己的问题，他们自己想要去改变，慢慢地大家就会发现应该要互相帮忙。

问：低年级的学生似乎会排斥特殊学生？

答：因为他们还不知道如何跟他们相处，所以要引导。

问：干部的安排上，会不会因为特殊学生做特别的安排？

答：基本上还是让学生主导，他们自己推选干部，只是他们推选出来的干部，如果对某些学生有很大的负担或是困难的时候，教师可以适时地介入，但并不是很刻意地去营造。不管是奖励或是惩罚，我们要考虑到公平性，如期末的奖状会考虑到每个学生都应有机会，这个机会以学生能力的起点去评估。如果这学期学生的成长很大，我们会让特殊学生和普通学生都有机会，而不是站在同样的评估点上。起点根据学生的能力还有其整体表现，我们对每个学生都有一个很公平的机会。

问：奖惩的公平，学生会不会有疑虑？如上课时特殊学生不容易遵守秩序，普通学生会不会觉得不公平？或是对特殊学生要求可能没有这么高，对普通学生要求比较高一点？

答：事实上不会，有时有些学生会跟教师说某某同学怎样怎样，他们彼此之间相处久了，学生之间的了解是很深的，教师有时候还反而看不到一些事情，学生会知道某某同学是什么样的情况。刚开始的时候，教师或是家长会跟学生沟通，谁有什么行为可能是什么样的原因，但学生通过互动会观察出来，会去了解特殊学生可能有什么样的状况，因为自己比特殊学生幸运，自己这样健康，应该要多关心特殊学生，普通学生实际上会有这样的包容能力。

问：你是说会请家长来说明？

答：不是，是指一年级入学的时候都是家长带着孩子，如果碰到什么情况，学生觉得很好奇的时候，很自然地会跟他解释，这不是刻意的，就好像今天发生什么事情，教师看到了，然后发生什么误会的时候教师可以适时介入，并非刻意安排，在情境之中进行机会教育。

问：到了三年级，经过三年的相处，并不需要刻意去设计融合的活动，但是在一、二年级，是不是需要刻意规划一些活动？

答：教师并没有刻意去规划一些活动。

问：学生下课的互动，像下课、午休、打扫的时候，会不会普通学生还是跟普通学生，特殊学生还是跟特殊学生，只找自己同类或相近的学生一起玩？会不会有特殊学生觉得还是挺孤立的？

答：会有几个学生是这样，可能和他障碍情形有关。例如，孤独症学生就是不喜欢跟别人一起玩，会做单独的活动，但有时可看到普通学生会主动找他玩，或是有特别的情况时会保护他，他们会适时地关注。不是说会一直跟特殊学生玩，也不是永远都是落单的，但是因为他的状况，他们交集的机会是有，但密度或频率就看学生的情况。有时候我们引导学生去跟特殊学生玩的时候，教师甚至家长会陪着一起玩球或玩荡秋千，让他们有机会彼此接触，接触久了，有了一起玩的这种关系的时候，他们就会记得找特殊学生一起出去玩，或者是特殊学生主动去找普通学生玩，不一定是普通学生主动。这种介入是量力而行的，毕竟教师的时间很紧，下课时间要准备下一堂课，根本没有机会带着学生一起玩。

第十章　初中阶段的融合教育

初中与小学教育有许多不同的地方，不同之处包括：
- 初中多了很多复杂的学业及基础学科的学习。
- 初中学生通过讲课、笔记、教科书获得信息，不像小学以探索及操作学习为主。
- 初中上课时间增加，一节课45分钟，小学只有40分钟。
- 初中书面作业增多。
- 初中对学业要求较高，教师期望学生熟悉课本内容及强调标准化的考试。
- 初中课程科目及内容繁复，可能无法满足特殊学生个别化教育需求。

这些不同点也导致有些初中教师不欢迎班上有特殊需求的学生。

现在的初中普通班中包含1~2名特殊学生已经很普遍，特殊学生和普通学生在同一个班级一起学习、生活，但特殊学生多是随班上课，并未针对其需求调整课程。这里所说的初中融合班属于较特别的，每个班级的特殊学生占了三分之一以上，因其能兼顾特殊学生及普通学生的需求，符合融合教育的指标而称之为融合班。第一个例子为新竹市育贤初中融合班，于2000年成立，班上有四分之一身心障碍学生，每个年级一班；第二个例子为财团法人福荣融合教育推广基金会附设初中融合班，2004年在竹大附小融合教育校区成立，每个年级一班，学籍属于建功高中初中部，班上几乎一半学生为特殊学生。通过初中融合班，提供特殊学生和普通学生彼此最大的社会互动的机会，普通学生能学会关心和照顾特殊学生，特殊学生能在最少限制的环境中与普通学生一起学习，融合班强调重视每个学生的优势能力，以多层次教学（multi-level teaching）来因材施教，让每个学生获得自信心和成就感。

和一个班级只有1~2名特殊学生融合的普通班相比，一个有着二分之一学生为特殊学生的班级，教学难度自然大得多，不管一个班级有几名特殊学生和普通学生，必须要做到学业及社会性的融合才能称之为融合班。社会性融合指的是把特殊学生视为班上的一分子，同伴间产生互动及友谊。对轻度障碍、无行为问题的特殊学生而言，要成为普通班的一分子，被同学及教师接纳，达成社会性融合并不难，相对于社会性融合，学业性融合就不那么容易了。

第一节 初中融合实验班的基本理念与目标

融合教育的内涵就是"尊重个别差异",不因能力不同而受歧视,融合式班级不只有助于学习迟缓者发挥潜能,对普通资质及资优者更能提供一种适才适所的学习空间,创造出特殊学生及普通学生双赢的成果。

一、基本理念

· 以尊重人为原则,以学生为主体,让学生在学习环境中成长,以达到因材施教、发挥潜能的效果。

· 尊重学生学习的意愿,让学生能主动学习,给予亲身体验及表达思考的机会,并给学生犯错的机会和成长的时间和空间,不强迫学生学习。

· 教师在教学过程中扮演着引导的角色,他们必须了解学生的发展及个别需求,随时因学生的需要调整自己的教法。

· 提供完整的学习内容,广泛运用各类资源,除了教室中的学习,也重视自然情境中的学习及生活教育。

二、融合班学生的学习目标

· 多元智能,具备与其他普通学生不同的视野。

· 与不同程度及能力的人相处。

· 尊重个别差异。

· 体验平等的意义。

· 与人合作。

· 培养注意力、主动参与、自动自发、管理自己、为自己负责。

· 搜集资料、将资料归纳分析并表达。

· 将学业技能运用在生活上。

第二节 课程与教学特色

初中融合实验班的课程与教学特色如下:

· 混龄及同龄教学,打破年级限制。

· 提供品德教育的陶冶。秉持人性化教育,强调尊重每个个体,用最自然的方法教导学生该如何与人相处,学会尊重、包容、自信、负责、沟通、解决问题、独立思考、自我管理。通过生活教育,传达好的经验和品行,使之内化成正确、值得成为信仰的价值观,让融合班的学生持有这份珍贵资产成长,成为未来匡正社会风气的主力。

·提供活动式教学。普通学生的学习不因有特殊学生的存在而受到影响,相反地,通过细化的跨领域活动设计,以普通学生课程为基础,将特殊学生目标融入教学活动中,并多利用教材教具,使学生得到具体操作的经验,进而培养其抽象思维能力。可见表 10-1 语文课教学计划所示范例。

·学科及领域的统整。以主题或单元为核心,其他学科或领域依此核心设计课程,将不同领域课程内容合成一体或联结起来,如此就可以拉开课程的广度,减少科目的界限,增加不同程度学生学习的机会,让学生在更有弹性的活动中发展学习及合作的技能。领域统整计划表如表 10-2 所示。

表 10-1 《酸橘子》教学方案(单节教案)

教学科目	语文	教学班级	初中融合班八年级
教学单元	《酸橘子》	全案教学日期	2013.11.11~2013.11.14
教学者	A 老师	全章教学时间	共 4 节(共 180 分钟)
教材分析	教材来源:语文课文与习作第三册(八上)《酸橘子》,南一书局。 1. 通过广告《我们比我们想象得更美丽》(1 分 30 秒)引发学习动机,分组讨论自己心目中理想的特质,并检视自己是否也有吸引人的特质,让学生学习欣赏、发掘他人的优点,也懂得欣赏自己的优点,以建立良好的人际关系。 2. 观看《失落的一角遇到大圆满》的绘本动画(3 分 10 秒),让学生思考人际交往会出现的突发状况,培养解决问题、妥善处理自身情感的能力。 3. 通过课堂或家庭作业的学习单,加强学生学习效果。 学习单 1(比喻修辞法):爱就像是…… 学习单 2(词汇联想):订做一个他(她)。 学习单 3(作文):《失落的一角遇到大圆满》心得报告。		
教学联系	本课主题"两性关系与伦理",另外挑选相关主题文章供学生阅读。 1.《失落的一角遇到大圆满》的绘本故事,让学生能更进一步了解成熟的意义,请同学互相讨论分享故事中所要探讨的主题。 2. 席慕蓉的情诗《一棵开花的树》,带入课文情境——真爱不能强求,需要随缘等待。 3.《张教师月刊》文章《优质的感情观》,悦纳自己的性别角色,培养个人的价值观。		
学生能力与经验分析	本班为初中融合班八年级,班上有普通学生 7 名及特殊学生 3 名,教学未分组。 1. A 生:情绪障碍。偶有情绪冲动、语言冲动等方面的状况;针对事情有钻牛角尖、执着争辩的习惯特质;不喜欢的事情配合度很差;喜欢运动,篮球和游泳均擅长;保管自己的物品会整齐清洁及珍惜;喜欢的事比较容易完成,如有兴趣的娱乐项目就会花时间研究精通。		

续表

学生能力与经验分析	2. B生：轻度孤独症（抽动秽语综合征）。七年级上学期转学进融合班，转学原因是在原学校被霸凌。个性单纯，不擅与人沟通；记忆力不佳，无法记住同学和教师的名字，必须靠图像式记忆协助，要长时间一直反复告诉他才勉强能记住少数人的名字；爱提问题，常会问为什么；遇到事情没有自我解决的能力，会不知所措。 3. C生：阿斯伯格综合征。七年级上学期转学进融合班，在原来的学校被教师和同学联合排挤。C生不喜欢文科，如语文、英文等，上课时教师补充相关知识时也不爱动笔抄写，态度较被动；在数理方面知识颇为丰富，懂得比同龄生多；颇热心助人；体育方面有手脚不协调的情况；对于没兴趣的课程，会有注意力不集中的现象；无法分辨事情轻重缓急，自我性强；对于有兴趣的话题会一直讲，甚至会打断教师上课，这时教师要适度地提醒他。 4. 其余普通学生7名。

【第一节课】

时间	活动名称	材料	教学程序	教学目标	教学评估			
					普通学生	A生	B生	C生
10分钟	准备活动	课本、影片	（一）激发动机 1. 让学生各自发表吃橘子或其他水果的经验，外表什么样的是酸的？什么样的是甜的？吃到酸或甜的反应又如何？导入本课主旨"强摘的果子不甜"。 2. 观看广告《我们比我们想象得更美丽》引发学习动机，分组讨论自己心目中理想的人格特质，发掘自己与他人的优点。	• 能分享类似品尝的体验（普、特）。 • 能简略分享观后感（普）。 • 能说出心目中理想的人格特质（普）。 • 能说出自己的一个优点（B生）。				
15分钟	发展活动	课本、学习单	（二）延伸教学 1. 发动机学习单1（比喻法）：爱就像是…… 学习单A面：各国学生对爱的有趣说法。 学习单B面：比喻法练习（爱就像是……） 2. 比喻法讲解： 修辞适用时机与三大类型—— （1）明喻。 （2）隐（暗）喻。 （3）借喻。	• 能挑选出学习单中喜爱的说法（普、特）。 • 能完成学习单B面全部题目（普、A生、C生）。 • 能完成学习单B面的热身题（B生）。 • 能分辨并举例说明比喻三大类型，且了解隐喻与借喻的差别（普、特）。 • 能了解明喻与隐喻的差别（特）。				

续表

时间	活动名称	材料	教学程序	教学目标	教学评估 普通学生	A生	B生	C生
20分钟	发展活动	课本	（三）课本教学 1. 解释题目： 指导学生从课文、课本插图及注解探索题意。 2. 介绍作者： 指导学生从"作者介绍""题解"中探索作者生平背景。 3. 朗诵全文。	• 能说出题意（普、特）。 • 能重述普通学生说出的大意（B生）。 • 能参照课本说出作品背景（普）。 • 能知道作者简略生平（特）。 • 能朗读指定段落且字音正确（普）。 • 能阅读指定段落（特）。				
10分钟	综合活动	课本	（四）指导学生"分意义段" 1. 自然段：依文章形式自然分段。 2. 意义段：按文章意义区分，可能会结合数个自然段而成（并无标准答案，依主观认定只要合理即可）。	• 能分出适当的意义段（普）。 • 能分辨自然段与意义段的差别（特）。				

表 10-2　初中七年级上学期领域统整计划表

主题	单元名称	语文探索	数学学习	科技学习		社会学习	
				生物	健康教育	历史	地理
生命的起源	夏夜	• 描述及比较夏天和其他季节的不同 • 写作及剪贴 • 阅读和季节有关的书 • 海边巡礼 • 参观红树林	• 买卖游戏 • 买菜 • 天气预报 • 比较等高线（正负数）	• 地球仪 • 搜集动植物的图片 • 做动植物笔记（生命）	认识健康的方法	参观台北故宫（历史的分期）	• 住的地方 • 理想中的学校 • 画地图 • 拼台湾地图（位置与范围）
生命的起源	蝉与萤	• 阅读蝉与萤的书 • 讨论二者的共同点 • 夜访萤火虫 • 篝火晚会	• 比较长短 • 量一量 • 看地图（数轴）	• 人体器官 • 显微镜观察（细胞）	量身高、体重（身体）	合作小组报告（史前时代文化、石器原住民）	• 搜集风景海报及明信片 • 欣赏"美丽之岛"视频 • 搜集岩石（地形、水及土壤）

・提供多元智能多层次教学。多元智能提供丰富且多元的学业及人文课程（艺术与人文、反思、语文、逻辑数学、社会学习、体能……），多层次教学按学习者需求提供同领域的不同难度的学习目标，在上课、作业及评估中体现。普通学生及特殊学生各按自己的起点学习，不牺牲彼此的权益。多元智能多层次教学强调重视每个学生的优势能力，让每个学生获得自信心和成就感。多层次教学结合多元智能更能达到因材施教的效果，配合主题的多元智能多层次教学计划做法如下：

A. 主题：力与美（图10-1）。

B. 目的：
- 如何运用自己的力量找到学习的方法，达到良好的学习成效。
- 发挥课程中所学到的知识，提升自我的美感。
- 了解力与美所引申的意思，展现力与美的韵律。

C. 包含领域及重点：
- 语文——了解失败和挫折带来的正面意义，活出力与美。珍惜年少时光，努力进德修业，促使自己的身心日臻于成熟。了解"态度"的重要性，进而培养自己应有的人生态度。
- 美术——运用自己的力量，做出自己的艺术作品。如油画创作、面具制作、陶土创作、风车制作、棉线编织、毛根创作。
- 英文——上网寻找学习的相关信息并做报告，增强学习兴趣。访问同学或家人整理出学习英文的方法，改善自己的学习方式。学习朗读英文文章的方法。
- 数学——估测空间的大小，计算出房子大小的概数。运用所学的数学概念，探讨摩天轮的相关问题。习得正负数的概念，达到正确运算的程度。
- 自然——了解"热"在生活中的作用与影响。知道物质热量从温度高流向温度低。能尝试用不同的物质配置焰火棒，体验烟火之美。
- 特殊教育——认识日历（中英）及了解时间的重要性。认识并学习如何欣赏物体的美。了解食物的重要性。

D. 制定多层次的学习活动与目标。各科多层次学习活动与目标如表10-3所示。

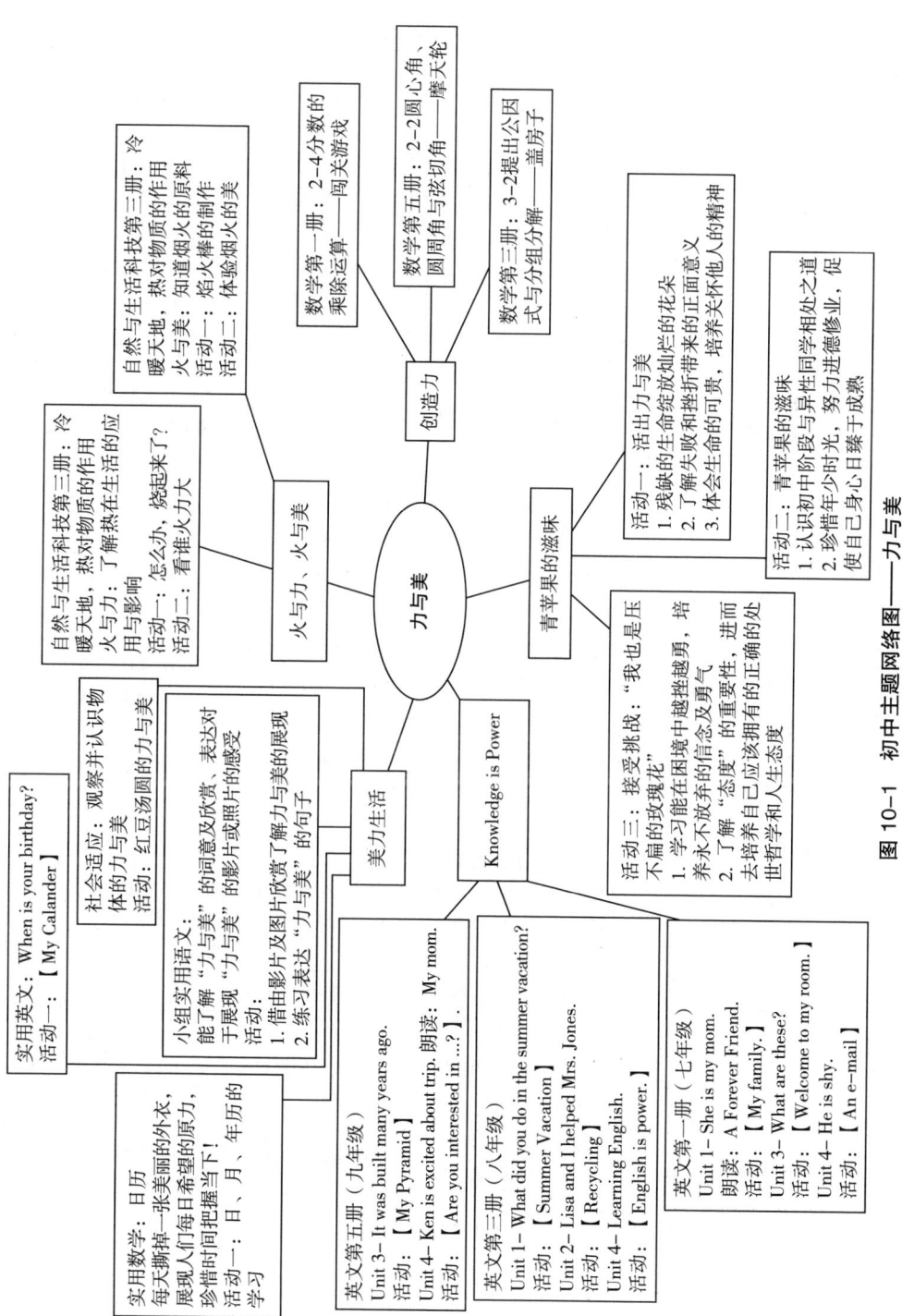

图 10-1 初中主题网络图——力与美

表 10-3　各科多层次学习活动与目标

科目	活动	层次一目标（最高）	层次二目标	层次三目标
语文	绽放生命的光辉	能用同理心去想象自己如果也面临艰困环境时该当如何。	能写出 PPT 中印象最深刻的生命斗士，且说明为何他让你印象特别深刻。	能说出上课所看的 PPT 在讲些什么，并能简要回答问题。
	新闻最前线	能确切说出青少年究竟适不适合谈恋爱，原因为何。	借由采访父母的恋爱史、婚姻状况，让自己更加了解爱情。	能了解课文中"强摘的果子不甜"是什么道理。
	逆来顺受	能写出一篇相关主题的短文。	能了解并说出"态度"的重要性。	可以从教师提供的名言佳句中，找出一句最能激励自己的话。
英文	My Pyramid.	用英文叙述创造出自己的金字塔。	运用填空的方式填写金字塔表格。	运用画图的方式画出金字塔。
	English is power.	上网查询英文相关信息并做报告。	叙述自己学习英文的方法。	运用图片及单词写自己的学习方法。
	Welcome to my room.	画下自己房间的平面图，并用英文句子叙述。	简单画出自己房间的平面图，并用单词进行句子填空。	运用所提供的图片，用单词叙述图片内容。
数学	闯关游戏	能判断两数加、减、乘、除结果的正负并算出值。	能理解负数的特性并熟练正负数（含小数、分数）的四则运算。	能运用配对，找出相对应的正负数。
	盖房子	能利用乘法公式和多项式的除法原理，理解因式、倍式与因式分解。	能用分组分解进行多项式的因式分解。	能用画图的方式分组分解多项式。
	摩天轮	能了解圆心角、圆周角与弦切角的度数。	能了解圆线段的切割线性质。	能用圆画出摩天轮。
自然	焰火棒的制作	能尝试用不同的物质配置焰火棒。	知道焰火棒的材料是容易燃烧的元素。	能遵守教师规定，并安全动手制作。
	怎么办？烧起来了！	能说出燃烧的要素，并说出热对生活的作用与影响。	知道燃烧所需要的要素。	能知道高热会造成物体燃烧。

- 在每个单元教学计划中列出个别需求，找出每个单元特殊学生学习的内容，确定特殊学生能学习每个单元的一部分，做法可参考表10-4初中语文单元教学计划。

表10-4　七年级语文单元教学计划

单元名称	教学重点	活动	教学目标	个别需求	备注
夏夜	• 农村生活 • 夏天夜里做些什么？ • 路灯 • 动物回家了 • 太阳下山了 • 树下乘凉 • 看月亮 • 山睡了 • 田野 • 南瓜 • 小河、小桥 • 萤火虫	• 搜集资料 • 写作 • 阅读 • 拍视频 • 描述夏夜的景象 • 露营 • 找萤火虫 • 画海报	• 使用词语：钱币、山峦、藤蔓、溜 • 句型：只有____还醒着 • 找出动词 • 组词造句 • 学习拟人化的方法 • 学习和单元相关的目标	• 认识功能性词语 • 认识颜色 • 阅读和夏天有关的图书 • 剪贴 • 书写简单的文章	
蝉与萤	• 认识昆虫 • 认识昆虫的声音（如蝉鸣） • 了解每个人的长处和贡献	• 搜集昆虫相关资料 • 成立合作小组报告昆虫生态		认识昆虫	和上一单元联结，和自然课联结

第三节　如何兼顾初中普通学生及特殊学生需求

在财团法人福荣融合教育推广基金会附设的初中融合班上有二分之一特殊学生，因此，学习内容必须分层次，同时兼顾不同程度者的需求，以普通学生课程为基础，将特殊学生目标融入教学活动中。

在课程进行中插入特殊学生目标比较简单的做法是先说一个和课本内容相关的故事，把学生带进故事情境里面，讲完故事后可以先问普通学生故事的含义，再找机会问特殊学生一个适合其程度、可以回答的问题，可是不能太刻意，如此特殊学生就会觉得很有成就感而愿意学习，也会觉得上课内容是有趣的，而不只是课本上的一句话。

此外，上课多使用教具或图片去引导学生。例如，在教到电压的时候可以说电击棒的故事，这样就会比较具体而不是很抽象。如果问"电压、电流跟电阻有什么关系"，那不只特殊学生，普通学生也不会想上，所以教师在讲到一些概念时，要给学生一个很生活化的例子或是介绍一些跟课本相关的、很好玩的小故事。在黑板上提供图片，把重点或大家的回答写在黑板上，不但可增进特殊学生对课程的理解，也可制造多层次教学的机会。

假设班上有 21 名学生，其中 18 名是普通学生，3 名是学习障碍学生。普通学生与特殊学生比例为 6∶1 的情况下，教学时当然要针对"6"，而不是针对"1"，教学如果针对"1"的话，其他大多数学生就会没事做了。因此，上课时难易课程都要上，诀窍是在符合特殊学生简单目标的前后插入普通学生的教学目标，也就是每一课的教学目标同时有普通学生及特殊学生的目标，让普通学生及特殊学生都可以学到东西。普通学生的需求主要来自普通班教材，让他们在教材中学习得很完整就可以了；特殊学生的需求就要思考实用性，找出课程中适合其学习及实用的部分。设计课程最困难的部分是从课程中分出层次，分出适合普通学生和特殊学生层次的课程。在同一个时间内去分这些层次并不容易，高年级的课程很多，无法分出层次，实施多层次教学时就要采取分组教学。目前基金会附设初中融合班的三年级数学及自然采用分组教学，就是应用多层次教学的一种措施。

融合班教师对学生观念的引导也很重要，融合班需要学生之间互相关照，学习和不同的学生合作。教师要引导学生不是只有自己做好就可以了，还要大家一起做好。最常用的方式就是小组合作的方式，让特殊学生和普通学生互相合作，一起去做班上所有的事情。初中融合班的学生在合作学习时可以学到一些解决问题的方法，解决和特殊学生相处之类的问题。例如，在与特殊学生合作上遭遇困难时，普通学生要学会自己解决问题及调适自己的心情，教师则扮演从旁协助的角色。除了学习合作，教师还要引导学生思考及解决一些生活上的事情，这样的思考训练不只对学习有帮助，也可增进学生的生活能力。

综上所述，融合班课程的准备及困难度可能比一般普通班或特殊班高。想了解初中融合班教师如何执行教学，可从表 10-5 至表 10-8 的语文课、数学课、英文课及自然课教师的教学做法、特色及风格中得到答案。

表 10-5　语文课教学特色

填写者：A 老师

项目	做法、特色及风格
作业批改评分标准	作业质量只是考虑标准之一，更在乎学生接受教师的反馈后是否愿意尝试改进，是否一次比一次好。
如何协助学生完成作业	依学生程度给予不同的作业难度与提示。例如，对于背诵课文较吃力的学生会请他朗读即可；同一道作文题目，任务也会分成"短文创作""试写结构"或"改写仿写"等不同难度。
合作小组	当有分组需求时，会巧妙安排普通学生与特殊学生合作参与的机会，如演对手戏、你比我猜等等。
上课如何激发动机	发挥创意将授课主题与初中生流行文化相结合，配合多媒体资源（影片、歌曲、动漫……）。
每一堂课如何结束	花三分钟总结此堂课的重点。 （下堂课开始也会花三分钟复习上堂重点→重复教学）
课程常用哪些教具	• 实体书，如绘本。 • 电子书。 • 吉他（若授课主题适合用音韵诠释）。
是否让学生分组报告	视课程目标与内容发展性而定。
有特殊学生时如何调整教学	给予特殊学生较低难度的学习目标，如识字、抄写、念读等，也会适时提出中难度问题让特殊学生挑战，用引导的方式帮助他们答题或是安排普通学生帮忙，提升互助之情。
学习单（一课几张）	视学习重点多寡而定，一课约 1~2 张。
鼓励学生找资料	每学期拟定合适的主题请学生搜集资料，并练习以撰写报告与简报的方式分享。
作业类型	课本习题、学习单、作文、个人日记。
如何给学生奖励（奖惩标准是什么）	尽量以鼓励（赏）代替责难（罚），为保证公平性，普通学生与特殊学生赏罚标准一致，但作业难度有别。
如何增进学生对不同学生的认同	以身作则，尊重每个学生。授课时若遇到相关人际议题，会借机教育以明确学生价值。
教学特色	认为"写作与阅读"才是语文课的核心，才是学生一辈子能带着走的能力，不该如传统教学般只是"外挂"于正课之外。此外，单向批改作文或每学期逼学生交出几篇作文，反而可能是造成学生厌恶写作的罪魁祸首。自认在写作的教学上扮演好"引导"的角色，善用同伴批阅与小组讨论的方式，通过充分阅读、分析、头脑风暴的过程，希望能提升学生的语言表达能力。
读书风气的培养	提供好文章，与学生一同讨论，并练习撰写书摘与心得。

表 10-6　数学课教学特色

填写者：B 老师

项目	做法、特色及风格
作业批改评分标准	作业以学习单、习作本为主，会看解题思路、步骤、用心程度、正确度。
如何协助学生完成作业	家庭作业以课上有演示的例题进行延伸，增加学生的熟练度。
合作小组	用小组合作的方式讨论挑战题型，试着通过思考与讨论的方式得到更清楚的观念。
上课如何激发动机	以故事、图片导入课程，或用简单的例题增强学生愿意再学习的信心。
每一堂课如何结束	该堂课上课重点、交代家庭作业、挑战题。
课程常用哪些教具	电子白板。
是否让学生分组报告	视课程内容进行实时讨论或书面报告。
有特殊学生时如何调整教学	根据特殊学生的能力设定特定的学习目标，在课堂上穿插适合特殊学生响应的问题，以增进特殊学生的信心与参与感。
学习单（一课几张）	视章节内容而定，通常一堂课 1 张学习单。
鼓励学生找资料	视课程内容制定资料搜集的方向，如数学家的故事、生活中的数学发现等，以需要认真搜集、但不会造成太大负担的难度为主。
作业类型	学习单、课本练习题、习作本。
如何给学生奖励（奖惩标准是什么）	尽量运用积极的肯定、赞扬、生活成绩加分等予以强化，惩罚则以服务时数等让学生付出的方式处理。
如何增进学生对不同学生的认同	班导师以身作则，不以差异的眼光看待任何一名学生，并适时给予正确的想法引导，通过这种潜移默化的方式增加彼此的认同感。
教学特色	• 好奇：通过故事或图片的引导，引起学生的学习兴趣。 • 发现：带学生从有趣的故事中发现新的观念。 • 思考：用不同方式去思考观念的缘由。 • 重复：通过重复的练习熟练观念，进而运用自如。 • 整理：整理每堂课程内容和重点，建立自己的学习架构。
你觉得能营造哪些班级特色	• 肯定：透过联络簿与学生做温暖的书面交流，写下每天观察到学生美好的一面，希望这些温暖可以留存在学生心中，了解自己确实是个独特又美好的人。 • 合作：和学生一起合作、讨论班上的活动，并适时地带特殊学生进入讨论，携手合作完成，提升每个人的参与感。 • 展现：让每个学生都有机会可以"帮教师一个忙"，即便只是帮教师收作业这样的小忙，在收到教师的赞美之后，也可以增强学生的信心。
读书风气的培养	在早自习时段建立安静阅读的气氛，而且班级图书也可供自由借阅，并鼓励学生阅读课外书，鼓励学生独立思考、主动阅读的习惯。

表 10-7 英文课教学特色

填写者：C 老师

项目	做法、特色及风格
作业批改评分标准	作业批改原则上以收作业日算起，三日内归还。 | Excellent	↑ 90
Good	↑ 80
Average	↑ 70
Below Average	↑ 60 | 以上为粗略评分标准，希望学生能尽力和努力完成作业，并在作业归还后，从错误中学习并持续进步。
如何协助学生完成作业	依照学生程度不同给予不同的学习目标，对于程度较为优秀的学生，适当补充更为挑战的单词及句型。 1. Three-fifteen 2. It's fifteen（minutes）past/after three. 3. It's a quarter past/after three. 1. Happy 2. Glad 3. Pleased 4. Cheerful 5. Contented
合作小组	在上课游戏分组中会鼓励学生彼此分享、沟通和讨论上课主题。
上课如何激发动机	以积极反馈的方式，鼓励学生发表对上课主题的想法，同时配合图片或歌曲的使用。
每一堂课如何结束	回想本课主题/语法/单词，指派作业。
课程常用哪些教具	电子白板/图片/影片/字典。

续表

项目	做法、特色及风格
是否让学生分组报告	是,依照课文目标不同而定。
有特殊学生时如何调整教学	依学生程度不同而订定不同学习目标,多以引导、仿说、仿写、图示为主。
学习单(一课几张)	每课2~3张学习单(学习单内容以语法、单词、课文为主)。
鼓励学生找资料	是,依照特定主题给予任务。
作业类型	学习单、背诵、抄写、口语对话。
如何给学生奖励(奖惩标准是什么)	口头鼓励同时给予平时成绩加分。 学期总成绩(考试成绩+作业成绩+平时成绩)。
如何增进学生对不同学生的认同	通过与同伴施与受的关系建立班级归属感。
教学特色	鼓励支架式教学(scaffolding instruction),在学习英文的过程中,开始由教师引导,当学生能力增加时,教师的引导将逐渐减少,如同建筑物结构完成时,支架就拆走一样。相信学习英文最重要的不单单是语言本身,而是能慢慢培养学生"自我学习英文的好习惯"。
你觉得能营造哪些班级特色	家校合作、支持教学。
读书风气的培养	身教重于言教,由教师树立榜样,多阅读,激起学生好奇心,进而激励学生的内在动机及阅读兴趣。

表10-8 自然课教学特色

填写者:D老师

项目	做法、特色及风格
作业批改评分标准	会看作业内容完整性、用心程度、正确度。
如何协助学生完成作业	作业难易根据学生程度调整,并给予合理的完成作业的时间。
合作小组	实验和活动课的进行尤其需要小组合作,因此重视各组工作分配与协调性。
上课如何激发动机	以日常生活中的事例让学生知道所学内容的实用性,或是以设计活动的方式增加学生的参与性,并在活动中主动发掘问题。
每一堂课如何结束	该堂课内容的重点。
课程常用哪些教具	投影仪、各种实验器材。
是否让学生分组报告	视课程内容进行。
有特殊学生时如何调整教学	根据特殊学生的能力设定学习目标,穿插在一般教学目标中进行,如回答不同的问题。

续表

项目	做法、特色及风格
学习单（一课几张）	视章节内容多少而定，通常整合数个学习单元后，以综合活动方式出学习单，一章至少会有1张。
鼓励学生找资料	每学期会针对1~2个特定主题请学生进行资料搜集。只有1~2次是希望能训练学生自己找资料、分析资料以找出答案的能力，但避免增加学生额外负担。
作业类型	课本习题、学习单。
如何给学生奖励（奖惩标准是什么）	班级规则以公平、公开为原则，在正式宣布后立即执行，避免产生不同的标准，但对于特殊学生会给予合适的协助，如扫地区域的分配等。对于表现优异者予以肯定、赞美或视项目给成绩或服务时数的鼓励。
如何增进学生对不同学生的认同	以身作则，身教重于言教。尊重每位学生的需求，如专注倾听、协助解决问题等，自然会逐渐影响班上风气。对于学生间不适当的言语或行为也需要适时制止或提醒。
教学特色	不仅是教课，更是教学生如何读书。包括： • 鸟瞰式眼光：正式进入章节内容前，会说明各章节之间的关联，起提纲挈领的效果。 • 笔记整理：协助学生将课程内容以图表方式整理重点，培养学生的分析、汇总能力。 • 着重生活应用：各单元内容与生活实例结合，课堂所学的能在生活中实际应用。
你觉得能营造哪些班级特色	• 肯定每个人的价值：人人担任班级干部，让每个学生都能对班级有所贡献，也学习如何对所管理的工作负责。 • 团队合作经营的精神：每周班会时有干部报告以及案例讨论，教室布置也是共同参与，培养学生观察、关心班级事务，并学习以民主合作的方式共同经营班级。 • 和谐喜乐的班级气氛：以积极鼓励的模式与学生相处，并会轮流与每个学生有"午餐约会"，学习发掘并欣赏每个人的优点和特质，有爱的地方就有喜乐与和谐。
读书风气的培养	注重早自习时段的秩序，建立教室内安静及专注阅读的风气，无论是学校课程或课外读物都可以培养独立阅读的能力。

第四节 初中融合教育实施现况

依据"教育部"融合教育实施现况调查表中锁定的指标，福荣融合教育推广基金会初中融合教育班实施现况如下：

一、学校师生接纳与关怀

- 在课堂中会依据上课内容提相关问题并举例说明,让学生讨论思考,鼓励特殊学生回答问题,通常特殊学生很愿意和大家分享他们的回答。
- 平常到校时,学生会找班主任分享昨天晚上去哪儿、做了哪些事,下课时,其他学生也会找教师聊天。
- 班上特殊学生如适应不良或和同学有状况发生,教师第一时间会去了解状况并试图解决,事后再告知家长。例如,特殊学生在美术课做手拉胚时没注意旁边的同学,结果在同学衣服上甩了泥巴水,引起同学的不满并告知班主任。教师请双方陈述刚刚发生的事,再告知特殊学生其他同学的感受,请他向同学道歉,放学时再将此事告知家长。
- 刚开学时,同学很不能接受特殊学生的种种行为,回家会告知家长今天特殊学生又做了什么事,引起家长的不解。教师会和家长联系,告知家长特殊学生的状况以及校方的处理态度,并教导学生如何和特殊学生相处并接纳他们。
- 特殊学生有时会忘记早自习时间,班上同学会提醒其读书时间到了,该安静读书了;或是特殊学生的动作较慢,同学也会提醒上课时间到了,该将书本拿出来。
- 普通学生和特殊学生会一起做打扫、打饭、收拾餐具等工作,美术课、综合课、音乐课也会一起分工。
- 校外教学到"纸箱王"做 DIY 时,特殊学生的手脚较不灵活,动作较慢,跟不上,普通学生做完自己的成品后就主动协助特殊学生。
- 学校的各项活动,如运动会的啦啦队,普通学生、特殊学生一起练习,互相帮忙。主题月班上戏剧演出,大家一起制作道具,演出时有人忘词,就会提醒台词。

二、学校课程与教学调整:以语文课为例

- 上课时会到特殊学生的座位附近查看他们是否跟上教师的进度,根据特殊学生的程度让他们懂基本必需的课程,并调整作业量。如果特殊学生的理解能力较弱,写作业较吃力,普通学生作业量如为 3 页,教师会将特殊学生的作业量调至 1~2 页。
- 有些特殊学生是视觉型,上课时会多播放相关影片激发他们的学习动机。
- 特殊学生较不喜欢抄笔记,教师会到座位旁适度地提醒他们该抄在课本的哪个地方;其动作比较慢,有时会跟不上课程,教师也会放慢速度。
- 上课时会尽量使用投影仪、电子白板,也会上网找相关影片让同学观看。
- 作业会视情形调整,如习作部分的字词练习因为是较简易的作业,就会要求

特殊学生完成；如文意练习，因涉及理解能力，就会斟酌减量。

· 课堂时会尽量举生活中的例子或时事，让特殊学生能感同身受，融入其中。上到一个段落，会重复刚刚上课的重点，并让学生回答，加强他们的印象。

· 教师会根据特殊学生的需要，营造出适当的学习环境，让他们和同学能一起进行互动；也会推选特殊学生代表班上进行活动，如结业仪式当天的期末学习档案报告，就请特殊学生代表班上报告他的档案，让其有表现的机会。

· 特殊学生的书写速度较慢，因此有提供延长考试时间的评估方式，让他能顺利将试题完成。

· 七年级的学生刚进融合班，还不适应普通学生、特殊学生一起相处，因此偶有摩擦。每次遇到状况，教师会先私下了解，再利用课堂上适当的时机讨论发生的事情，并告诉学生下次有类似情形发生应如何处理会较妥当，让学生慢慢适应，增加他们的和谐度。

· 特殊学生有时只沉浸在自己的世界中，缺乏同理心，对同学的感受比较迟钝，好几次和同学的冲突就因此引起。教师会将同学的感受告知特殊学生，请其多留意周围的人、事、物，将有助于改善人际关系。特殊学生看到同学在讲话会很好奇地凑过去听，有时会离同学太近，让同学吓一跳，教师就会提醒。特殊学生个性较爱争辩，情绪管控能力较弱，有时钻牛角尖时，教师会先让其冷静一下，等情绪稳定再和特殊学生谈，通常效果不错。特殊学生有时说话会较夸大，同学会觉得他在吹嘘、说话不实在而不喜欢跟他对话，这时教师就会提醒特殊学生真实发生的事情才可以说，要他分清楚想象和现实的不同，如能慢慢改进，相信同学会喜欢和他交谈。

三、学校课程与教学调整：以英文课为例

课前：了解特殊学生的学习情况及对英文喜爱的程度，进行调整教学。对于各单元中的单词及文章先进行简化，再制作每节课堂考进度表，降低单词背诵量。

课堂：· 使用电子白板观看每单元的动画视频，激发特殊学生的学习动机。

· 常用对答式教学训练特殊学生口语表达的能力。

· 使用字卡/图卡进行单词或语法教学，提高特殊学生注意力。

· 利用纸笔书写，训练特殊学生做笔记的能力。

· 课堂中引导特殊学生完成习作练习，并口头进行问答，给予特殊学生多次练习的机会。

· 运用活动小游戏进行单词和句型练习，增加特殊学生学习成功的机会。

· 指派同组同学担任小老师进行同伴指导。

课后：设计合适的学习单，让其回家完成，每次上课都有特殊学生的作业。隔天上课时交作业，如有错误，会进行个别指导和订正。

评估：依照已减量的单词表进行测验，成绩良好者给予口头鼓励，成绩较差者会个别讨论、与家长谈话、适度减量或进行内容调整。例如：

- 听力测验依照习作内容及特殊学生程度，挑选题目进行测验。
- 语法和句型测验提供特殊学生图片，给予句子重组或是配对题目。
- 阅读测验给予较简化的文章，先导读，后测验。
- PPT 资料作业，寻找网络资料，制作适合主题的 PPT 以供学习。

第五节　教师访谈

问：请问如何准备教学？

答：教师会依据教学经验，视学生特质调整。多年教学经验对讲义教材等的编制能得心应手，并且依据学生的特性做适当的调整。大组小组的教材，开学的时候就做好了，一开始都是自己编，有些东西都要一直调整。我教书已经第六年了，有好几年的经验，我觉得学生这个地方特别不懂，变成自己的教材会得心应手。学生上课有写字，我认为学生上课不能只是听我讲，可以留一些框框让他们画图，一些空格做练习题，变成一个完整的东西。讲义是自己做的，买不到，他会比较珍惜，考试前他知道那个最重要，他有依照，不然课本拿出来，厚厚的一本，不知道哪里比较重要，所以我觉得这方法还挺有效的，我觉得比较有用。（许老师-1[①]）

问：请问课程设计方式是什么样？

答：（一）在大组与小组间会有部分课程调整

视课程难易度和具体或抽象程度等，大部分还是以课程内容为主，但会依据学生程度调整难易度及具体或抽象的程度，且尽量以活动方式进行教学，若无法进行活动则会采用较静态的方式呈现。

以介绍四川省为例。特殊学生会选择课本里四川省比较有趣的部分，像是四川省有熊猫保护区。我就针对熊猫的生活习性、生活环境让学生看图片及找地图，然后有一个活动是让他们连连看，就是连到最后会画出熊猫的形状。关于熊猫的活动，因为学生觉得熊猫很可爱，最后引导他们讨论：因为我们喜欢它，就要去保护它，就是引导保护动物的概念。

---

① 教师后的数字表示第几次访谈，下同。

四川省还有一个是介绍西半部比较高的地形，地名叫作"康定"。之前我就有问学生有没有听过《康定情歌》，他们说有。我就去把歌词找出来，跟他们一起唱这首歌。然后我再和他们从歌词里面发现这地方是在什么样的地形上？他们就可以从第一句"跑马溜溜的山上"知道康定原来是在山上，是比较高的地区。这一堂课主要就是朝这两个方面去做，这是特殊学生的部分。

大组则是大致以课本为主。我能够呈现的是我另外准备的图片或是当地的一些例子，补充一些有趣的东西。像大陆那一部分，每一省就是一课，让学生认识位置、特色是什么，所以每一堂课就请同学画地图认识一些位置，辨别地图的颜色所代表的意义等。大概每一堂课一定会做这个部分，活动的话视那一课的内容来增加或减少。

像四川省就没有办法有额外的学生活动。之前介绍福建省的时候，由于福建省有谷湾式海岸，谷湾海岸的形成是有一个过程的，我就设计了一个泡沫塑料的模型，可以慢慢叠，发现地形的改变，这个部分就可以请学生操作。不是每一课都有办法让学生活动，有的会比较静态，有的就只是表达，有的就可以操作，有的是看影片，不一定。（林老师-2）

（二）课程的设计以课本内容为主，但尽量贴近学生的生活经验

我是尽量从学生生活经验的起点开始，因为他们的记忆力通常都不是很好，如果跟他们讲一些名词的话，他们记不了多久，而且没什么意义，所以先从生活上面的东西开始，地理就是一门挺生活化的学科。（林老师-3）

（三）根据课本结合生活经验并具体描述相关原理原则

首先你要选什么样的单元。例如，现在在上"电"这门课，教师要从这里面抽出什么内容对学生来说是有必要的。如教他如何使用电器，把电器逐一进行介绍，就像简单的遥控器，遥控器容易在哪里坏，平常不用的时候电池放在里面，放久了可能电池液就会漏出来，可能就会腐蚀，甚至直接漏电，遥控器就会损坏，类似这样的小问题。我觉得他们较会注意日常生活中的问题，所以我尽量不讲抽象的原理，因为那些原理可能离他们十万八千里，他们如果不继续念书，这些原理对他们而言是没有用的。但是有时候我也会去讲一些比较难的问题，这些有助于他们的逻辑发展。不过有些东西你也没有办法想明白现在教有什么用，我现在只能把我觉得他们可以学得会，对他们而言可能还挺好玩的，然后这方面的教具又准备得足够，在上课的时候他们会觉得很有意思的，那这样就可以选这个单元上课。（许老师-2）

（四）运用资源

想到的都可以用，主要是书籍、网络、报纸，我会把报纸上相关的内容剪下来用到教学上。（林老师-3）

可以应用网络、报纸杂志、教师视频、百科全书等,最常使用的还是网络,还有以前从书本上搜集的资料,我觉得比较完整且得心应手。(许老师-1)

教具、计算机。(许老师-2)

我会很重视这种东西(教材教具),因为我觉得这才是一个教师应该做的东西,你应该把你的资源扩充得很充足,让每一个学生都适合学习,以后出去跟人家竞争,这也是你的资本。(潘老师-2)

(五)课程设计的困难

1. 设计特殊学生小组教材内容不太容易

普通学生应该还好,没有什么困难。特殊学生的困难就是在课程设计上,就像我刚才讲的,到底适不适合学生,这个一直都不知道,似乎一切都有一种无力的感觉。(林老师-1)

2. 无法兼顾不同程度学生,以及课程设计与进度的压力

基本上,他们上课都比较安静,除了A生之外,B生的问题是隐性的,除非我去发掘。老实说,我现在真的没办法好好照顾他们。我曾经提出我上课没办法照顾到他们,所以如果他们可以独立出来上课,学习效果会比较好。而且我的课又非常多,一下课就要赶着去准备下一堂课,所以根本没空,除非他们自己来找我,不然我没有办法主动去帮他们。刚开学的时候我还想去做,可是我发现下课的时候,我留下来只能陪一两个人,而大组特殊学生有三个,我陪完之后下一堂课会被耽误。所以慢慢的就觉得很累,使不上力。(林老师-2)

只有在讲每一课比较浅的地方,他们都还可以,到后来就不行了。我只是觉得他们很可怜,好像也不能帮他们什么。而且重点是我确实没有很多时间慢慢想,每天就像陀螺这样转转转,非常的累。回家就准备教材,光是准备教材、设计讲义,然后出考卷,时间就差不多了。根本没时间也没办法想那些大组特殊学生要怎么办。(林老师-2)

现在接了融合班,出现一个问题就是我要去调整学生的学习,学生有不同的差距,我要去调整我的教学、调整我的作业单、调整我的考试。仔细想一想,这个压力还有工作量确实是比之前增加两倍以上,而时间还是一样的。我想要尽力的话,心力分散在好几个方面,就一定会难免有做得比较不好的地方,这样心情就会相对低落,自己觉得很累,没有什么成就感。如果今天有一名教师,他是专门负责融合班,这样也许会好一点吧!(林老师-2)

现在的问题在于课程的设计,还有很多作业、考试的调整。调整很花时间,而且每一年调整的方式都不一样,不像普通班教师第一年调整好教学,往后的模式都会差不多。现在我们如果针对特殊学生去调整,每一年进来的学生都不一样,教师

每一年的工作量、压力都很大。就像我，我任教的班级那么多，社会课不管是地理、历史、政治都一样多。像语文课，因为每一个班级任教的节数比较多，所以就不用接这么多班级，他可能只要接两个年级，这样工作量就会比较少一点。（林老师-2）

现在没有背后的支持，帮我们做一些课程调整或是课程设计。我觉得现在我的工作有点像是出版社，我要负责出课本、出考卷，然后我又要亲自上战场去教书，问题出在这吧！因为每一个环节都要付这么大的心力的话，都不能负荷啦！（林老师-2）

真的是很赶，现在的课程非常赶，因为内容很多，上不完。初一一周只有一堂课，我必须讲很快，没办法讲很多遍。其实这样一堂课上下来，接触很多新的东西，对普通学生来讲都很累了，更何况是特殊学生呢？（林老师-1）

设计的时候是最困难的，我现在只能用想象去设计，就像我刚刚说的，我不晓得我现在设计的对他们是否合适，不晓得他们起点在哪里。（林老师-3）

之前我有很大的挣扎，因为明年就要接触新教材，我很担心没有办法面面俱到。因为接触新教材之后，一年级课程要重新整理，然后要面对特殊学生，教材都要自己设计，所以在时间上就会比较紧。（林老师-3）

3. 较难贴近学生的需求，引起学习的兴趣

特殊学生如何让他们觉得有趣比较难，因为有的时候我们觉得有趣，他们并不觉得有趣。你要让他觉得有趣，就要懂得加入游戏。因为我们没有受过这样的训练，去学这样的东西常常去找一些小游戏。（许老师-1）

问：如何兼顾特殊学生跟普通学生的需求？

答：以课本教材为主，设计不同层次的课程。兼顾的部分我还是尽量看课本发展出来，凭空的话这东西就变得没有连贯性，所以还是以教材为主。如现在即将要上有机化学课，就上有机化学课；即将要上电学课，就上电学课，只是把内容简化成可以设计游戏出来。

我觉得理化比较占便宜，因为有做实验的部分。我觉得同样都是操作，特殊学生需要很实际的操作，你先操作一遍他再来模仿。大组的话，我不喜欢手把手教他们，我喜欢让他们自己看明白书上教的方式再来做，做错了也没关系，大组让他们在错误中学习，他们会发展出主动的精神。小组的话，顾虑安全的问题，我现在只做一点，我教过的东西学生会了，学生自己来操作。还是有共同性，就是动手做，因为我们这一科要动手然后才能动脑。

因为我们现在大小组是完全分开的，同时学到的东西就是刚才讲的东西，要有

共同性，他们之间也比较有话题，你学到这个我也学到这个。（许老师-1）

问：教学策略有哪些？

答：（一）合作学习的教学策略

我在想，融合班让他们在大组（人数比较多，有特殊学生的组）上课，也许用意是让他们可以经过合作学习去学一个东西。但是这样子要有一个前提就是这一科学习的内容不要那么多，因为学生讨论需要时间。原本我可能一堂课就可以上完，他们要是讨论可能要花个两到三堂才能把那个部分解决，所以这有时间上的限制，我觉得我这个部分就是这样子。（林老师-1）

首先分组，分组就是要分配工作，每个人都有工作，不同的工作、不同的事情、不同的东西。合作学习的方式有很多种，他们其实都很合作。这学期就开始这样，然后特殊学生就是讨论。（潘老师-1）

（二）额外提供个别指导的策略

如果大组的特殊学生可以在小组（特殊学生）里面上现在讲的东西，可能效果会比较好。因为教师可以针对他们做个别的指导，会比较有效。在大班里要照顾的人太多了。只是这样的话课就会多出一些部分，对特殊学生来说最好，要不然他们在大组里面跟不上进度的时候就只好发呆了。（林老师-1）

（三）利用多元智能策略，依照不同程度提供合适的学习方式

因为每一个人对不同方式喜好程度都不一样，就像是多元智能策略，你尝试不同的方式，每个人都有办法找到他最合适的方式去学习。我觉得每一种都要尝试，不要只限定某一种方式，要不然可能接受的就只是那一些人。（林老师-3）

（四）提供记忆策略以取代传统死记硬背的方式

学生没有兴趣，讨厌背东西，你就要说故事给他们听，他们讨厌背你就要有些口诀教他们背。因为背东西每个人都讨厌，所以要准备一些窍门，虽然这不是很正统。其实背东西还有别的方法，在学生脑袋里建立一些联结。（许老师-1）

（五）利用图片或图解，让内容具体化

比如我的教具非常多，我有很多图片去刺激他们的视觉。上课的时候我会讲小故事，把他们带进那个故事里面，然后他们会领悟原来是这个样子，他们就会知道这个东西不是只是课本上的一句话。例如，我在讲电压的时候，我会讲电击棒的故事，然后他们就会把电击棒联想到电压，这是比较具体的不是这么抽象的东西。可是你如果问电压、电流跟电阻有什么关系，他们就会很头痛，会不想上课。所以说，这个东西你要用很生活化的方式讲或是日常生活中会碰到的，又或是介绍一些跟课本相关的很好玩的小故事，他们就会觉得还可以接受。（许老师-2）

问：如何做课程调整？

答：（一）通过教具、图片或媒体使内容更具体化进而辅助学习

把课程调整到一个适合他们理解的，适合他们学习的程度，辅助一些教具、媒体等。（林老师-3）

通常是给他们看图片，用模型演示过程，请学生上台去参与活动，或是看影片，让抽象的东西具体化，也会让他们分组讨论。（林老师-3）

（二）通过抄笔记增加学生对课程的记忆能力，改变抄笔记的格式和书写方式

这个方式我觉得适合普通学生，但现在比较大的问题就是如何在初中的架构加入特殊学生的部分。讲比较好听就是，比起在启智班的时候，这些特殊学生可以接触到不同的方面；讲比较难听就是，这些东西真的对他们有用吗？上学期生物课大组里面还有普通学生，因为我上课习惯要他们写笔记，普通学生请他们自己抄板书，对特殊学生我就印好填空题发给他们。（潘老师-1）

问：如何出学习单及作业？

答：（一）上课时通过分组讨论完成学习单

我在上课的时候让学生讨论。讲到某一个主题，我觉得这主题适合讨论的时候，我就会让他们讨论。例如，上次在讲建水库有什么优缺点，让他们分组讨论，然后再发表意见，最后我再整理在黑板上。作业单方面没有让他们分组。（林老师-1）

（二）依据课程设计学习单，并将作业放入学习单中

一开始先设计好学习单和活动，这样学生看到学习单知道要做什么。有活动引起大家的兴趣，后面那个作业就可以根据学习单做延伸。先做活动再发学习单，学习单要先准备，最后再设计作业单。因为我们是理化课，不是每次都有学习单，大部分因为是实验，所以几乎都是让他们直接操作。这节课操作完，下节课可能让他们重复操作，让他们确实熟悉每一个要熟悉的动作。（许老师-1）

（三）运用资源

只要可以用的我都会用，如网络、报纸或是杂志，就是身边的东西。（林老师-1）

网络资源，课本上的东西。因为基本上大小组的内容一样，所以还是课本为主。（许老师-1）

（四）参考学生个别化教育计划

大部分是利用网络找资料，我通常是自己想得比较多。会参考个别化教育计划，会跟其他教师讨论，然后降低难度。（潘老师-1）

（五）特殊学生学习单的调整

1. 简化学习单

如果是特殊学生，我会简化学习单，让他们可以学习。（潘老师-2）

2. 根据课程设计学习单

不会调整，因为我们现在学的东西都是按课本来的。我先把我觉得可以做的部分挑出来，这个部分就会有作业。这样会不会很奇怪？（潘老师-1）

作业内容要适合特殊学生的程度。（许老师-1）

3. 设计学习单的困难

（1）不确定是否符合学生的需求

我觉得好像没有什么困难。大组就是我讲过的东西会希望他们整理出来，所以这部分没有什么问题。小组我不知道我教的东西有没有符合他们的需求，要不设计没什么问题，你可以设计出各式各样的学习单。（林老师-1）

（2）作业格式问题

因为我们是第一次设计，一开始的时候从我们成人的角度来看会觉得挺顺畅，但学生在写的时候，有时候格式的设计他会不知道头在哪边就开始写了，所以横式、竖式的设计要特别注意。（许老师-1）

（3）花费且占据了许多教师的个人时间，无法兼顾特殊学生

按理说应该要为他们特别设计学习单，可是我现在还没有办法做。我现在教两个年级，都要备课然后要设计小组学习单、大组学习单、改作业等，又要准备资料，其实也没时间。因为如果要再特别为大组特殊学生设计学习单的话，每一课都要设计，会比较花时间。（林老师-1）

我觉得花挺多时间的。如果你问我家人，他们会说我下班后还是一直抱着课本、出学习单，这确实是我今年的生活。以前，我只会说第一年教书真的会花很多时间在课程上，可是我完全没有想到回家也完全没有自己的时间做自己的事情。例如，我以前可能想看一下书，我觉得我的专业知识是停顿的，没有前进，都是在做一些课程调整，那对我的成长来说没有什么帮助。我会觉得有点忧虑，因为没有成长。其实长时间来面对学生的时候没有自信，因为我还是一直停留在原地。（林老师-2）

（4）学生程度差距大，要同时满足不同障碍的学生比较困难

程度差得非常多啊！难易程度差得多，内容上差得多。（许老师-1）

（六）与特殊学生的个别化教育计划结合

依据个别化教育计划选择学生最有兴趣的部分。除了学习单必须跟个别化教育计划结合，我认为作业的内容可以尽量再延伸出小朋友觉得有趣的部分，然后如果你觉得他们在这方面特别有兴趣，而且学得特别好，当然可以再加到个别化教育计划里面去。（许老师-1）

问：如何评估学生？

答：（一）采用口头、学习单、练习、课堂操作或实作、课堂问答、测验、学生互评及教师评估方式

口头上的除了学习单，还有练习的部分。下学期的时候我试着让他们做口头报告，但可能是他们事情太多了，所以做得零零碎碎的。上学期教授举办一个利用期末做学期报告的活动，我让学生去做，不然我设计的报告我看他们几乎没有时间完成。（林老师-3）

一般来说，因为我们是理化课，所以主要是实际操作。实际操作还有问答题，我发觉用写的学生困难度会比较高一点。最常使用的方法还是操作、问答，一对一的问答，或是一对多的问答，可以让他们抢答，有旁边的同学提示，他们会比较不那么紧张。（许老师-1）

评估学生最常使用就是学生间互评，评估方式会用测验，特殊学生题目另外出就可以了。（潘老师-1）

（二）针对特殊学生的调整

1. 考试内容简单化

只有特殊学生的考试内容是不一样的，比普通学生还要简单一点，我自己去调整的。小组的考卷也是另外出的，就按他们上课的学习单出。地理考卷普通学生部分是我出的，从里面挑比较简单的题目给特殊学生。（林老师-3）

2. 以课程重要知识为出题方向，多采取选择题、连连看或看图选答

大组特殊学生的考卷我上学期没有调整，因为那时候还在适应。着重小组的部分，小组的考试题目要特别出。这学期大组的考卷，我尽量选那一课最重要的知识点，因为我怕他们记不起来，都是选择题、连连看、看图选答。

3. 采用口头问答方式或实际操作方式

事实上普通学生我也会用问答的方式，以他们上课的问答情况来给分。针对特殊学生，尽量不以纸笔的方式。几个特殊学生一起上课（小组），因为上课人数比较少所以每人相对分配的时间就比较多，然后你可以一对一去看他动手操作的东西，顺便问他一些原理。（许老师-1）

4. 符合特殊学生与普通学生的需求

学习单或考卷题目之间需要有明显的分隔线，考卷跟学习单一样要多一点图案的部分。（许老师-1）

5. 与特殊学生的个别化教育计划结合

了解个别化教育计划后做题目内容的延伸，并事前通过模拟题让学生练习。比较特别的是，如果可以的话，在学习单后面会出一些题目，考试就从这里面考，所

以他们平时都一定会看过。因为学习单的内容是跟个别化教育计划结合，考试又是从作业而来，所以也是一种结合。（潘老师-1）

问：如何做班级管理？

答：建立班规、强化及惩罚制度。我会请他们吃东西，我觉得这个方法也不是很好，可是我觉得这是最实际的奖励，因为嘉奖的话他们要到期末才看得到。（潘老师-2）

特殊状况处理困难之处在于沟通问题。班级管理，真的很困难！我们班有一次两个特殊学生吵架，两个人在那边好像快打起来了。你事后和他们沟通挺难的，因为他们的情绪很不稳定，还是有点障碍，他们不会听彼此解释。（潘老师-1）

问：家校沟通辅导特殊学生策略有哪些？

答：与家长沟通包括电话访谈、面谈等。很多家长都会来找我，常常面谈的也有，家长最常反映的有教学方式、课业内容或考试多寡等事项，也有小孩在班上的情绪问题、友谊问题、是否被排斥等，有些家长会很担心自己的小孩受欺负、被冷落。虽然家长希望学生自由发展、在融合班发展人性化，可是一旦月考成绩出来，还是会非常非常在意，有时候一个星期好几次电话。何种效果比较好？我觉得面谈比较好，因为有时候打电话讲感觉不够诚恳，我希望家长可以感觉到我的诚意。有时候电话这样讲，家长会误会是不是在讲他的小孩哪里不好，然后那小孩回去被骂，这是我最不愿意见到的。我希望可以面谈，可以当面表达出我的诚意，有时候家长会找上门来面谈，效果都不错。家长其实都有开通的一面，你如果跟他讲他都会理解。（许老师-1）

第十一章　融合式教学

对所有的学生而言，不管是能力好还是能力不好，教学及执行课程的方法都是一样的，原则是教学必须根据学生能力的不同，设计适合的课程以确保他们都能得到学习的成果。然而当同一班或同一组中学生能力不一样时，要兼顾其需求就不容易了，在异质性高的班级，要做到符合不同能力学生的教学需求，是需要经过仔细规划的。融合班中有普通学生及各种类别的特殊学生，无异属于异质性高的团体。和别的学校不同，在竹大附小融合式班级里，一个班22名学生有三分之一是特殊学生，特殊学生指的是有孤独症、智力障碍、听力障碍、学习障碍及肢体障碍等的学生，普通学生中也有几名资赋优异的学生。当融合式班级的学生组合不同于一般班级时，教学策略也需有所调整，以适应学生间较大的个别差异。

融合班上课的科目和一般学校大致相同，和别的学校主要的不同在于教学类型，教学类型分为全班一起上、同班或跨年级分组等，分组时每一组由一个教师负责，以期使教学更精致、更活泼、更多元。

教师教学时必须掌握教学的原则，做好教学的准备，在开学时应确认要教的内容、内容涵盖的概念、需要安排的作业，并安排适合所有科目学习所需的材料、游戏及活动，除了教学生知识及信息，还要教导学生如何使用他们学习的内容及应用所学的知识。

概括来说，教师的工作为分析课程主要概念、运用有效的教学策略、针对学生的困难提供支架、联结不同课程和同一课程的主要概念进而加深加广、有计划且经常性地协助学生复习和应用学过的概念、将新的学习内容和已学过的内容进行联结。融合班尤其需要改变教科书本位的教学，采取反映个别差异的教学，做到根据学生需求调整课程和教学及多元评估。要做到这些，教师在教学前要先了解学生的能力，才能使用合适的教学方式来呈现教学内容。例如，学生具有理解的能力，就可讲解课文内容让学生了解课文的句子。同样地，考试亦须先了解学生的程度，设计适合的考题，测试在课堂上教到的重要概念，而不是考一些细枝末节的问题。此外，针对学习困难的学生，可能需要改变考试的类型，如将字体放大或是采用其他的方式。

第一节 异质性团体的优点

这个社会是多元的、异质性高的，因而异质性团体并不少，异质性团体有其优点，优点为：

1. 可以让不同程度的学生一起学习，共同工作。
2. 可以让学生建立双向的关系，欣赏人与人之间的差异，发展合作的技能。

如何安排不同程度学生的学习经验，使学生能一起学习并建立良好的互动关系，有下列方法：

· 安排座位。留下走道让教师易于巡视学生、协助学生，并且让愿意助人的学生坐在较需协助的特殊学生旁，以利于协助。

· 安排共享教材的机会。如两人共享一份作业单或教具。

· 让每个学生都觉得自己是有用的。对于一些特殊学生应给予参与机会，分配工作时，每人都有工作。

· 平衡学生间的互动。让有破坏行为或注意力不集中的学生扮演纪律组长的角色。

· 平衡教学机会。让每个学生学习的机会是均等的，例如，在一个小组中有能力较好的，也有能力较差的，教师给予每个学生的教学机会应是均等的。

· 奖励合作的行为。

· 让成员了解团体的规则及小组的运作，让学生自我评价小组中每个人的努力及进步。

· 记录学生的行为作为教学的参考。

第二节 异质性团体中的教学过程

当教室中学生的异质性增加时，必须使用更多的计划及组织来设计课程。在设计教学活动时，教师必须分析学生的需要及兴趣以符合班上所有学生的需求。融合班中特殊学生和普通学生的教学并不是分离的，而是将特殊学生要学的内容融入一般的教学程序中，并将其学习目标融入教学活动中。当特殊学生进入教室时，学习就开始了。教学过程强调下列几个要素：

◎ **教学地点**

· 主要教室。

- 其他教室。
- 校园其他地方，如图书馆。
- 固定社区场所，如教堂。
- 非固定社区场所，如超市、动物园。
- 连接点——到达一个场所中间经过的点。

◎ **学习类型**

按学生人数分为一对一、小组、和好朋友一组、跨年级或年龄、团体。

◎ **上课方式**

- 一般讲述。
- 活动操作，如拼图。
- 相关社区活动，如到超市买东西。
- 单元活动，配合单元安排的活动。

◎ **教学原则**

在异质性高的团体，由于学生间的差异非常大，学生间的合作学习（cooperative learning）及跨年龄、跨科目教学就成了重要的课题。异质性团体的教学原则如下：

- 掌握教学的时机。学习必须建立在学生已有的知识上才能促进其学习。此外教学的时机也非常重要，学生能真正学会一样东西往往取决于是否能在适当的情境中应用，如在吃饭时学习用餐礼仪。因此，如能在适当的时机中教导技能必有事半功倍之效。

- 提供具有挑战性、无威胁、安全及真实的学习环境及丰富的学习经验。真实情境让学生能整合及组织有意义的知识、想法及经验，鼓励学生主动建构知识，并与生活联结，让学生主动地运用习得的学习经验。例如，参观九族文化村了解原住居民文化。

- 鼓励同伴教学。在融合班级里，教师需要给表现落后的学生当领导者的机会；安排跨年级的学生充当小老师，指导需要额外协助的学生。同年级教同年级，也可以高年级教低年级，一星期一次，每次 30 分钟，高年级陪低年级学生看书，低年级念，高年级听或记录。通常在活动中，会请普通学生带着特殊学生操作或是写字。上课的时候，会让特殊学生旁边坐一个能力较强的普通学生，让他可以提醒特殊学生，自己同时也可以学习。

- 每个学生学习的量可以不同。通过效标参照测验①来决定每个学生学习的成果。例如,让学生从事一连串作业的不同部分或是给予不同的作业。
- 鼓励每个学生在学业上和自己比较。学业的要求及通过的标准要让学生知道,学生必须了解每堂课学习的目标,除了让自己达到目标外,也要确定小组中的每个人都有机会达到其学习目标。
- 重视个人及团体的成就。学生间应互相支持,并了解学生在彼此心中的看法,确定每个学生都认为每个人是胜任的,每个人对团体都有贡献。
- 公平对待每位成员。对于特殊学生不需过分奖励,以免被其他同伴视为异类。
- 整合相同性质的活动。减少活动内容的差异,把性质相似的活动结合在一起,如把和剪相关的活动(画画、剪及贴)放在一起,这样才能同时进行不同层次的教学。

第三节　异质性团体教学常用的策略

在异质性高的团体,由于学生间的差异非常大,教师除了尽教学职责外,还需使用一些教学策略以增进学生的主动参与,以下将介绍一些在融合式班级常用的教学策略。

◎合作学习

在异质性高的教室中,学生间的合作学习是非常重要的,除了学业目标外,还必须从他人身上学习。成绩的决定可将每个人进步的分数加起来再除以小组人数进行平均,也可将与人合作定为个人学习目标或是用其他合作方式来决定每个人的成绩。学生间的学习是相关的,每个学生的学习都是别的学生学习的经验。教学策略可采用先全班讲述后分组的方式,分组时采用异质性团体分组,让特殊学生与普通学生在同组中互相合作、互相学习。学习过程强调异质性小组的合作学习,让能力强的学生和能力弱的学生在同一组,共同完成一项任务,任务依学生能力、兴趣和生活经验做调整。在融合班,教师常安排学生间合作学习,让几个学生一组共同完成一项作业。例如,上五年级语文课"感恩与惜福"时,教师要四个学生合成一组去访问一个机构,同组的一名特殊学生坚持一定要和课本内容一样访问某个机构,与他同组的学生尊重他的意见,合作完成了此项作业。这样的分组是一种均质的分

---

① 效标参照测验(criterion-referenced tests)根据特定技能的熟练程度测试学生的表现,如能完成一篇500字的作文,而非与常模做比较。

配，在未深入探讨时，可能认为特殊学生会拖累普通学生，但在深入了解后发觉普通学生不但不会因此被拖累，反而在社会性方面因其能帮助特殊学生而获得更高层次的心理满足及成就感。

◎ **分组教学**

在竹大附小融合班教室中，小组教学是一种主要的教学类型。融合班一班 22 名学生中有三分之一为特殊学生，异质性非常大，兼顾普通学生及特殊学生需求的不二法门为分组教学。有些课如语文及数学分成两组上课，低年级采用平均分组，每组有 7~8 名普通学生及 3~4 名特殊学生；中高年级则分成一个大组一个小组，大组有 15 名普通学生及 3~4 名特殊学生，小组只有 3~4 名特殊学生，特殊学生视程度分在大组或小组。中高年级的语文及数学课程内容很多，无法平均分组，所以采取能力分组，让学生间的个别差异减少，教师较易执行教学。教学前教师必须为所有学生设定合适的教学目标，先行了解特殊学生可能在教学中学到什么。为了教学方便，教师在准备小组教学课程时，可为每个学生准备领域相同或相近的材料。例如，教学的主题为"台湾的由来"，由于每个学生具备的能力不同，不是每个人都能达到说出"台湾早期历史"的目标，对于未具备"台湾历史概念"的学生，则需从简单的台湾介绍开始，训练其画出台湾地图，或是用着色、贴地方名称的方式达到个别化教学的目的。因此小组教学时，每个特殊学生所学的内容是视其能力起点而定。

◎ **多重媒介教学（multi-modality teaching）或多重表征方法**

任何学习内容或信息都可以用不同方式呈现。教学除了口头讲述外，也可用视觉或其他方式来呈现教学内容。例如，可以提供大纲、引导重点或是有声档案让学生课后可以学习达到主动学习的效果，也可以提供许多程度不同的书籍或网站呈现相同的主题。

◎ **学科及领域的整合**

以主题或单元为核心，其他学科（领域）依此核心设计课程，将不同领域课程内容合成一体或关联起来。整合的内涵包括分割的学习经验的整合，课程内容中认知、情意和技能的整合，同一或不同学科（领域）的知识（知识的整合）、新旧经验的联结（经验的整合）、课程内容与学生产生联结（功能性课程的整合）、课程内容与学生所处的生态环境的联结（社会的整合），以增加学习的意义性、应用性。例如，当用布偶来呈现一个故事时，可包含写、阅读、唱、剪、说、舞蹈扮演等活动,这个活动也可和其他学科或活动做联结。又如,当教学主题是"月亮",教学重点着重在月亮及天文时,内容虽以自然课为主,可以在语文课时谈到描述月亮的诗及故事,社会课时讨论不同国家的人如何过中秋节及庆祝中秋节的习俗,数学课时讨论形状及分数,如此就可以拉开课程的广度,减少科目的界限,增进不同程度学生学习的机会,让学生在较弹性的活动中发展学习及合作的技能。

◎以学生为本位

融合班的教学活动是以学生为本位的,而非以教师为中心。通过师生对话,让学生在校习得的学习经验能与家庭和社区生活联结。其中,教师需扮演引导的角色,提供探索的机会,引导学生学习。图11-1阐释了融合班教师引导学生学习的过程。

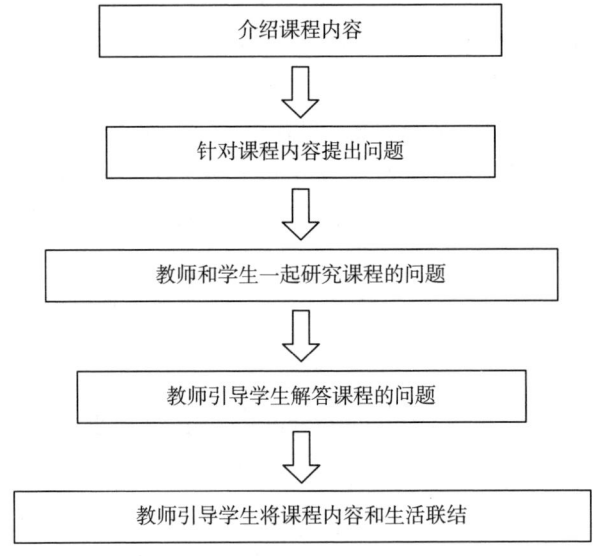

图11-1 融合班教师引导学生学习的过程

◎尽可能在团体中考虑个别需求

在大团体中达到个别的目标,而不是通过一对一教学的方式。大目标相同,小目标不同。如问问题时,问特殊学生简单的问题;作文课时普通学生写作文,特殊学生则用剪报的方式来完成同一指定主题。

◎提供经验学习

提供实际操作、参观等方式,让学生亲自体验教学内容。例如,教到风筝时,让学生放风筝,体验风筝的形状及放风筝的感觉,以加深对风筝的认识。

◎ **强调主动学习**

在融合班的教学架构中,主动学习被视为教师教学能力的一项重要的指标。当教学完全由教师讲授或填鸭、未给学生操作及体验时,就达不到主动学习的目标。换言之,当教学越活泼、师生互动越多时,特殊学生的目标就越容易插入教学流程;如果上课时教师照着书本念,特殊学生的目标就不容易插入。可以提供那些需要有规则可循的学生一份个别化的学习清单、结构化的学习内容,让学生在主动学习时,有时间在不同的小组中移动和分享;或是允许特殊学生在课堂或全班进行讨论时,在教室后面来回地走动。以下是能增进学生主动学习的原则:

· 上课提供学生合作学习的机会。
· 活动的内容或提供的教材适合其生理年龄。
· 学生能积极地学习,把教育经验看成是有价值及有意义的。
· 课堂上不仅要带给学生知识,也要鼓励他们参与课程。例如,主动发问,让学生主动参与,而不是被动倾听。
· 培养独立、互助的能力,以减少不必要的协助。
· 改变概念的抽象程度或是提升内容复杂度,使其进入下一个阶段。
· 将个别化教育计划目标融入教学过程中。
· 与学生现在的知识与经验结合,让学习与现在和未来的生活息息相关;教师的教学风格和学生的学习能力契合。
· 允许不同的参与方式,依照学生的兴趣及能力提供练习机会。可以给予每个学生适度的挑战,在学生学习新技能时提供适度的支持。有些学生需要写下来,有的需要一再讲解概念,有的需要用肢体动作来表现他们所学的内容。提供许多学习的方式及机会,让学生实际学习教师呈现的教材。

◎ **采用交互式教学以增进学生间及师生间的互动**

所谓交互式教学(reciprocal teaching),是一种通过师生及同伴间的互动以增进学生学习的方法。教师先引导整个对话的进行,并引导学生思考,再让学生慢慢主导整个对话。其过程如下:

老师:这一课在谈些什么?
A 生:在讲火车。
老师:这一段在说些什么?最主要的概念是什么?
B 生:坐火车。我有两个问题:什么是蒸汽火车?蒸汽火车和现在的火车有什么不同?

老师：你要不要看看课本写了什么？说不定可找到你要的答案。
老师：课本是否回答了你的问题？
B生：课本只回答了一部分，只说了现在的火车。
老师：课本其实已讲得很清楚，如第一段中的句子。

◎让学生能主动参与

教师除了采用交互式教学外，还要让学生在学习中愿意参与。增进学生参与的方法有下列几点：

- 讲完约 10~15 分钟后，停下来问学生听懂多少。
- 用问问题的方式，了解学生理解的情况。
- 用写的方式，或停在关键点，让学生完成句子。
- 让学生将问题的答案写下来，或想出更好的答案。
- 分享与讨论每个人的答案。
- 将上课重点做成图或表。
- 讲解课程时提供示范，示范对中间程度的学生通常是最有效的。

◎通过问问题，让学生思考

问问题后给予学生思考的时间，鼓励学生讨论、合作回答问题。即使学生回答得不够完整和正确，教师也要称赞并响应正确的部分，对不正确的地方要厘清想法。学生不理解问题时，教师可改述问题，或是从别的观点发问。若学生不会回答，教师可给予渐进的提示，引导他们想出答案；若学生还是无法想出答案，教师可公布答案，而后请学生用自己的意思来表达。

◎安排重叠式的课程目标（overlapping curriculum goals）

重叠式的教学目标指的是跨领域的教学，在活动中包含不同领域的目标。把特殊学生的目标尽量融入普通教育课程中，将教学内容重组，将过程生动化。例如，上数学课时，教师在黑板上出了一道"小明折了两架纸飞机，再折三架，一共有几架？"的应用题，普通学生就按照一般的方式来学习；至于特殊学生，教师会拿出两架折好的纸飞机给学生看，问特殊学生："这是什么？"即在教学内容中加入"认识什么是纸飞机"的目标，或让其实际地数一数共有几架飞机。教学情境如果少了纸飞机，特殊学生就可能无法参与。上课问学生问题时也可问不同的问题，或是要求学生做不同的事。例如，上数学课"圆与球"这个单元时，教师会让学生用黏土捏出球及圆形，在捏黏土的活动中，特殊学生的目标是训练其手眼的协调，而不是认识圆与球的区别及如何计算其面积，如此特殊学生就可在捏的过程中学会什么是球，也可捏出不同的形状，训练其抓握的技能。

◎ **制定不同层次目标的多层次教学**

当普通班级中有特殊学生时，普通学生及特殊学生一起学习，学生学习的速度及吸收的程度不一，能达到的目标就不同，因此普通学生及特殊学生的教学目标必须是不同的，作业及考试的内容也因学生程度不同而有不同的设计。例如，上语文课时有人在写字，不会写的则将字贴在本子上。让普通学生及特殊学生学习相同材料、但是不同难度层次的目标，我们称这样的目标为多层次目标。又如，打电话时让有些学生照着念的号码拨，有些则拨自己家的电话，表面上大家都在拨电话，但每人拨的内容不同。普通学生及特殊学生必须共同学习的社会性目标则为合作、接纳彼此的优缺点、善用彼此的长处共同来完成教师指定的工作，如此班上每个学生才能经历成功及成就感。

◎ **融合的策略**

融合的策略包括将特殊学生需求融入普通班教学中，在每一段作息定出学习目标，让教学类型多元化，让教学活动化、精致化，给予学生操作的机会，多使用教具、玩具及减少教师口头讲述的时间。

◎ **教师须精通教材调整、课程编排、教学安排、课程目标设计**[1]**，且能同时满足学生的学习需求与社会性需求**

善于运用教学策略有助于教学的执行，然而融合班学生异质性高，不易兼顾普通学生及特殊学生的需要。因此教师除了调整教学技能外，还要调整态度及理念，学生才能适性发展，发挥其潜能。经多年试验，教学内容应尽量游戏化、以活动方式进行，再将普通学生及特殊学生的目标同时融入活动流程中。当活动越有趣时，普通学生及特殊学生的学习目标就越能融合在一起，这也兼顾了普通学生及特殊学生的教学需求。

第四节 融合式教学法

融合式教学法并不是一种新的教学方法，也不是专为特殊学生设计的教学方

---

[1] Udvari-Solner A. Examining teacher thinking: Constructing a process to design curricular adaptations[J]. Remedial and Special Education, 1996, 17: 245–254.

法，是一种对普通、资优及特殊学生都有益的教学方法。在教学方法上多元创新，并且不断为学生改变课程形式、教学材料、分组方式、教学策略与个别化支持方式等，以符合学生需求（黄蕙姿、林铭泉译，2003）。根据上述异质性团体常用的策略，融合班制定了适合融合班情境的教学策略，内容如下：

- 上课给特殊学生机会（如叫特殊学生回答问题）。
- 上课能将特殊学生的目标插入教学过程中。
- 能事先准备特殊学生学习的内容（如事先准备好字卡）。
- 上课能多准备不同的材料（真的植物、塑料植物模型、百科全书、交互式软件等）来教导学生。
- 能在准备一个单元时，思考特殊学生能在这个单元学到什么。
- 能将课本主题拉开拉广，不受限于课本内容。
- 能以活动或实际操作方式进行教学。
- 能给特殊学生适合其程度的家庭作业。
- 能给特殊学生适合其程度的考卷。
- 能给特殊学生适合其程度的课程教材或作业单。
- 能给特殊学生适合其程度的寒暑假作业。
- 教学能为特殊学生选取较具有功能性或实用性的内容（教学内容与生活经验结合）。
- 能将特殊学生的上课内容和家庭作业联结，实际示范如何完成指定作业，并提供文字提示。
- 能将特殊学生的上课内容和考试内容联结。
- 能检验教学是否兼顾普通学生及特殊学生的需求。
- 允许一些学生用站或坐在地板上的方式参与整个课程。
- 课堂上能安排合作小组的活动（普通学生与特殊学生在同一组），并能给予学生有所发挥的角色。
- 在课堂上能安排普通学生协助特殊学生，让学生互相帮助与教导。
- 在下课时能安排普通学生协助特殊学生。
- 考试前会安排普通学生协助特殊学生。
- 能做跨领域或跨科目的教学（如上语文时带入数学）。
- 能与教同样及相关课程的教师合作（如语文教师与自然教师合作）。
- 能按照学生的兴趣与经验设计课程。
- 能有系统地准备课程，而不是上一节准备一节。
- 课堂上能给予学生充分表达的机会。

- 能做教学情境布置。
- 能做奖励卡并执行。
- 每一节课教学能包含激发动机、发展及综合部分。
- 能引导学生思考而不是直接给答案。
- 能平等对待班上每一个学生。
- 允许学生用不同方式，表达他们对课文的了解（如书面测验、画画、口头表达）。
- 当教师在设计分组教学时，先了解学生的情况再做分组安排。

第五节　教师访谈

问：教学上如何兼顾教学方法？

答：在教学过程上，如何把每一个特殊学生的目标带进来，要看这几个特殊学生的特质，哪种方式比较容易参与团体就用哪种教学方法。有的学生用夸奖的方式就很愿意接受，有的学生大概不信这一套，教师就要去摸索他的想法。像孤独症学生会有一些特定的固执行为，情绪起伏很大，这时教师就要去观察学生什么情况下会有情绪的变化，尽量在课堂避免这些因素的产生，像噪声或其他。有的学生不会怕这些因素，可能你带他玩游戏他就会很高兴，所以没有固定的教学策略标准。

问：跟上课内容怎么联结？

答：整个过程会先过一遍，在中间插入特殊学生目标的时候，就能知道在这个地方可以设计一张如什么词语的学习单，或是让学生选词填写；若是学习比较弱的特殊学生，可能就是连连看，利用各种不同的形式。在插入目标的同时，教师也会顺便想到这时候学生可以做什么样的练习、做什么样的学习单，然后再去设计。设计完了之后，通常考虑大概是平均每课几张学习单，因为不能今天设计很多、明天设计很少，一堂课大概一天一张学习单，不要造成学生很大的负担，所以大概会在量的上面抓一下，内容在设计流程的过程中就可以顺便设计出来。

问：有什么方法可以兼顾特殊学生和普通学生上课时的需求？会运用哪些策略？

答：班上一定会分组，目的就是合作学习，教师会用到这个方法，再分组讨论，分组要完成的活动会让学生合作，合作时就会有同伴的协助。教具方面用得比较少，提示是一定会用到的，会给特殊学生较多的提示、示范，或是请普通学生带领他们。因为学生已经习惯这种方式，所以两者都能专心学习。因为学习的需要，特殊学生会用到比较多的教具，如字卡、白板，上课可以随时提醒他们写字卡。如果用课文海报的话，需要学生来指字，通常会请特殊学生上台，让其能够更专心地指字，也让普通学生可以坐在下面更专心地学习。合作、分组时，给特殊学生、普通学生不同的目标，在同一个活动里面，普通学生自己要理解了才能教特殊学生，教师会教普通学生一个指导同学的方法。另外就是示范，特殊学生模仿，模仿别人的方式，如再说一遍、问一个相关的问题。教师给普通学生的问题是比较难的，给特殊学生的就是比较简单的问题。

问：最常用和最少用的方法？

答：提示的方式会用一对一，若是小组教学就会用合作学习还有同伴协助的方式；最少用的方式是教具，像大组的语文，一些学生到高年级的突破点是抽象的思考能力，因为具体的操作能力都具备了，所以这方面较少用到教具。

问：如何让学生主动学习？

答：上课让学生一起学习有关语文的东西，先写然后分享，也常念给他们听。若学生写的作文很棒，可以把它整理起来，毕业的时候就把每个单元的写作编成文集，让他们自己画画，然后送给他们，我喜欢带给他们这种观念。我也会注意学生是否专心，但是不会特别要求坐得很正，会比较注重给学生如何去学东西的观念。你认识这个东西，你很想要表达自己的心得、想法给别人听，讲你知道的东西给别人听。让他们自己去准备，让他们互相交流或者去思考。我会给学生一个观念，生字和词语老师不会教，因为那是自己可以学的东西，每个人都可以自己学，而且每个人认得的生字和词语都不太一样。有些人读得多他已经懂了就不用去查，有些人不懂就要去查，当成作业自己学，我只要从他们的作业去观察就知道他们有没有做到。

问：特殊学生专注的时间比较短，但是一节课还是40分钟，当他无法专心的时候怎么处理？没有办法专注这么长的时间，其他的时间如何安排呢？

答：通常一节课教师会安排不同类型的活动。这些活动特殊学生是可以参与的，还可以转移他的注意力，若这个没兴趣了，就再换一些不同的，让他觉得每一样东西是新的，就会有兴趣再做下去，教师允许特殊学生失去注意力的时候去做一些其他的事情。其实特殊学生的目标有很多种，光是坐在椅子上20分钟就是一种目标，不一定是学科方面，有很多是生活情境上的目标，可以在这堂课达到。

问：因为是和普通学生一起上课，普通学生的课程对特殊学生而言，会不会比较没有吸引力，动机比较薄弱？如五年级下学期"生物的分类"，学这些对特殊学生有用吗？

答：特殊学生绝对有他的目标可以学习。我们可以不用学习生物的分类，但我们可以去认识一些生物和它的特征，或是这堂课里特殊学生可以学习和同伴一起搜集资料。教师不会去想他们学这些有没有用，想这么多是限制他们，没有人知道什么东西对他们而言是真正很有用的，因为我们的认知会和实际上有很大的差距，如果事前就想很多关于什么对他们有用或没有用，最后就会发现那他们到底要学什么？其实先不要去设限，而是从另外一个角度去想他可以学到什么，除了那些我们知道他可以学到的东西，再加上一些我们事先不知道的，这样无形之中他就会学到很多东西，整个加起来，整个学期特殊学生会学到非常多的东西。

问：若课程学生没有兴趣或无法吸引其注意力，会如何处理？

答：这时教师会和学生谈谈，让他们自己看自己。教师会把课程写出来和他们谈他们无法注意的原因是什么，是课程没有顺序？还是生理状况如太热了？或是心情浮躁如刚刚下课去打球，回来心情很浮躁？或是教室干扰太大？或是自己情绪、心情不是很好？教师会做一个了解，也让学生学会自己看自己，知道影响自己学习的因素是什么，这样就会比较专心一点。秩序部分，通常是太有兴趣了，秩序就会很乱，教师就会要求学生遵守秩序。基本上，如果没有办法吸引注意时，就会让学生做活动，请学生上台回答，看到其他学生上台，特殊学生就会比较专注。

问：在教学上，如果学生上课不能集中注意力或没有兴趣，教师该如何做调整？

答：这个其实是对教师最大的挑战，如果不能引起学生的兴趣，当然是要先反省自己的教学是不是出问题，可能是设计得不够活泼，或是刚好不适合学生的学习方式，就要思考用什么方式会让他们注意力更集中。但是有一些学生有特殊的问题，如精神不能集中或是坐不住，如果不是教学上的问题，教师可能就会考虑使用一些行为改变策略，让学生自我控制能力可以越来越好。

如果学生没有兴趣，没有办法吸引他们的注意力的时候，通常教师会改变教学方法，如带活动，或适度提醒学生，或是讲故事给学生听，让他们更有兴趣。比较容易分心的学生，会把他的位子调前面一点，也会找机会让他能够上台操作。

第十二章　课程与教学调整

综合普通教育及特殊教育的趋势，教学环境越常态化、正常化时，学生间的个别差异就越大，教学的难度自然也越高，教师能否在这样一个异质性团体中做到因材施教是关系融合教育能否落实的关键。具体而言，当班上很聪明的学生、普通的学生及智力较低的学生共处一堂时，在教学上若只能兼顾某一类学生而忽略其他学生的需求时，这个班级就无法管理下去。因此教师需要根据学生的需求调整课程，而不是将聪明、普通及智能不足学生分成三组，名为一班，实为三个班。目前国外流行异质性团体分组，将不同程度的学生放在同一小组，要求教师能在同一时间做出不同难度的教学，即进行教学调整。

第一节　何谓课程与教学的调整

课程与教学调整指的是应对学生的个别差异和需求而有不同的课程与教学设计，课程与教学调整常是互为表里，互相影响。以下将分别介绍课程调整与教学调整。

一、课程调整

一般而言，课程调整（adaptations）指的是调整课程目标、内容、组织与过程及对学生学习表现的期待（包括学习成果、作业及教学目标），可细分为课程调适（accommodations）与课程改变（modifications）。课程调适指的是给予辅助工具和支持，以协助学生达到与班上大多数同学相同的成果。课程调适会改变学生学习的路径或是学习结果展现的方式，但是不会变更学习目标或学习结果，如采用口述试题、学生口述他人代写答案、用计算机软件报读、教材转换成点字或提供扩音器等方式。课程改变则是指变更学生应该学习的目标、内容或对学习结果的期望，如减少学生应掌握的生字量、容许学生写出重点大纲而非写出全文。

课程调整包含：

- 补充式课程：增加部分内容，如学习策略、社会技能等。
- 精简式课程：改变课程内容的难度或减少部分课程的内容。

·替代式课程：更换课程内容，针对学生个别需要设计课程以提供更具功能性和实用性的教材。

·特殊化课程：功能性课程、学习策略课程、自我管理、自我决定、社会技能和问题解决课程等。

二、教学调整

教学调整指的是调整教学方法、语言、地点、空间、教学时间、教学人员和分组（调整团体大小）、策略、物理环境（如座位安排）、心理环境及行为管理，可依下列四大维度进行调整：学习历程、教学策略、行为、支持结构。学习历程调整指的是根据特殊学生的需要，提供各种能引发其学习潜能的学习策略，并适度提供各种线索及提示；教学策略调整包括提供插图、提示重点增加对课文的印象、使用具体的实例、明确陈述因果关系；行为调整（内在调整）包括教导学习、记忆、阅读的策略；支持结构调整，指的是提供个别协助，增加或减少班级中教师、助理教师、义工或同伴支持的数量。综合来说，教学调整可分为五个要素：环境、学习程序（教学时间、速度与数量）、作业及评估、教材教法（教学内容的呈现及材料）及结构与支持（教室中行为的管理），教师调整教学时从上述几个要素着手再根据数量、时间、难度及参与度来调整。以作业及评估为例，教师需思考哪些作业及评估是所有学生都应学习的，哪些是特殊学生能做的，而后再从下列八个方面进行调整：

·数量（学习或完成的作业数量）：缩短作业的长度。

·时间（完成作业或评估的时间）：延长完成作业的时间。

·输入：改变教学内容的呈现形式或复杂度。

·输出：改变学习反应的形式或复杂度。

·难度：改变内容难易度。例如，使用概念简单、能引起学生高度兴趣且容易阅读的文章以降低难度。

·支持：增加或减少班级中教师或同伴支持的分量。

·期待：改变对学生学习结果的期待。

·参与度（学生参与学习活动的程度）。

教学调整又可分为：

·教学刺激（输入）的调整：改变教学刺激及材料的难易度和分量、呈现形式及格式。通过教学方法及教学材料改变课程内容的呈现形式或复杂度。

·学生反应（输出）的调整：改变反应形式、作业格式及材料。

针对课程、教学所做的调整，又可分为一般的调整和特定的调整两种：

·一般的调整：又称典型或例行的调整，是针对可预期的活动或例行作息所设计的调整，能在长时间内被执行。

·特定的调整：针对特定课程单元、活动来进行调整，会随单元或活动的改变而改变。

总之，通过课程与教学调整可以让学生达到社会化、获得学习的支持及参与教学的目的。

第二节　课程与教学调整的必要性

执行教学的原则对所有的班级都是一样的，不管这个班级全是普通学生或全是特殊学生，或是普通学生及特殊学生齐聚一堂。任教的教师都必须认识到任何班级都有个别差异存在，教师必须愿意依据班上学生的学习需求来调整课程，如此能力不同的学生也能在学校学到一些符合其需要的教学内容，而不是受限于教师教学的能力将一些原本可和普通学生一起学习的学生推到特殊班，视正常化为一个遥不可及的目标。

由于目前现行课程的广度及范围无法适合各种程度的学生，让学生能参与教学及有成就感，因此最需突破的瓶颈应为课程上的调整。最主要的原因是有些学生无法了解教师上课的内容，例如，当教师讲述一段课文，要求学生回答课文中的问题时，可能就有学生完全听不懂讲述的内容而无法回答的情况发生。这个情况常发生在一般的普通班级，年级越高，发生的概率可能越大。如果班上再融入特殊学生，要同时兼顾普通学生及特殊学生的学习就更不容易了。特殊学生学习速度慢，记忆力差，如没有调整课程，学习将每况愈下，虽待在普通班却听不懂，无法参与课堂教学，不但产生挫折感，也视上学为异途，因此课程的调整就显得格外重要。

在教学过程中，教师要不断思考及观察自己的教学方式及学生的学习，如此才能知道是否需要调整教学。为了让教师检查自己的教学决定及设计的课程是否需进一步调整，本书提供下列关于教学决定及课程调整的建议。

◎教学决定

·能提供所需要的课程与教学以促进普通学生与特殊学生的融合。

·准备的教材、活动内容及提供的技能不会使学生觉得受羞辱。

·活动时间的分配须符合学生独特的学习需求。在课程中须设计不同的活动，使学生能融入课程又有收获。

·所提供的协助不需将学生从班级中特别抽离。

・除了要在课堂上给学生练习外,也要让学生在实际生活情境中练习所学的技能,以增进技能的类化。

・一旦决定需训练的技能,就要提供学生足够的练习机会,使其真正习得该项技能。

◎ **课程调整**

・能提供学生间互动的机会。

・能增加学生参与课程的机会及程度。

・降低概念抽象的程度。

・培养学生独立自主的能力(减少需要付费的协助)。

・课程内容能切合学生现在和未来的生活。

・教学能配合学生的学习风格。

如无法做到,教师则需改变教学策略、调整策略或改变部分活动。

课程调整最好是由教师与学生父母一起讨论,或是教师间互相探讨彼此的教学调整技能。下面的问题可协助教师检查自己的教学,以确保课程调整符合所有学生的需求:

＊学生能否不需协助就能主动地参与课程,达到主要的课程目标?

　・是,将课程调整放在其他科目。

　・否,简述希望达到的教学效果,并考虑使用不同的调整方式。

＊改变教学类型后,学生的参与度是否提高?教学类型包括下列几项:

　・合作学习团体。

　・小组／分组教学。

　・学习伙伴。

　・同龄或不同年级的小老师。

＊改变课程呈现的方式后,学生的参与度是否提高?课程呈现的方式为:

　・跨学科课程／主题单元。

　・活动式课程、游戏、模仿、角色扮演。

　・小组探究或探索式学习。

　・经验式课程。

　・社区本位课程。

＊教师改变教学方式后,是否提升学生参与度和理解度?教学方式指的是:

　・调整教学顺序。

・重复重点/提示。
・定时检查表现。
・提供肢体的提示/协助。
・用其他方式来辅助口头教学。

课程调整能增进学生的学习,至于课程调整是否合适与有效、是否符合学生的需求,其指标为:

・特殊学生经课程调整后,能获得及使用重要的或具功能性的技能。学生在处理问题、操作物品等情境时,能运用合适的技能。
・上课时能参与教师的教学。例如,减少不专心的行为并对课程内容有反应,能依指示操作或回答。
・父母对子女的教学及学习感到满意。
・直接观察学生课堂上的学习,如学生未参与,即可借此判定课程需要调整。
・观察其他教师的反应。

第三节 课程调整的原则

课程调整前应先评估特殊学生的身心特质与学习需求,了解学生的起点行为和先备能力,再分析课程目标与学生需求及能力的适配性,依学生个别能力与普通课程的差异决定课程调整的原则及做法。在融合式班级中,课程内容的调整基本是调整目标、活动及材料。当学生残障程度越严重,调整的质与量就越多,甚至调整到几乎看不出和普通学生的课程有何关联。调整的前提是无论课程如何调整,要能增进特殊学生的学习,还能促进普通学生及特殊学生间的融合。课程调整原则如下:

・课程调整是渐进的,从最少量的调整开始,再观察是否需要更多的调整。表12-1介绍五种渐进式课程调整的方式,包括从没有调整到调整最多。
・并非所有学生同样的时间都需要做同样的事。
・对特殊学生而言,参与教学的程度及参与的方式可以和普通学生不同,且这种不同的参与方式是适当的。
・学校安排的课程及活动应视学生的需要调整,特殊学生的学习成功与否,依赖教学环境中能否提供符合其需要的教学目标。
・每个学生都是独特的,依据每个学生的特质做课程调整。
・和教师的要求或规则一致。
・合理可行。
・能增进学生的学习而非羞辱。

表 12-1　课程调整程度一览表

调整程度及方式\科目	无	1 同样活动 同样目标 同样材料	2 同样活动 简单目标 同样材料	3 同样活动 不同目标 不同材料	4 同样主题 不同活动 不同目标	5 不同主题 不同目标
自然	主题：认识爬虫类 ·阅读 ·画 ·认识身体的部位 ·认识爬虫类特征 ·报告	·选择简单的书 ·给予较多的指示			·同学读给特殊学生听 ·用黏土做出蛇的身体（精细动作，完成工作） ·同学报告时用打鼓模仿鳄鱼的心跳	
语文	活动： ·字的组合游戏 ·字的宾果游戏① 目标： 认得字并能玩字的组合游戏			·当教师读出字时，做字与图的配对（图在沟通板上） ·坐在旁边的普通学生在特殊学生做对时给贴纸	活动： 给课文的插图着色	
数学	活动： ·买卖游戏 ·看着图卡买东西 ·找钱 目标： ·知道币值 ·能买卖	给予较少的数学题目	目标： ·钱币配对 ·指认图卡上的数字		活动： 给水果着色	听音频

---

① 字的宾果游戏是利用宾果游戏的规则，在复习或学生状态不佳时，利用 5×5 或 5×5 的表格写生字或生词，教师决定连线数量，适用于各年级不同程度的学生。

- 由学生来验证可行性。
- 调整往往有益于许多学生，对班上学生的学习是有益的，让全班知道适合全班和特殊学生的所有调整。

舒姆、沃恩和莱维尔（Schumm, Vaughn & Leavell, 1994）为应对学生个别差异，提供教师一个教学模式，简称"计划金字塔模式"（the planning pyramid）。"计划金字塔模式"适用学前到小学六年级，可为特殊学生调整课程内容，使其能在普通班课程中学习，符合其个别需求。"计划金字塔模式"建议教师在设计课程时，需将以下四项因素考虑进去：教学主题、学生、教师及教学策略。教师在设计课程前，要思考"所有"学生的学习目标是什么？"大部分"学生的学习目标是什么？"少部分"学生的学习目标是什么？表12-2以主题"时间"为例，列出普通学生的学习目标以及特殊学生的个别需求目标。

表12-2 "时间"主题教学重点、普通学生及特殊学生目标

主题"时间"	教学重点及活动	普通学生教学目标	特殊学生个别需求
时间是什么	能体会与表达时间快慢对每个人的不同感受。 · 聆听诗歌内容，用动作表达节奏。 · 课文结构图：找出重点句。 · 接句练习：时间像……。 · 惜时小语创作。	· 能用本课句型练习仿写短语。 · 能欣赏并朗读作品，感受诗歌的美及节奏。 · 能欣赏其他同学的惜时小语作品，欣赏他人的创意。 · 能了解时间的特性，表达自身对时间的感受。 · 小组讨论完成"课文结构图"。	· 能依乐器节奏做出快慢不同的肢体动作。 · 能配对快与慢的词语和动作。 · 能书写/配对正确的生字。
神奇钟表店	能理解珍惜时光的重要性。 · 生命与时间，相关的影片赏析。 · 时间的诗。 · 修辞赏析。	· 能主动参与沟通，聆听同学的说明和分享。 · 能依主题表达意见并思考说话者所表达的目的。 · 能对同学的发言发表意见。 · 了解课文中句型结构——承接复句、假设问句。 · 看完影片后能写下自己的想法。	· 在引导下能分享时间不够的经历。 · 能做完成句子的活动。 · 能理解影片所表达的涵义。

唐宁和艾兴格（Downing & Eichinger, 2003）认为在实施课程调整时，需考虑如何将特殊学生的需求融入普通课程单元中，表12-3介绍如何进行单元课程调整。

表 12-3　特殊学生在普通教育环境下的课程调整计划

普通课程单元分析	特殊学生需求考虑的因素	特殊学生需求融入普通课程单元
*本课程包含哪些目标？ • 单元的学习目标是什么？ • 我想要学生达到哪些技能？ *学生完成哪些步骤才能完成单元的学习？ • 此课程包含哪些活动内容（列出明细）？ • 这些活动是否与单元目标有关？ *单元活动是属于个别性还是团体性？ • 合作学习。 • 个人学习。 • 团体活动。 • 个别与团体活动并行。 *除了主目标，还需要学习哪些技能？ • 口头报告。 • 写作。 • 测验。 • 上机问答。 • 能以表格或图表呈现。 *完成此单元活动需要多少时间？ *此课程单元需要哪些教材及设备？ *如何评估学生是否通过此学习单元？ • 课程后评估。 • 表演或个人评论。	*符合特殊学生的个别化教育计划目标有哪些？ *个别化教育计划的主要学习领域有哪些课程可以在课程单元中实施？ *针对学生的不同特质是否需要做调整？必须考虑其他必备的技能： • 认知技能。 • 动作技能。 • 沟通技能。 • 社会技能。 *哪些现行课程层式的调整对于特殊学生是最适当的，并能安排在单元课程的不同内容中？ *可以实施哪些课程调整方式？ • 教材内容的改编。 • 给予不同的时间规定。 • 给予不同的作业期望。	*以单元内容为基础，分析个别化教育计划在现行的课程中有哪些目标可以被执行？ *在这些预定的执行目标中，需要做哪些调整或改变？ *若要成功达成活动目标，还需要哪些支持？ • 教学协助。 • 适当的设备。 • 科技辅具的支持。 • 与其他教师合作教学。 *特殊学生的个别化教育计划目标在活动单元中是否安排有意义的方式来达成学习？ *教师如何通过学习单元互相交流关于特殊学生课程的进行？ • 非正式讨论。 • 每周固定会议。 • 每月固定沟通。 *如何确定特殊学生的进步已达到个别化教育计划中的目标？ • 课程后评估。 • 观察。

课程调整并非只是上课给特殊学生一些物品让他不吵就好，而是要做到特殊学生和普通学生一起上课时也能学到适合他学习的内容，下面呈现 10 种较差的课程调整的例子，教师在进行课程调整时应尽量避免。

· 在初中数学课上全班在练习数学，但是其中一名学生却用积木数数。

· 班上同学在看影片，有位盲生被带到教室外，只是因为他看不到。

· 教室座位的安排是五张桌子并为一组，但是有一组只有两张桌子，一个是特殊学生的位子，另一个则是协助他的普通学生的位子。

· 高中某班正在做有关"营养"的报告，其中一名学生却只能对着一盆米和豆子"自行探索"。

· 四年级的学生正在练习在句子中加形容词，但是有一名学生没有参与课程，只是因为语言治疗师还没有把形容词放在她的沟通板上。

·在默读时，物理治疗师把一名学生带到教室后面练习粗大动作。

·因为学生的个别化教育计划中有穿鞋的目标，所以在学生已经准备要上体育课时，教师要求她穿脱鞋子两次。

·因为学生还不会读，因此教师要学生念课文时让她听音乐。

·12岁的学生与二年级一起上自然课，只是因为她的粗大动作仅为二年级的水平。

·只在上说话课时提供特殊学生需要的沟通辅具。

第四节 教学调整的方式

教室里有特殊学生，由于学生的特殊需求，教学方式必须做一些改变。特殊学生学习的方式及速度是不同的，有些需要较多的教学调整，有些则不。一般而言，教学调整须注意下列几点：

·教学调整应该从最少量的调整开始，再观察是否需要更多的调整。

·教学时，针对不同的对象提供不同的指示及步骤。

·改变材料呈现的方式。例如，针对程度较差的学生使用实物作为教学材料。

·改变学生表现的方式。例如，要求特殊学生用口头回答，普通学生用书写的方式表达。

·改变通过的标准。例如，特殊学生只要求做工作的 50%，普通学生必须 100% 做对。

·鼓励特殊学生多操作。

·给予特殊学生主动学习及参与的机会。各种教学活动的设计应有特殊学生可以参与的部分。

·提供辅助设备，使特殊学生能获得学习的机会。

·提供协助。当特殊学生无法独立完成一件工作时，应给予协助，使其能参与教学。

·安排与同伴合作的机会。特殊学生如能参与普通同伴的工作，将比在隔离的环境中学一些非功能性的工作来得有意义。

当课程计划出来时，教师的工作是使教学内容符合教学对象的需要，因此教学内容应从哪些方面来调整及如何执行需在教学前仔细规划，成为教学计划的一环。教学内容包括教学目标、教学材料及教学活动，在融合班不管如何调整，都要和普通班的教学内容契合在一起，形成一个整体。教师可能需要调整教学目标的要求，让教学目标有多种层次（涵盖多个领域或难易程度），或是改编教学材料本身，视需要给予协助，或是增加其他的内容，并和其他的活动衔接，使特殊学生能参与。

综上所述，教师计划及设计教学内容，欲达成课程调整的目的，可以采用下列方法：

◎改变教学呈现方式

尽量使用各种活动和环境，用游戏动作、角色扮演、社区、班级、社会环境来引导学生学习，如安排角落及小组活动。

◎改变环境

改变座位、空间安排及作息，提供学习区及安静的角落，让教室井然有序，并改变班级的规则及陈设，让学生有合适的空间。

◎改变支持结构

改变人力支持的结构，尽量利用联络簿增加学校与家庭的联系，与父母沟通孩子在家学习的情形，或是通过作业单上的家长意见栏与家长沟通教学是否需要调整，并视需要增加人力资源提供给教师或有需要的学生。

◎改变评估方式

在要求学生回答或给学生作业、考试时，视学生需要进行时间（如延长、分段实施等）、地点与方式（如口试、指认、使用科技辅具或专人协助等）等评估形式的调整，或进行内容、题项与题数增删等评估内容的调整，以符合特殊学生的学习需要。

◎改变教学策略

教学时运用灵活的策略以增进特殊学生的参与，有下列几种常用的策略：

- 多使用具体的方式替代抽象的表达。
- 教导特殊学生学习技能，如记忆、背诵的技能。
- 多问问题。
- 让学生重复教师的要求。
- 使用教具给予学生操作机会。
- 让学生有分享及表达的机会。
- 给予示范及指导。
- 多给予范例。
- 给予简单及清楚的口头说明。

◎ **改变教学目标**

特殊学生的教学目标通常和普通学生的教学目标在质与量上有所不同，通过调整目标，特殊学生才能参与学习。因此当特殊学生和普通学生一起学习时，调整特殊学生的学习目标，选择合适的目标，就成了教学调整首先要做的工作。一般而言，教学目标的调整可通过下列四个途径：

1. 从普通课程着手，由普通课程做架构。当特殊学生参与普通班课程时，教学目标就直接取自同年级的普通学生的课程目标，教师再针对特殊学生的需求来调整特殊学生的课程，这个调整随着科目的性质而有差异。例如，一个三年级的特殊学生，其社会课的教学目标部分和班上的普通学生相同，但是某些部分会做较多的调整，如使用较多的图片代替文字的阅读，使用录音机将课文的内容录下，或使用合作学习的方式，由普通同伴协助特殊学生学习，将课文的摘要读给特殊学生听。

2. 课程重点着重于学生的参与。学生和同伴一起参与很多活动，活动的目标并不在于学会科目中的基本技能，而是通过这些活动培养学生的社会、动作及沟通技能。因而当特殊学生参与普通班级的社会课时，最主要的目标是增进特殊学生和同伴的互动能力，进而使用正确的社会技能。当一个班级的一个小组在上"台湾的介绍"时，特殊学生的工作是在协助下帮忙剪图片、搜集材料，并且将图片贴在剪贴簿上。特殊学生并不被期望和其他同伴一样学会"台湾的由来"，而是经过参与小组或团体的活动个别地去学习社会及沟通的技能。

3. 开展功能性的课程。特殊学生的教学目标不是取自于普通课程，而是来自日常生活中最需具备的技能。例如，如何使用金钱去购物、如何看时间及遵守作息，这些对特殊学生而言都是很重要的功能性技能。

4. 将功能性课程或社区本位课程自然地融入普通课程中。例如，将可视化作息贴在教室。

总之，不管教育目标如何调整，都应尽量符合特殊学生及普通学生的需求。在调整教学时，最常使用的技能就是工作分析。工作分析指的是将复杂的技能分成小的步骤，这些小的步骤可以在日常作息中教，也可以利用个别、小组或大团体的时段教，这些小步骤的达成可以让特殊学生达到个别化教育计划的目标。例如，着色的技能可分为握笔、涂鸦、线外着色、线内着色，特殊学生只需完成简单的步骤即可。

以下介绍几个调整教学目标的例子。

1. 自然课。表面上所有学生都上自然课，但每个学生的目标可能是不同的。

如温度计这个单元，普通学生及特殊学生的目标就是不同的，其目标分别为：

（1）普通学生：使用温度计，并依物品冷热读出温度计的度数。

（2）特殊学生A：分辨冷及热的物品。

（3）特殊学生B：说出温度计度数是上升还是下降。

2. 数学课。上数学课时，普通学生及特殊学生同在一组，教学单元为"二位数和二位数的加减"，普通学生和特殊学生因能力不同，为其设定的目标也不同，其目标分别为：

（1）普通学生：能做二位数加二位数的横式加法。

（2）特殊学生：

·能指认教师写在黑板上横式加法中的数字。

·能数数。

·在教师出题时能说出教师共出了几道题。

从上述自然课及数学课的例子可以看出，在进行教学活动时，学生可以有不同的学习目标，教师可依学生的能力设定学生的学习目标。教师在上课时，应想一想特殊学生能从这堂课中学到什么。例如，上语文课，教师在教"具"这个字时，特殊学生能做些什么？学到什么？教师可以先把"具"这个字写在特殊学生的作业本上，让他把"具"贴在写有"具"的那一行中。

◎ 改变教学材料

改变教学材料指的是调整材料的种类、数量大小、内容及材质。例如，将材料放大，或者使用图片及多媒体。此外，在选择材料时应先了解课程的内容，再选择适当的教材或教具。选择教材前要注意：

·学生是否已具备使用此教材或教具的能力。

·教材教具所具备的功能是否与课程目标契合。

·教学材料本身的价钱及质量。

·是否可以改编以符合特殊学生的需要。

当班上特殊学生和普通学生一起学习时，并不需要准备很多特殊的教学材料，大多数教学材料都可以同时适用普通学生及特殊学生，只要教师具备巧思与巧手，就可将现有材料改编以符合特殊学生的需求。在一般的教学情境，每个学生学习的方式及速度都不一样，因此欲要成为一名教师，必须具备改编教材的能力。当学生程度好时，教学材料就要难些、多些；当学生程度差时，就要准备简单一些的材料；当学生间的程度差异很大时，准备的材料就要多样化，有难也有简单的材料，给予学生较多的选择。

◎ 改变活动难度

通过游戏或具体呈现的方式降低活动的难度。例如，讲解课文时，用图片呈现或是放大图片。

通过教学目标的调整、教学材料的改编及活动的改编等方式，让教学内容得到调整以符合特殊学生的需求，是维持融合班生存的不二法门。唯有特殊学生及普通学生都能从上课中获益时，融合班才能称为真正的融合，而不是只能做到社交上的融合。

第五节 课程与教学调整实例

根据以上课程调整方法，课程与教学调整实例如下：

一、六年级

- 在开始一个新单元时会讲一个故事或播一段影片激发动机（数学、英语与社会课）。
- 举生活中的例子，建构学习议题。例如，特殊学生喜欢汽车，所以学习单设计为数汽车的停车场管理员角色或卖汽车等活动（数学课）。
- 课程中一直留意特殊学生的专注情况，若有分心则会口头提醒，唤起注意（数学与社会课）。
- 设立记分板鼓励答题并提升答题正确率。
- 全班一起上课时针对特殊学生设计题目，让特殊学生有表现的机会，增加其参与度（社会与英语课）。
- 由教师营造普通学生与特殊学生一同游戏的情境并进行互动。普通学生学会协助、指导特殊学生；特殊学生学会游戏规则、轮流、等待、有礼貌与不发脾气（下课时间或角落课）。
- 合组上课时，请普通学生帮助特殊学生，特别是在活动或游戏中增加特殊学生学习成功的机会（社会与英语课）。
- 上课如遇到划重点与抄写笔记的情况，教师会请普通学生帮助特殊学生。教师会到座位巡视，视情况放慢速度并留意特殊学生是否跟上。
- 简化作业难度，减少作业量。多用字卡、图卡，反复地加深记忆。
- 利用纸笔书写、仿写以及默写（26 个英文字母的认读）。
- 评估采用多层次的方式（英语评估）：

（1）能用口语陈述某物。
（2）能听辨某物。
（3）能跟述。

·综合活动中将课程设计成学生感兴趣的游戏、闯关或买卖活动（数学课）以及合作烹饪（英语课）。

·与家长保持联络，关心特殊学生家庭作业上交及完成情形，视状况随时调整（数学与英语课）。

二、二年级

·在课堂进行中随时观察特殊学生的学习状况，并给予适合的学习内容，搭配适合的学习单作为课后复习。例如，特殊学生握笔不稳，有书写上的困难，教师会将原本需要书写的作业改成用贴纸粘贴的方式完成；特殊学生有理解上的困难，当普通学生写需要创意的学习单时，教师会将作业改成填空或连连看的方式帮助理解。

·特殊学生容易在上课的时候注意力不集中，因此教师会适时地在课堂中问问题，以提高课程的参与度。

·课堂进行的游戏会先请普通学生进行示范，让特殊学生先观察同伴进行游戏的方式，再让特殊学生上台参与游戏。

·低年级需要较多的视觉提示作为辅助，因此上课时除了搭配课程目标之外，有时也会播放和课程相关的影片与图片增进理解。

·根据特殊学生的能力程度，在小组讨论中给予适合的工作，让班上每个孩子都是有事情做的。

·课程的内容尽可能与学生的生活联结，让学生更能吸收课堂知识。

·特殊学生在学习上的表现没有问题，却容易因为考试或玩游戏时得失心过重导致情绪上有剧烈的反应，如开口骂人、生气、哭。这时候教师会让特殊学生先冷静下来，再告诉其行为让教师以及同学感到不舒服，希望他能够好好处理自己的情绪。

三、其他年级

表 12-4　其他年级课程与教学调整实例

项目	例子
教师会依据特殊学生的学习需求调整课程内容	• 依其能力及学习优弱势，安排功能性、实用性的个别化课程。 • 降低课程要求难度，为特殊学生准备个别操作性教具。教导特殊学生指认图片、圈出重点，学习基础生活知识和技能。 • 找到学生起点能力，并根据其课程可参与的部分设计课程。
教师会依据特殊学生的状况调整课堂教学策略	• 找出课程可操作的部分，让每个学生可以操作参与，如测量教室长度、体育馆面积。 • 为特殊学生准备个别操作性教具。教导特殊学生指认图片、圈出重点，学习基础生活知识和技能。 • 小组合作学习，鼓励普通学生、特殊学生间的相互协助与提醒，强调教学相长对彼此学习的益处。 • 设计活动式学习，如问卷调查或主题海报，让每个学生分工合作。
教师会依据特殊学生的需求实施弹性上课方式（如个别指导或分组教学）	• 依照课程及活动设计安排小老师、个别指导、同伴指导。 • 特殊学生需个别指导的，教师会另外协助。 • 语文、数学课都有分大小组上课的安排，符合学生最大的需求。
教师会用各种教学媒体材料协助特殊学生学习	• 利用平板电脑、桌游、计算机软件、教具来配合教学，达到教学目标。 • 依照学生吸收知识的状况，随时评估，调整教学。
教师会依据特殊学生的学习状况适度调整作业难度与分量	• 平日会调整作业难度。 • 调整考卷，一个班级同科目有四份以上不同的考卷是常见的事。 • 降低难度，加入图片和说明，必要时，选出、贴出、连出相关答案，替代文字书写，并请家长协助学习。
教师会依据特殊学生的状况教导其学习策略	• 对缺乏组织能力的，指导其组织的方式。 • 手指跟读，避免跳字落行。 • 圈重点、念重点，了解主要内容。 • 用纸条提醒事情的操作顺序。 • 放开思想，让学生或同伴分享做好一件事的方式。
教师会依据特殊学生的需求调整教学情境	• 调整座位并每个月换一次，让每个同伴都有接触互动的机会。
教师会采用适合学生状况的多元评估方式	• 降低试卷难度，书面评估会减少题数。 • 减少选项，加入图片提示，加入引导语句，填空题加入选填项目提示，增加连连看、贴一贴或二选一题型，或请助理教师给予必要指导。 • 操作评估常与小组合作评估结合，请普通学生给予特殊学生提示或引导。

续表

项目	例子
教师能营造特殊学生与普通学生融洽相处的班级气氛	• 小组每天轮写聊天本，分享话题与想法。 • 每人提供一本书，全班每周轮读，写下心得并分享。 • 每周五晨会时间，每人对他人进行感谢／表扬，并分享小点心。 • 设计身心障碍体验活动，让学生间更能互助。 • 教师身体力行，友善公平地对待特殊学生。
教师能针对特殊学生的问题行为采取适当的干预方法	• 了解学生特质，提供适性干预方式。 • 分析行为背后原因（A-B-C），了解动机加以处理。

第六节 家长对教学调整的看法

教学调整指的是教师根据特殊学生的能力，在上课方式（在上课过程中有技巧地插入特殊学生的学习目标）、作业内容及考试方式三方面做调整。教学调整是融合班成功与否的重要指标，也是教师必备的技能。然而家长常希望自己的孩子跟得上学校的进度，要求教师给予孩子和普通学生一样的教学内容。为了了解家长对教学调整的看法，特请家长在学期开始时根据孩子的能力勾选教学调整的方式，作为教师调整教学的参考，填答结果如表12-5所示。

表12-5 教学调整问卷整理

科目	上课安排		作业安排		考试内容		其他调整	
语文	与普通学生相同	12	与普通学生相同	8	与普通学生相同	8	多使用图片	13
	上课给予机会	㉒	减少分量	⑳	降低难度	12	放大	6
	在上课过程中插入特殊学生的学习目标	20	允许用口头或其他方式	14	减少分量	13	教导学习技能	㉓
	其他	3	改编成另一种作业（另出）	18	给予较多协助	⑰	让学生重复教师的要求	17
			允许较长的交作业期限	12	允许用口头或其他方式（如电脑）	10	使用教具给予学生操作机会	18
			其他	6	改编成另一种（另出）	16	让学生有分享及表达的机会	19
					允许较多犯错或拼错字	2		

续表

科目	上课安排		作业安排		考试内容		其他调整	
语文					允许较长的作答时间	12		
					内容一样，改变题型，如选择题或简答题	13		
					其他	4		
数学	与普通学生相同	7	与普通学生相同	7	与普通学生相同	7	多使用图片	10
	上课给予机会	⑳	减少分量	13	降低难度	17	放大	7
	在上课过程中插入特殊学生的学习目标	⑳	允许用口头或其他方式	10	减少分量	13	教导学习技能	㉒
	其他	3	改编成另一种作业（另出）	⑲	给予较多协助	⑱	让学生重复教师的要求	15
			允许较长的交作业期限	8	允许用口头或其他方式（如电脑）	9	使用教具给予学生操作机会	适性
			其他	4	改编成另一种（另出）	13	让学生有分享及表达的机会	14
					允许较多犯错或拼错字	1		
					允许较长的作答时间	10		
					内容一样，改变题型，如选择题或简答题	6		
					其他	2		
自然（生活）	与普通学生相同	⑫	与普通学生相同	10	与普通学生相同	6	多使用图片	12
	上课给予机会	11	减少分量	6	降低难度	9	放大	3
	在上课过程中插入特殊学生的学习目标	⑫	允许用口头或其他方式	10	减少分量	6	教导学习技能	⑭
	其他	1	改编成另一种作业（另出）	⑫	给予较多协助	⑯	让学生重复教师的要求	12

续表

科目	上课安排		作业安排		考试内容		其他调整	
自然（生活）			允许较长的交作业期限	4	允许用口头或其他方式（如电脑）	8	使用教具给予学生操作机会	⑭
			其他	1	改编成另一种（另出）	9	让学生有分享及表达的机会	12
					允许较多犯错或拼错字	2		
					允许较长的作答时间	6		
					内容一样，改变题型，如选择题或简答题	6		
					其他			
社会	与普通学生相同	⑭	与普通学生相同	9	与普通学生相同	8	多使用图片	10
	上课给予机会	9	减少分量	7	降低难度	9	放大	4
	在上课过程中插入特殊学生的学习目标	11	允许用口头或其他方式	⑪	减少分量	5	教导学习技能	11
	其他		改编成另一种作业（另出）	9	给予较多协助	⑪	让学生重复教师的要求	⑫
			允许较长的交作业期限	3	允许用口头或其他方式（如电脑）	2	使用教具给予学生操作机会	10
			其他		改编成另一种（另出）	9	让学生有分享及表达的机会	13
					允许较多犯错或拼错字	2		
					允许较长的作答时间	6		
					内容一样，改变题型，如选择题或简答题	7		
					其他			

备注：圈起来的数字表示该调整是该科选择最多的项。

第七节　特殊学生课程与教学调整

　　真正的融合教室会让每个学生都有贡献，每个人都可从别人身上学习。如果教室有特殊学生，教师不但要针对学生做课程调整，更要让特殊学生不错失和同伴学习的机会，给予学生不同层次的协助，并借由同伴进行学习。教室里的每个成员（不论任何年纪）都是融合的目标之一，教师应确认教学是支持而不是阻碍学生的学习。课堂上教师可以准备范例把抽象的概念具体化，提供学生视觉的协助及示范，这样特殊学生就可以参与调整后的课程，接收教师传递的信息，而不被隔离于主要课程之外。将特殊学生融入普通班须做到五个步骤：

　　1. 决定优先课程。课程内容必须是特殊学生现在或未来需要的。

　　2. 决定对特殊学生有利的教学模式——活动式教学（如直接教学法就不适合听力障碍学生和视力障碍学生）。

　　3. 调整教材。教材须符合课程主题与个别化教育计划目标。

　　4. 允许不同程度及目标的学生在相同活动中，用各种方法获得必要的知识。当普通学生和特殊学生目标不同时，并不需分开来教，而可通过同一活动来进行。例如，在丢骰子的活动中，普通学生记录每次丢到的数字，并根据数字决定跳几格，特殊学生则是练习丢就好，因而在这样一个活动中可自然地达到普通学生及特殊学生的需要。这个原则同样可适用在普通学生及特殊学生一起学习的教学情境。

　　5. 提供有意义的教学。普通班课程对特殊学生又困难、又太抽象深奥。所以除了核心课程外，教师必须决定特殊学生最需要哪些方面的课程，并使用旧经验学习新知识，当教师了解学生的兴趣、经验及优势，就可以设计出对学生最有意义的教学。例如，让学生试着说或写简单的句子，将句子加上图示，配合实际操作，阅读简单的信息，完成句子，提供写的机会；辨别数字、比较数字及计算物品价钱，将数字应用在生活之中。调整对特殊学生的学习来说是不可或缺的，能确保特殊学生参与核心课程。表 12-6 是教室进行各种课程时应该做的调整，以使特殊学生参与学习。

表 12-6　教室课程调整

教室发生的事情	如何调整
讲课	视觉提示、示范、简化、提供主要概念
大团体讨论	学生回答时给予提示

续表

教室发生的事情	如何调整
课堂作业练习	提供学习指引或笔记、选择适当的练习题
小组/小团体学习	倾听
打扫	依照身体能力部分或全部参与

需要特别注意的是，即使特殊学生的心理年龄可能停留在学前或小学阶段，设计的课程活动以及活动中所用的材料一定要"适龄"，要使用圆珠笔、马克笔取代蜡笔或是贴纸，也应从符合团体年龄的杂志中选择图片，支持学生真正的年龄身份，切勿使用幼稚的方式，才不会造成负面效果，也能促进学习（李淑玲译，2011）。

唐宁（Downing, 1996）认为只要给予机会及做好课程与教学调整，特殊学生都可融合至普通班级。

第八节 教师访谈

问：课程设计的时候如何兼顾普通学生和特殊学生？怎么调整课程让特殊学生都能参与？

答：第一个要先了解学生的程度在哪里、需要的是什么。开学的时候要拟个别化教育计划，这时要考虑目前他们所要学的东西是哪些，再来是调整上课的材料和上课的方式。

问：设计课程如何兼顾普通学生和特殊学生的需求？

答：教师在要上这堂课的时候会很清楚知道普通学生的目标是什么、特殊学生的目标在哪里。教师会针对他们的目标去找适合他们的教材。

问：有设定目标，如何去评估？

答：课程结束后，教师会开始评估在上课时学生有没有做到他应做的部分。有时教师在课程当中就会调整，在学生不能达到所预期的目标时，可能就会再降低难度，或是减少数量。

问：设计课程比较困难的部分，是资料的搜集，还是作业单的设计？一般以教科书为准，教师自己会不会再设计一些活动，或主要的调整在什么地方？

答：大组和小组不一样。如果在大组，基本上以课本的活动为主，在课堂里会改变进行的方式，有时有合作学习的方式，会有比较多的操作；或是特殊学生有一些辅助的东西，他的课程或课本的调整会比较少，和普通学生的差异不是那么大。如一个课本的活动，教师会去思考这样的活动是不是每一个学生都可以参与，如果不是，教师就会做调整，调整课程或上课的进行方式，让特殊学生都能参与。小组里面调整就很大，虽然主题是一样，如时间的教学，大组要教分和秒的换算，而小组只要认识时钟。

问：年级越高，课程越抽象，特殊学生越来越难切入，会不会整堂课40分钟给特殊学生实际学习的空间不大？课程设计上会不会有这样的困惑？

答：越抽象就越难理解。在课程里面，一个学期不会全都是抽象的课程，会安排一半一半，穿插调整。有些单元特殊学生就很容易发挥、参与，如果是大组里需要讨论的部分，他可能就比较难理解。

第十三章 如何在融合班执行个别化教育计划

在融合式班级，班上有较多的普通学生，不可能为了特殊学生的教学而不顾普通学生的学习，特殊学生学习的内容也不可能与普通学生的课程各自为政，否则无法一起学习。因此制订特殊学生个别化教育计划时需考虑这个计划是否与普通班课程契合，也就是要在普通课程的架构下列出特殊学生学习的内容，制订一体化的个别化教育计划。以下将逐节介绍融合班如何制订及执行特殊学生的个别化教育计划。

第一节 融合班学习经验

融合班制定个别化教育计划目标，主要是根据吴淑美 1998 年制作的学习经验检核表，学习经验检核表中共列有十一类学习经验，每类再细分为几个项目。这些学习经验都可视为长期目标，可据此拟订出短期目标。根据学习经验检核表制定长短期目标的做法如表 13-1 所示。

表 13-1 制定长期目标和短期目标的做法

长期目标	短期目标
一、数 1. 会计算（如加减乘除）。 2. 会使用测量工具。 3. 会辨认及使用钱币。 4. 会买卖物品。	一、数 1.1 能做 20 以内的分解。 1.2 能用实物做一位数加法。 1.3 能用实物做一位数减法。 2.1 能使用体重计。 3.1 以 1、5、10 元的纸币组合 25 元。 4.1 选购和是 25 元以内的食品（两件）。
二、分类 1. 探索及标明每样事物的特性名称。 2. 用各种不同方法来操作及描述事物。	二、分类 1.1 能描述自己喜欢的食物名称。 1.2 会将玻璃瓶、饮料瓶、易拉罐等垃圾进行分类。 2.1 会开封各种罐装、盒装的食品、饮料。
三、时间 1. 会使用时钟、日历。 2. 能依照课程表或作息表作息。	三、时间 1.1 认识时间：时、分、秒。 1.2 每天撕日历/知道当天日期。 2.1 会看联络簿写作业。

续表

长期目标	短期目标
四、空间 1. 有经验及描述人、事、物动作的方向。 2. 认识周围环境（如教室、学校、邻里）中各种事物的位置及关系。	四、空间 1.1 能指认/说出科任教师和班上同学的姓名。 2.1 能指认/说出校内其他场所的位置/用途。
五、听及理解 1. 倾听。 2. 理解并遵守指令。 3. 能理解看到的图。	五、听及理解 1.1 上课时能安静聆听20分钟。 2.1 上课时能安静坐在座位20分钟。 3.1 能理解男女厕所的标志。
六、说 1. 会做选择并说出自己选择的人、事、物。 2. 会要求（如物品、食物、活动、协助）。 3. 会召唤他人（如会以手势或语言召唤他人）。 4. 会拒绝（如会表示要停止某些事，或不要某些事发生）。 5. 会向别人打招呼。 6. 会使用电话。 7. 会提供个人身份资料（如姓名、地址、电话号码）。	六、说 1.1 主动说出自己的需要。 2.1 向他人借东西时能提出请求（不用抢）。 3.1 能呼唤教师或同学的姓名。 4.1 拒绝时，会说"我不要"。 5.1 见面会主动跟熟悉的人说"×××好"。 6.1 会说出家里的电话。 7.1 会说出自己的资料。
七、阅读 1. 认识及会读常见的符号（如交通标语、洗手间、文字）。 2. 能主动阅读并从阅读中获得信息。 3. 会阅读及使用媒体资源（如报纸、电话簿、字典）。	七、阅读 1.1 认识交通标语。 1.2 认识洗手间。 2.1 能自己读完一本书。 3.1 能自己阅读报纸。
八、写 1. 会写出个人资料。 2. 会写字、词语及句子。	八、写 1.1 会写出名字。 2.1 会写看到的汉字。
九、经验及想法表达 1. 把自己的话记录下来及读出来。	九、经验及想法表达 1.1 把自己的话用录音机录下来，放出来听并做补充。
十、照顾自己的需要 1. 能使用合适的杯子喝水。 2. 能使用合适的餐具进食。	十、照顾自己的需要 1.1 能拿着双耳的杯子喝水。 2.1 用餐不挑食。 2.2 用餐时能不用手抓食物。 2.3 不吃掉在地上的东西。 2.4 能在餐后收拾自己的桌面。 2.5 会使用纸巾擦手、嘴。 2.6 会使用筷子夹菜、吃饭。

续表

长期目标	短期目标
3. 会选择合适的衣服穿。	3.1 会拉上和解开拉链。 3.2 会扣上和解开扣子、暗扣。
4. 会如厕。	4.1 会使用蹲坑。 4.2 会表达出如厕的意愿。 4.3 大小便后自己处理干净。 4.4 会辨认洗手间和上厕所。
5. 会注意自己的清洁卫生。	5.1 不挖鼻涕和使用卫生纸擦干净。
十一、社会学习 1. 能接受他人的协助。 2. 能与他人分享。 3. 能和他人一起玩或一起工作。	十一、社会学习 1.1 能接受小朋友的带领，做任何事。 2.1 会把东西给小朋友分享。 3.1 能和小朋友一起工作。

第二节 发展及拟订个别化教育计划

一、制定目标

经过课程评估（评估内容和教学内容相关），找出学生的长处与短处，从学生尚未完全掌握的能力开始教，并以此制定教学目标，将其列入个别化教育计划中。目标分为长期目标及短期目标，长期目标再分成数个短期目标。以领域中的重要技能为长期目标如增进数学领域的运算能力，拟订学年和学期教育目标时可以从实际年级的指标选择，参考同年级要达到的能力指标，或直接采用相同的能力指标，但要依学生能力及需求调整。短期目标包括行为发生的情境、可观察及评估的行为、达到标准（比例或次数）三个要素，例如，小明能在听到铃声响时进入教室，10次中能做到9次。在台湾，一学期至少要告知家长三次评估结果，教师可根据此标准评估学生在一段时间里可完成多少短期目标。将所选的能力指标更加具体化，使其可评估、可观察，且确保学生在一年内有可能达成。

融合式班级个别化教育计划依据詹格雷科、克洛宁格和艾弗森（Giangreco, Cloninger & Iverson）提出的"给予孩子选择和调整的课程（choosing outcomes and accommodations for children, COACH）"模式。COACH采用生态评估，提供在融合环境下特殊学生所需的课程内容，包括普通教育课程、跨环境的技能、特定环境的技能。COACH的个别化教育计划目标优先考虑家庭的观点，以家庭为中心，强调家长参与、团队合作及问题解决策略。融合班依据COACH将目标分为跨情境目标

（技能）、作息目标及课程目标三种，以下将逐一介绍这三种目标。

（一）跨情境目标

所谓跨情境目标（技能）指的是在教室很多情境都需要学习的目标（技能），主要根据融合班学习经验制定，跨情境目标如表 13-2 所示。

表 13-2　跨情境目标

领域/科目/作息	目标	时间/地点	评估	备注
跨情境	• 进教室能主动和同学、教师打招呼。 • 对于陌生人能有正确的态度（不要太热情）。 • 进教室前能将鞋子摆好并换上室内鞋子。 • 经过提醒能做好清洁工作。 • 能用语言表达现在的感受。 • 能主动参与班上的活动。 • 能主动找同学玩。 • 能按照课表拿出上课的课本。 • 能按照课表到上课的地点。 • 上课时能坐在位子上。 • 能遵守班规。 • 上课时能遵守教师及组长的指示。 • 能控制自己的情绪（不发脾气）。 • 能主动收拾工作柜。 • 能协助需要帮忙的同学。 • 能快乐地和同学游戏。			

（二）作息目标

作息目标是在某段作息特别需要学习的目标。为什么作息目标很重要？是因为作息是例行的、每天都要做的，如每天要吃饭、做选择、和别人互动等等，每个人每日的例行活动都有共通性及连续性。每日例行活动包括四个要素，首先是开始，其次是为当天的例行活动做准备，第三是最主要的——例行活动的核心，最后是结束例行活动。每日例行活动都可包含这四个要素，下面将以每天早上晨读时间"日历"活动来说明这四个要素。

1. 开始：参与团体，坐在位置上。
2. 准备：拿出日历的材料（如铅笔、色笔、日历）。
3. 核心：在日历上划掉今天的日期，说出今天的日期，讨论今天要做的事和期待。

4. 结束：收起材料，准备转换到下一个活动。

这四个要素也可应用于其他例行活动中，如在午餐例行活动时，四个要素如下：

1. 开始：指出课程表上面的午餐时间。
2. 准备：午餐用具（如餐盘、汤匙）。
3. 核心：会自己打菜及说出"多一点"。
4. 结束：和同伴一起丢午餐垃圾。

在为特殊学生设计个别化教育课程时，也要将例行活动列入个别化教育计划中，考虑每天例行活动中哪些要素需要提供支持。例如，给予开始时的提示、针对准备这个要素提供必需的材料、按照教学顺序提供核心要素及带领学生结束活动，总之要通过这四个要素来增进学生的发展。

在每天日常的例行活动中可以教很多东西，比一次教单个技能来得有效。例如，借由吃午餐来学会咀嚼、吞咽、选择食物、说出食物名称或是不想吃某些食物、与他人互动、解决问题、使用餐具及收拾桌子等目标。除了午餐时间，其他作息时间都可安排不同的例行活动，教导学生学习许多重要的生活技能，教师在安排每日例行活动时可提供必要的训练。例如，在每天早上的日历活动中，学生要走向讲台，面对其他学生说话以培养沟通互动技能。

例行活动也可用来提升学生的读写技能，利用平时语文课让学生简短地分享发生在生活中的小故事，在黑板上写下一些信息（如日期、天气状况、谜语、每日重要新闻、每日小问题、明天要带的物品等），将分组讨论的结果画下来或用图表呈现出来，交短短几个字的心得报告，记下今天课堂上印象最深刻的事，大声地念测验卷与作业单上的作答说明给需要协助的学生听，做一些跟读写有关的班务工作（比如登记参加户外教学的人数、写日期、记录班上同学出席状况），设置一个班级意见箱，让学生轮流负责读出同学提出的意见。

至于只会读写简单几个字的特殊学生而言，帮助其的方式就是利用各种自然情境和上课的时候，让其能够学到一些读写技能。做法为在每一天的作息中，寻找一些自然的情境来增强其读写能力。例如，教师要求特殊学生在每天早上晨会（8:15-8:35），从《语文日报》上找一则短文或诗写在黑板上，然后教师会利用五分钟的时间，用特殊学生所抄写的短文、笑话或儿歌教其使用标点符号、练习发音、认字及组词。

其他可以自然而然把读写技能融入班级活动的方法，就是跟学生一起探讨当天的作息时间（表 13-3）。通过探讨当天的课程表或作息表这样的固定活动，让学生有机会表达、分享意见，倾听教师与别人的意见以及阅读作息表，让学生有参与感，并且对当天的作息更加清楚。此外，了解当天的作息与知道接下来要做什么会让很多特殊学生（如孤独症学生）感到安心。对孤独症学生而言，有充分的信息与固定的作息，能知道什么时候该做什么和什么时候停，并且清楚规则、规定和结构，能够让其适当地回应（黄蕙姿、林铭泉译，2003）。

让学生一起查看和探讨当天的作息表，除了可以给那些需要额外协助的学生练习读写的机会，还可以让班上每个学生每天都有一个有条理、有组织的开始。教师可以影印一份课程表或作息表，让学生把它贴在笔记本上，如此一整天都可以查看作息，提醒学生当天所要做的事情。表 13-3 为一天作息表的范例，可以作为帮助孤独症学生的重要工具。

表 13-3　一天作息表范例

时间	星期一
8:15–8:35	晨会
8:40–9:20	语文课
9:30–10:10	语文课（写作练习）
10:30–11:10	数学课
11:20–12:00	角落
12:00–13:20	午餐和休息
13:20–14:00	社会课
14:10–15:00	艺术人文课
15:10–15:50	艺术人文课

除此之外，教师可以提供特殊学生可视化作息。做法为将典型的一天拍下来，再将照片按照作息先后顺序排列，学生了解每天的作息将有助于稳定情绪。除了班上作息，教师可以根据学生的兴趣及能力为学生设计个别作息。表 13-4 显示融合班如何在每段作息制定适合的作息目标。

表 13-4　作息目标

作息	目标	时间/地点	评估	备注
晨读 （7:50–8:00）	• 早上到校会主动向教师问好。 • 能将自己的书包放到置物柜。 • 能选择图书。 • 能阅读 10 分钟。			
打扫 （8:00–8:15）	• 能做好分配给自己的打扫工作。 • 打扫工作完成后，能将打扫工具放回原处。			
班会 （8:15–8:35）	• 能自动把联络簿、作业放至固定位置。 • 能与大家分享。			

续表

作息	目标	时间/地点	评估	备注
下课	• 会利用下课时间上厕所。 • 会利用下课时间喝水。			
上课	• 有问题时会请教师协助解决。 • 会打开上课要用的课本。			
午餐 （12:00–12:30）	• 饭前会洗手。 • 午餐时能排队打菜、打饭。 • 能安静地吃饭。 • 能将要吃的饭菜放入自己的餐具中。 • 用餐时尽量不让饭粒掉出来。 • 饭后会清理自己的桌面。 • 能将用过的餐盘用卫生纸擦干净。 • 能将擦过的餐具放入便当袋。			
午休 （12:40–13:20）	• 午睡时间能安静。 • 午睡时间能躺下睡觉。			
作业指导 （15:40–15:50）	• 能在联络簿上填上今天的日期。 • 能在协助下抄写联络簿。 • 抄好后，能主动将联络簿放回书包。			
放学 （15:50–16:00）	• 能独立收拾书包。 • 能选择正确的队伍排队。 • 放学时能跟教师及同学说再见。 • 能等待家长来接。			

（三）课程目标

课程目标指的是教师特别设计、配合各科进度制定的目标，课程目标通常配合各科单元目标或课程本位评估制定。个别化教育计划的课程目标主要从三个方向考虑：采用普通班课程目标、采用普通教育课程中符合特殊学生需求的功能性课程目标、针对无法采用普通教育课程的学生设计特殊教育领域课程目标。如果要根据普通课程目标，教师需了解所有学生在单元教学后达成的成果，找出年级指标中最关键的核心能力，据此拟订对特殊学生最重要的学习目标。目标可能跨多重课程领域，经过整合按顺序排列，作为个别化教学目标参考。

教师必须为普通班的特殊学生找出每个单元特殊学生学习的内容，确定学生能学习到每个单元的一部分。教师在制定特殊学生的个别化教育计划目标时，可将每单元学习的三个新知识点列在个别化教育计划中，如此教师就必须从普通课程中找出特殊学生学习的内容，列入学生的学习中。这样一来，特殊教育教师和普通教育教师就可以一起讨论，选择普通课程中适合特殊学生学习的内容，做出适合特殊学生学习能力的教学及评估计划（Clayton, Burdge, Denham, Kleinert & Kearns, 2006）。表 13-5 以语文课某一单元为例，制定特殊学生在该单元的学习目标（个别需求目标）。

表 13-5　特殊学生在语文课单元的学习目标

单元	教学重点	活动名称	教学目标	特殊学生目标
黑面琵鹭之歌	• 学习欣赏诗歌叙写方式，表达对大自然的关怀。 • 认识黑面琵鹭迁徙过程，体会尊重生命的意义。 • 了解曾文溪口的自然风光。	• 谁是保育专家。 • 认识台湾的贵客——黑面琵鹭。 • 河口生态知多少。	• 能用优美的声音朗读本课课文。 • 说出在本课中，尊重生命的方法和重要性。 • 能从课文阅读中，说出曾文溪口的自然生态环境。 • 学习用诗歌的方式来描述对大自然的关怀与尊重。	• 在提示下能说出五个尊重生命的方法。 • 经过提示说出在曾文溪口看到什么。 • 能跟着念诗。
勇敢的小巨人	• 认识周大观，并且学习他爱惜生命的态度。 • 认识设问修辞方法。	• 我的身体会说话。 • 我还有一只脚。 • 生命励志故事选读——开心天使。	• 能说出周大观的相关事迹。 • 能阅读、欣赏周大观的诗集作品。 • 能聆听并分享其他残障人士努力奋斗的故事。 • 说明生病时如何对抗病魔和尊重生命的态度。 • 能分辨不同种类的设问句并加以应用。	• 经过提示说出周大观的相关事迹。 • 说出生病的经验。 • 在协助下能阅读周大观的诗作。 • 说出认识的词语。

单元学习目标随着单元而异，然而有些目标是每个单元共同的目标，更是个别化教育计划中不可或缺的目标。表 13-6 是融合班语文课常见的课程目标。

表 13-6　融合班语文课常见的课程目标

领域/科目	目标		时间/地点	评估	备注
语文	查字典	能学会查生字、部首			
	仿说	能跟随教师或同学仿读课文			
	写	能正确写出笔画			
	配对	能做词语与图片的配对			
	圈词语	能圈出课文中的词语			
	词语接龙	能做词语接龙			
	故事接龙	能做故事接龙游戏			

续表

领域/科目		目标	时间/地点	评估	备注
语文	造句	能组出生字的词语			
	看图说话	经提醒能看图说出简单的故事			
	造句	能造简单的句子			
	仿读	能一句一句仿读课文			
	认读	能认读教过的生字			
	听写词语	能听写出正确的词语			
	重复内容	能重复听过的故事内容			
	写	能写出个人基本资料			
	仿写	能仿写生字、词语、句子			
	说事情经过	能说出一件事情发生的时间、经过、结果			
	动作演示	能用动作演示出课文内容			
	问问题	能提出有关课文的问题			
	回答问题	能回答课文中简单的问题			

二、将课程与教学调整需求列入个别化教育计划中

课程与教学调整包括学习内容、学习过程、学习环境及学习评估四大项目的调整，这些调整要列在个别化教育计划中，还要列出特殊学生学习这些目标所需的支持（含辅具及环境）以落实个别化教育计划。表13-7是融合班教师根据学生语文课需求勾选作业、考试及上课方式所需的调整，再将其列入每名特殊学生的个别化教育计划。

表13-7 融合班语文课教学调整检核表

填写说明：请针对班上每名特殊学生的需求勾选教学调整的项目

调整项目	学生姓名					
	A生	B生	C生	D生	E生	F生
一、作业的调整						
1. 降低难度			√	√	√	√
2. 减少分量			√	√		

续表

调整项目	学生姓名					
	A生	B生	C生	D生	E生	F生
3. 使用图片作为指导语（题目用条列方式）	√	√	√	√	√	√
4. 先将题目读一遍或示范	√	√	√	√	√	√
5. 给予较多协助			√	√		
6. 减少书面作答			√	√		
7. 允许用口头或其他方式（如用计算机）作答	√	√	√	√	√	√
8. 改编成另一种作业		√	√	√	√	√
9. 允许较多犯错，如拼错字	√	√	√	√	√	√
10. 允许较长的上交期限	√	√	√	√	√	√
11. 在实际情境中讲解及练习			√	√		
12. 改变题型，如选择题或简答题	√	√	√	√	√	√
13. 降低作业用语的难度	√	√	√	√	√	√
14. 给予短的条列式的指导语	√	√	√	√	√	√
15. 其他（给予不同层次的作业）			√	√	√	√
二、考试的调整						
1. 降低难度			√	√	√	√
2. 减少分量			√	√	√	√
3. 使用图片作为指导语			√	√	√	√
4. 先将题目读一遍或示范			√	√	√	√
5. 给予较多协助			√	√		
6. 减少书面作答			√	√		
7. 允许用口头或其他方式（如用计算机）作答				√		
8. 改编成另一种试卷			√	√	√	√
9. 允许较多犯错，如拼错字	√	√	√	√	√	√
10. 允许较长的作答时间			√	√	√	√
11. 在实际情境中讲解及练习			√	√		
12. 改变题型，如选择题或简答题			√	√	√	√
13. 降低考卷用语的难度			√	√	√	√
14. 给予短的条列式的指导语			√	√	√	√
15. 其他（给予合乎能力的试卷）			√	√	√	√

续表

调整项目	学生姓名					
	A生	B生	C生	D生	E生	F生
三、上课方式的调整						
1. 多使用图片（绘图）（情境）	√	√	√	√	√	√
2. 放大（题目条）	√	√	√	√	√	√
3. 教导学习技能	√	√	√			
4. 让学生重复教师的要求		√	√	√		
5. 使用教具给予学生操作机会	√	√	√	√		
6. 让学生有分享及表达的机会	√	√	√	√		
7. 问学生问题						
8. 上台发言	√	√				
9. 阅读，题意分析，理解	√	√			√	√
10. 找出重要信息	√	√	√	√	√	√

第三节　执行个别化教育计划

制订好个别化教育计划后，接下来就是如何让这个方案付诸实行。教与学是密不可分的，学生的个别化教育计划不能只提供一般支持而没有或只有少许的学习结果。学习的目的为改变学生的行为，学习目标可以是普通教育课程的一部分，如背诵九九乘法表、组词和阅读，也可以是配合学生程度设计的个别目标。不论学习目标是普通教育课程还是个别目标，它们都注重学生学到了什么。在这样的情况下，必须一再检查学生的个别化教育计划，提供学生学习的机会，使其产生更多的学习效果，学生的家长必须参与这个过程。通常执行个别化教育计划的过程如下：

1. 决定由谁来负责某一小组及某一学生的个别化教学。

通常个别化教育计划中各科课程目标由各科教师负责，作息及跨情境目标由各班班主任负责执行及评估。决定好分工后，教师就开始准备所需的教学内容，执行特殊学生的个别化教育计划。

2. 目标分析，排出目标优先级。

作息及跨情境目标都可以和教室作息结合，利用自然作息中提供的机会教学，不需特别找时间就可以执行。唯有课程目标需通过教学安排，因此必须先分析所制定的课程目标在课堂中发生的概率。倘若目标无法插入现有的课程内容中，就需要特别设计课程外的教学活动，以制造机会让学生学习该项目标。因此，教师在安排课程前，需根据其难易度排出目标的优先级。

所谓优先级指的是选择优先教导的内容。以语文课程目标为例，有些较难的目标如查字典或听写等，需教师特别教导及安排时间的应放在后面；有些如仿说、看图说话等较常发生且较容易的目标则应放在前面。表 13-8 是学生学习的优先次序表，在表格的最左边一栏，列出学生每日各科课程学习活动的优先次序；在中间一栏，列出学生想达到学习优先次序时所需的材料和工具；最右边一栏，列出所需的支持和调整。

表 13-8　学生学习的优先次序和支持表

学　　生：＿＿＿＿＿＿＿＿　　年　级：＿＿＿＿＿＿＿＿＿＿　　教师：＿＿＿＿＿＿＿＿＿＿
助理教师：＿＿＿＿＿＿＿＿　　预定日期：＿＿＿＿＿＿＿＿＿

一天的学习优先次序	材料 / 工具	支持 / 调整
• 每堂课都要参与 • 带必要的材料与工具 • 上课时跟同伴一起行动	• 和同伴一样	• 各科教师 • 同伴 • 行事历（包含用具列表）
阅读的学习优先次序	**材料 / 工具**	**支持 / 调整**
• 跟全班一起听故事 • 从图书馆选一本书阅读	• 和同伴一样	• 没有 • 同伴、图书馆员工
自然课的学习优先次序	**材料 / 工具**	**支持 / 调整**
• 参与实验 • 每一单元要学习两个新概念	• 和同伴一样 • 依单元而定	• 同伴、成人
数学课的学习优先次序	**材料 / 工具**	**支持 / 调整**
• 用计算器检查作业 • 跟同伴一起解决问题 • 当合作小组中的计时者	• 大型按键计算器 • 和同伴一样 • 定时器 • 数轴	• 同伴、成人 • 同伴 • 同伴 • 成人

3. 找出在平时的课程计划表中，哪些个别化教育计划目标可以融入普通班课程及活动流程中。

有了个别化教育计划目标，就可以掌握教学的方向及内容，符合特殊学生的需要，然后找出既有课程中特殊学生的学习目标，确定特殊学生在普通课程参与的部分，如每一节语文课特殊学生要学些什么。一般而言，任何目标的学习都需要通过活动的安排才有机会执行，当一组的成员不只有特殊学生还有普通学生时，教学就要经过仔细的设计才能融入个别化教育计划目标。例如，语文课的个别化教育计划目标有仿读时，教师就要将"特殊学生仿读"放入课程计划中，并在上课时制造仿读的机会。从表13-9所示的一周课程计划表中，可以发现课程安排了念课文的活动，这样一来，念课文或仿读课文的个别化教育计划目标就可以融入普通课程中。

表 13-9　一周课程计划表

	语文	数学
教学重点	第二课　小松树长高了 • 能以对话方式表达课文。 • 了解克服困难才能成长。 • 能使用描述惊吓和鼓励的词语。 第三课　树的医生 • 了解啄木鸟的习性及特性。 • 能使用陈述句及疑问句型。	加法 • 能做三位数、十位进位的加法。 • 能做二位数加二位数二次进位的加法。 • 能运用三位数的加法解决有关问题。
星期一	• 通过三种层次的课程评估，并复习第一课。 第二课 • 通过图片浏览第二课全文。 • 唱跳与剪贴：老松树。	• 能通过钱币及数字卡，操作三位数加三位数，个位、十位、二次进位的加法。
星期二	• 通过长牌发问①引导，深入了解课文内容。 • 生字词语教学。	
星期三	• 比一比：通过短句比较，选出相似或相反的描述语句。 • 选一选：通过文章阅读，选出适当的词语。	
星期四	• 造句高手：熟悉本课句型。 • 第二课评估。	
星期五	第三课 • 浏览第三课课文（教师带领念课文）。 • 通过图片了解啄木鸟外形。 • 通过文字材料了解啄木鸟。 • 分享看病经验。 • 生字生词教学。	
特殊学生目标	• 认识鸟类。 • 学写鸟类的名字。 • 认读词语。 • 仿念课文中的句子。	• 辨认钱币。 • 指认数字。

---

① 长牌发问：将问题写在长条纸上进行提问。

4. 确定哪些时间适合把特殊学生及普通学生目标放在一起，哪些目标必须另外安排时间。

尽量在上课执行特殊学生的目标，找出哪些目标有机会在课堂上执行，哪些则和普通学生课程内容不兼容，再决定是否需要另行安排辅导时间。

5. 安排一般及特别的学习活动。

计划每天、每周要进行的活动，教学活动中的目标要尽量和个别化教育计划中拟好的目标结合。当目标融入教学活动时，教学活动就会符合特殊学生的需求。教学应尽量采用活动式教学，因其可同时达到不同领域、不同难度的目标，是一种相当常用且有效的教学方法。制定好目标、安排好教学活动后，就可准备所需的教材及教具，包括改编课文以符合特殊学生的需要。一般的教学活动指的是在教室内进行，不会干扰正常的教学活动，不需专为特殊学生设计，可同时涵盖普通同伴的活动。特别的学习活动指的是为特别的学习目标设定的教学活动，有意义且适合特殊学生的年龄。不管是一般或是特别设计的教学活动，为特殊学生设计的目标都必须和课程内容相关，且必须提供所需的支持及调整，使特殊学生参与教学活动，执行个别化教育计划目标。

6. 提供支持与提示。

除了教学，还要提供特殊学生所需的支持。换言之，为了使学生能获得学习成果，教师必须为学生做某些事。例如，安排学生的位置让他们可以清楚地看到黑板、提供字卡或放大字体。在日常生活中，大多数人都会回应信号，如听到铃声响起时走进教室、记得何时或是如何去做某些事。大部分学生能自主学习，然而有些学生需要被提醒、被教导如何去回应这些提示或信号；学习一个新技能时，需要更精细的信号或提示；参与活动时需要提示才能有所回应。有些学生可能需要口头的提示，有些可能需要视觉的提示，提示的类型与程度因活动类型及学生能力而有所不同，常见的提示类型如铃声、手势、口语、示范及肢体等。

7. 作业安排。

除了家庭作业，还要安排延伸课程内容的作业。例如，让特殊学生每天或每周将学过的概念用图片呈现出来，并说出图片的内容，每天可以持续地进行。

8. 多感官学习。

教学时要运用多重感官技能。例如，要学生认读字时，除了让他念出来，还要让他写出来、用手描或剪下来、或用身体比出它的形状，再通过听音频听写的方式将听到的字写出来。这种结合视觉、听觉、触觉及动觉的教学，既可增加教学的趣味性、活泼性，也可加深特殊学生对学习内容的印象，因此常用在特殊学生的教学上。

9. 制定各科各单元固定的学习模式。

将个别化教育计划目标插入课程活动过程。例如，上语文课时让学生找出课文中的词语与图片配对、阅读或书写简单的句子及设计同一模式的学习单，如剪贴每一课教到的概念图片并在旁边写词语。

10. 随时检查学生的学习。

让学生有机会展现他学得的知识、技能及概念，除了制定教学目标外，须评估所有学生在教学后学习的情形包括各单元学习的情形，据此列出特殊学生最优先的学习目标，期末让学生认读教过的字以确认学生是否掌握。平时检视个别化教育计划在课堂上执行的情形，做法为将课堂的教学目标和特殊学生的个别化教育计划目标加以对照，或在课程目标上标记是否符合个别化教育计划目标，对照情况详见表13-10数学课个别化教育计划目标与教学目标对照表。

表 13-10　数学课个别化教育计划目标与教学目标对照表

单元名称	个别化教育计划目标	教学目标（日期）	评估
时钟	能读出短针所指的数字	能说出短针所指的数字（11/27）	○
		能说出短针的位置（12/3）	○
	能读出长针所指的数字	能说出长针所指的数字（11/27）	○
		能说出长针的位置（12/3）	○
	能一个一个地从1数至100		
	能5个一数、唱数，如5、10……100		
	能10个一数，如10、20……200		
	能依题意操作教具	能用时钟拨出 7:40（12/3）	○
		能用时钟拨出 4:00（12/3）	○
长度测量	能分辨不同长度的量尺，指出其长度分别为15cm、30cm、45cm等		
	能测量1m以内的物长		
加法	能了解题意，使用"+"的运算符号	能列出加法的式子并算出答案（10/8）	○
		能列出 7+7+7+7+7 的式子（12/17）	○
		能列出 12+12+12 的式子（12/17）	△
减法	能了解题意，使用"-"的运算符号		
	能了解题意，列出算式	能把自己的算法记录下来（12/17）	×
	能说出记录的算式填空题		

评估标准：○通过，△需协助，×不通过。

从表中发现，一个单元的教学内容如果经仔细设计，是可以将特殊学生个别化教育计划目标安排在教学过程中。

11. 教师上完一个单元后，检查该单元所涉及的目标中有哪些是针对特殊学生的个别化教育计划所设计的。

计算个别化教育计划目标在整个单元教学目标中所占的比例，以了解融合班的上课方式是否能确实执行个别化教育计划目标。表 13-11 以单元"快乐的节日"为例，计算个别化教育计划的执行率。

表 13-11 语文课教学目标

教学组别：平均分组（8 名普通学生及 3 名特殊学生）

单元	活动安排	目标	普通学生	特殊学生1	特殊学生2	特殊学生3
快乐的节日	激发动机	·能参与说故事（有关月亮）的活动。	√	△	△	△
		·能说出中秋节的日期。	√	√I	√I	△
		·能分享赏月的经验。	√	△	△	×
		·能说出父母的职业。	√	√I	√I	×
		·能说出教师的工作内容。	√	√I	√I	×
		·能说出旗帜的颜色、图案及所代表的意义。	√	√I	△	×
		·能说出节日庆祝活动（至少三种以上）。	√	√I	√I	×
		·能通过角色扮演——"卖水果"认识各种水果。	√	√	√I	△
		·能看引导图片说出内容。	√	△	△	×
	概览课文	·能跟随教师朗诵课文。	√	√I	△	△
		·能自己念课文。	√	√I	×	×
		·能说出课文大意或段意。	√	×	×	×
		·能参与角色扮演，了解课文内容。	√	△	△	△
		·能背诵课文（如《美丽的宝岛》）。	√	△	×	×
		·能回答和课文有关的简单问题。	√	√	△	△
	认识生字、生词	·能跟读生词（或生字）。	√	√I	√I	△
		·能安静听课 10 分钟。	√	△	△	△
		·能自己念出生字或生词。	√	√I	×	×
		·会用手书空，练习笔顺。	√	△	△	△

续表

单元	活动安排	目标	普通学生	特殊学生1	特殊学生2	特殊学生3
快乐的节日	认识生字、生词	·能仿写生字或生词。	√	△	√I	
		·能用生字组新词。	√	△	△	×
		·能说出生字部首。	√	△	△	×
		·能利用生词造句。	√	△	△	×
		·能用肢体动作，表演生字或生词的内容（如搬、挤、鞠躬等）。	√	√I	√I	√I
		·能回答和生字、生词相关的问题。	√	△	△	×
		·能跟随同伴练习说句子。	√	√I	√I	△
	书写	·能拼出简单生字的图片。	√	√I	√I	√I
		·能仿写简单的生字、生词。	√	√I	√I	√I
		·能听教师的指示，圈出课文词语。	√	√I	△	×
		·会做文字配对剪贴。	√	√I	√I	√I
		·能在句子中圈出相同的字或词。	√	√I	√I	×
		·能将相同的图片连起来。	√	√I	√I	√I
		·能把相同的字贴上。	√	√I	√I	√I
		·能自己写出生字生词。	√	△	△	×
		·能做延伸的作业活动（如迷宫圈词、图画日记、阅读心得……）。	√	△	△	×
	内容研究	·能看图说话。	√	△	△	×
		·能依指示排列句子。	√	√I	△	×
		·能仿排句子。	√	√I	√I	△
		·能听指令找出课文中优美的句子。	√	√I	√I	×
		·能回答课文内容：为什么菠萝、香蕉都称王？	√	△	△	×
	形式探究	·能熟读课文句子，做句型练习。例："庆祝大会上，有学生、有军人、有商人、有工人、有农民等"中的"有……有……有……等"。	√	√I	△	×
		·能正确说出分段大意。	√	△	×	×

单元	活动安排	目标	普通学生	特殊学生1	特殊学生2	特殊学生3
快乐的节日	形式探究	·能做替换词语的活动。	√	×	×	×
		·能朗读课文，融入"喜悦的语气""加强的语气"及疑问、惊讶、感谢、祝福等语气。	√	△	△	×
		·能安静聆听同学发言。	√	△	△	△
		·能根据课文找出正确答案。	√	△	△	×

评估标准：√完全做到，△部分做到，×未达成，I个别化教育计划。

比起其他两名特殊学生，特殊学生1的个别化教育计划目标在整个单元教学目标中所占的比例较高，上课内容比较符合他的个别化教育计划。

第四节 教师访谈

问：如何看待每一个学生的特质？

答：每一个学生都有不同的特质。有些学生说和理解的能力好，可是写和记忆的能力很差；有些学生读的能力很差。教师要去突破学生的障碍比较难，而让学生发挥好的能力是比较容易的，也是比较能让学生有成就感的方法。找出学生的特长能力、优秀能力是哪方面，尽量让其做这方面的活动，增加学生对学习的信心。其实学生自己感觉得到比较弱势的部分，若学生有信心的话就不会去逃避学习、逃避自己不喜欢或是不专长的部分。

问：一般家长对特殊学生的期待会不会过高或过低？

答：这个家长差异性很大。

问：会不会试着跟家长沟通？

答：这是一定要沟通的。

第十四章　多元评估

在过去，评估与考试密不可分，评估是考试的代名词，既然名为考试就要有所谓的标准答案。为了教师评分的方便，考试过分依赖选择题式的测验，选择题缺少对答案选择的解释，无法了解学生学习的过程及限制，因而造成教师无法了解学生学习上的困难。若只依赖测验的成绩作为安置或做出决定的依据，容易造成误判。因此，在做特殊教育诊断时，不能只将测验分数当作唯一的指标，还需依赖其他的评估工具来判定一个学生的学习状况。

第一节　评估的目的

评估的目的是为了判断学生的学习问题，了解学生学了什么而做资料方面的搜集，并且为学生的教育做出决定，评估的另一功能是发掘学生的长处及了解教师教学的质量。这些评估提供教师一些信息，如学生需要学习的内容，以及如何用最棒的方式满足他们的需求，提供制定个别化教育计划学习目标的方向。教学和评估是不可分离的，通过评估，才能了解教学是否有效，也是调整教学的依据。

评估通常由专业的工作团队、学生以及家长一起完成。他们提供学生表现的等级，以及学生的兴趣、实力、需求、能力和学习方式的选择。教师可以选择评估的形式，以了解每个学生的学习能力。在选择评估方式时，多元智能理论提供了一个很好的观点，认为每个人都有自己的天赋，应针对每个人的独特性选择评估内容。

评估或评价通常是由班级教师经过明确的教学后来实施，用来判断哪一种技能最适合使用。评估和评价最大的不同是，评估是在教学之前或在进入特殊班之前进行，评价则是在经过一段时间教学后所做，以了解学生是否学会教师教的技能为主，可以是针对某一特定技能，也可以针对进入班级前后的学习情况，以了解教学的成效。个别化教育计划中所列的目标是否达成，要看教学是否发挥效果，因此个别化教育计划也可以是一种评价教师教学的指标。

不管是评估还是评价都是一个连续的过程，教学前要评估，教完要评估，评估完再教，周而复始形成一个循环。评估及评价得到的结果，不但可以了解学生进步的情况，也可以作为教师调整教学的参考。无论是评估还是评价都可以用来监控学生的进步，决定他们应该要被教导什么。个别化教育计划尤其需要依赖评估来制定特殊学生的学习目标及了解进步情况。

第二节　评估的原则

评估最重要的原则是提供所有学生一个可接受及可以做到的评估内容，这个内容必须随着学生的需要而调整。通过评估，教师及父母可以了解学生学习的情况、会些什么及需要提供的支持。和传统评估方式不同的是，评估者关心的是被评估者学会了什么，而不是他是否学了某一个题目。虽然特殊学生的能力低于普通学生，仍应给予考试，评估的标准仍可以有好与不好之分。任何评估都需先了解学生的程度，才能设计适合的考题，尽量考在课堂上教到的重要概念，而不是考一些细枝末节的问题。

当然教师要知道该教些什么才知道该评估些什么，评估内容和教学内容息息相关，教师可针对每一学科的特色制定评估的内容。当教师重视教学的内容及过程时，评估的方式也会跟着改变。评估若只针对对此评估反应良好的学生，将对不适合此评估方式的学生产生不公。至于普通学生为了升学需有毕业成绩或平时成绩的排名等记录，则可在最后一学期另制定透明、公开的办法。评估时可列出评估的范围，如涵盖的单元、评估的标准和重点，并事先让学生知道，使学生知道如何准备，减少挫折感。评估资料越详尽越好，并应妥善保存，特殊学生的作业或学习单会被收集在个别化教育计划文件夹里，从中可以判断学生进步与否及作为行为目标通过与否的材料。

第三节　评估的种类

评估是为了解学生的学习及针对其学习状况需做某些教育安置或决定时，所做的一些正式或非正式的测验。评估可分为学期初、平时及期末评估几种，其目的为记录学生各科学习的情况，以了解教学是否达到学生的需求，并根据评估的结果调整教学内容。学期初的评估主要是了解学生的起点，较常采用课程式评估；期末评估则是为了了解经过整学期教学或训练后学生学习的情况，以确定教学是否有效。特殊学生除了通过上述评估了解参与普通课程及特殊教材学习的情况，还需要针对个别化教育计划做评估。评估的方式可以有多种类型，如家庭作业、上课的学习单，也可以是一篇报告或一件作品。评估方式整齐划一的程度与范围越大，就越背离教育上所谓"因材施教"的原则，因此建议在同一班或同一年级同时采用多种评估方式，教师可以视教学内容及需求来选择评估工具。评估工具可分为下列几种：

一、正式评估

正式评估通常是标准化或常模参照测验,有标准化的施测程序,对象大都是需要特殊教育服务的学生。通过诊断式的评估,可以知道学生的问题在哪儿及需要哪些特殊教育协助。具有诊断功能的测验工具通常较为复杂,因此施测者须接受训练才能施测特殊学生。然而要了解一个学生的问题,通常不只是需要一种测验工具,甚至要由父母、教师及测验专家共同来提供资料,才能对一个学生所需的教育方针提供正确的决定。

在过去,正式的评估工具都是以认知测验为主,如智力测验或成就测验。受到多元智能理论的影响,除了认知领域,其他领域的智能也渐渐受到重视,每个学生都有其独特性及优势能力,因此通过活动教学及使用多元评估的方式来了解学生的学习优势成为主流。

二、档案评估

档案评估是一种能随时间成长的评估方式。一般考试多半只针对固定的范围、固定的内容及特定的科目做评估,无法看到随时间成长的学习成果。融合班提供多元的学习,因此除了一般的考试外,在整学期的评估计划中增加了一些能反映学生学习的报告或学习档案。学习档案可以让学生对正在学习的科目内容做深入的探讨,通过资料搜集及分析的方式,例如,可以通过剪贴及上网做出一篇主题报告,报告可以从学期初做到学期末,如此就可以比较深入,这样的报告或档案比起30分钟至60分钟的考试,更容易看到学生学习的多样面貌,如看出语文运用能力及逻辑思考能力。因此,学习档案是一种相当有价值,可以了解学生学习状况的评估方法,更可作为学生成长的记录。

档案评估展现了学生在各种科目的实力与成就,还包括了从教师那儿得到的轶事记录,它们显示了学生一年内所做的课程内外的学习,借此提供具体的成果给家长。档案评估资料可以存放在任何信封、文件夹、活页式笔记本或盒子(如鞋盒)中。

每个学生的档案可以包含不同的科目及各种和学习相关的资料,可以按科目放置,从中可看出学生成长的情况。如数学日记,取材自平时数学课自己和同学、教师的活动回忆以及进一步的探讨,并就日常生活遇到的事件与数学概念做联结。档案内的数据可以是学习单、广告单、杂志、相片、阅读日志、作文或各种报告、作品、奖状、感兴趣的文章,甚至连个别化教育计划都可放入,而且要制作目录。档案的资料可以由学生自由选择并放入,如此可以让学生培养做选择及对学习负责的能力。通过亲手筛选资料,学生有机会仔细思考和比较他们前后的作业样本,并学会以自己和成就为荣。

在大多数情况下，档案评估将储存在学校，它可能包括前几年的作业。作为学生在一段时间内进展的永久记录，能真实反映学生学习的情况，是评估学生学习的一个重要工具，帮助了解特殊学生的学习，有助于未来的课程规划。学校应定期与家长分享档案评估的情况，将重要部分复制给家长。

三、非正式评估

非正式评估可以是教师自行制作的小测验、教师设计的用来观察及记录学生学习情况的检核表，或是针对课程内容设计的课程评估。虽不像正式评估具有标准化施测程序及常模，但却是教师调整教学最好的帮手。一般常用的学习评估表格如表14-1所示（以自然课为例）。

表14-1 自然课学习评估表

科目：_____ 单元名称：_____ 评估者：_____

纲要	目标	评估（学生名字/日期）						备注
	能理解概念							
	能做预测							
	能选择有效的方法							
	能正确使用设备							
	能分析资料							
	能正确地测量							
	视需要寻求同伴协助							
	能记录观察结果							
	能判断下一个步骤							
	能在实验之后清理干净							

评估标准：√能正确做到，×不能做到，△需要努力

此外，教师可以运用非正式评估的方式制作期末成绩报告表。成绩报告表必须根据个人需求增列项目，特殊学生要加入个别化教育目标，报告表最后要留有写综合表现或评语的位置。在每一学期最后，教师要根据学习评估表评分，特殊学生的个别化教育计划上的目标也要被评估，所有任课教师都应该要在这些学生的评估上开展合作。表14-2展示了融合班期末评估的项目。

表 14-2 融合班期末评估项目

项目		评估结果	备注
主动学习	能配合课程搜集相关资料		
	能主动参与相关主题的讨论		
	能主动提出问题		
	能与同伴做经验分享		
	能积极主动参与课程相关的活动		
	能主动在课后找资料以增进学习		
	能使用网络找资料		
学习态度	愿意和别人合作		
	上课时能集中注意力		
	上课时愿意等待特殊学生		
	能容忍及接受别人的缺点而不会想去告状		
	能接纳及协助和自己不一样的人（如特殊学生）		
	能适当表达自己的情绪，不会因自己情绪不好而伤害其他同学		
	能遵照教师的指令做实验及操作		
	能做课前预习及准备		
	按时交作业及教师指定的物品		
	能接受分配到的工作并执行		
	能学习尊重少数人的意见		
	能遵守班规，如违反时愿接受处罚		
	能使用工具书（如百科全书及字典）		
	能使用媒体资源（报纸、电视）以获取知识		
	能关心国家大事及周围发生的事		
	当同学有不同看法时能有接受的雅量		
	能辨认别人的情绪		
	有不愉快的情绪时会想办法解决，如找人谈		
	当自己被批评时会先反省自己		
	能将看到、听到的事物做笔记		

续表

项目		评估结果	备注
听	在上课时能将听到的事物做笔记		
	与人交谈时眼睛能看着对方，安静地听		
	能主动为了获得新知识去听（听演讲）		
说	能记得并说出听到或看到的事		
	上课时能回答问题		
	能看图说话		
	能边听边归纳重点		
	能对听的内容做归纳分析		
	能边听边批判说话的内容		
	说话时能尊重对方的感觉		
	说话时吐字清楚完整		
	在一般公众场合能视需要小声说话		
	语言能符合说话情境和情感的需要		
	说话内容具体，用词生动		
	说话抓住要点，不长篇大论		
	能归纳别人的意见发表谈话		
	能将课文内容做口头报告		
	能归纳自己的想法，准备好发言内容		
读	养成持久的阅读习惯		
	能广泛阅读各种书籍		
	能用自己的话重述文章内容（如整个单元主旨）		
	能理解文章的意义（主旨）		
	能区分段落并掌握重点		
	能区分主题与细节		
	能掌握作者安排的文章结构		
	能找出文章中的因果关系		
	能判断故事中人物的个性感情		

续表

	项目	评估结果	备注
写	能书写清楚，不写错别字		
	书写时用词正确、适当、丰富		
	能使用常用的标点符号		
	能写出自己的感想		
	写的内容结构正确、顺畅		
	能写出事物发生的时间、地点、事件、经过、结果并交代清楚		
	能用简明的文字描述事物的形状、性质、特征、关系		
	对事物能表明自己的观点态度并进行评论		
	能写出读后心得		
	书写的文章衔接自然、顺畅		
	文章表达清楚，层次分明		
	能为自己写的文章或画的图定主题		
	将搜集的资料做成书面报告		
综合表现：			

评估标准：NP 非该生目标，〇达成，△部分达成，×未达成。

四、课程本位评估

课程本位评估教学与评估并重，并能考虑个别差异，依据学生目前的课程表现来决定他们的教学需要，以提供教学者快速而有效的信息，以下提供两个例子。

（一）初中语文课：夏夜

1. 看课文前先想一想
   - 夏天的晚上有哪些特别的：
     动物？
     植物？
     人物？
     景物？

- 夏天的晚上气候应该如何？
- 夏天的晚上应该有什么样的气氛？

2. **朗读课文**
   - 再想一想，文中出现了哪些夏天的：

     动物？

     植物？

     人物？

     景物？
   - 把它们用不同的颜色或记号圈出来。
   - 跟你想的一样吗？
   - 课文中那些动物及人物在做什么？
   - 课文中那些景物有什么特色？
   - 本文夏夜的气候如何？
   - 本文夏夜的气氛如何？在什么地方可以看出来？
   - 我会把上课听到的**植物**写出来。

3. 分工合作画"夏夜"草图

姓名								
工作 • 要画的东西								

（二）初中理化课

	单元名称：浮与沉
前言	前一阵子，大家都在为电影《泰坦尼克号》疯狂，看到泰坦尼克号撞上冰山的一幕，不由得产生了疑问——泰坦尼克号是由铁铸成的，整艘船那么大、那么重，为什么可以浮在水面上而不会下沉呢？
问题	1. 说说看，那么重的泰坦尼克号为什么可以浮在水面上？ 【提示：海水对泰坦尼克号产生一种向上的力量，是什么样的力呢？】 2. 根据上题，我们来设计一个实验证明这种力量的存在。 （1）请把实验画出来，想一想需要用到哪些器材？ 【动手画一画】

续表

问题	（2）实验结果如何呢？这种力量，有什么用途？ 3. 日常生活中在什么情况下，可以看到"浮力"现象呢？请举例说明。 【暑假时到海边或游泳池，不会游泳的人可借助游泳圈、浮板泡水嬉戏，人在水中变得轻飘飘的！】	
教学目标	普通学生： ·能说出船浮在水面上的原理。 ·能画出实验。 ·能举出日常生活中浮力的现象。	特殊学生： ·能说出船沉了的原因。 ·能和普通学生一起做实验。 ·能说出实验器材的名称。

五、书面测验

书面测验是目前教师最常用的一种评估方式，也是家长最熟悉的评估方法，其缺点是无法测出学生学习的经历，只能根据分数的结果判定学生成绩的好坏，无法作为调整教学的依据，也无法为教学提供所需的信息。

六、实作评估

凡是评估实际表现行为的评估方式都可以称为实作评估。根据施测情境的真实性程度来区分这种评估，其形式非常多元化，如书面报告、作文、演说、操作、实验、作品展示、案卷评估等（图14-1）。

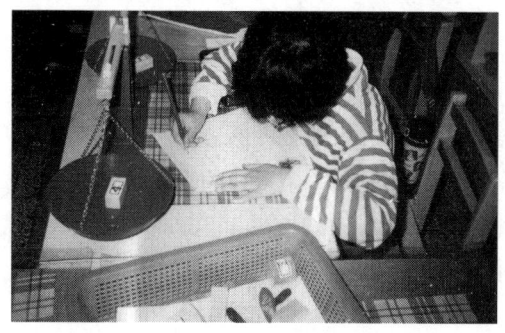

图14-1　实作评估

实作评估的好处为可以减少语文不利的因素，因为几乎所有的书面测验都要施测者看得懂题目才能作答，还要能记忆教过的内容，实作评估就可免除这个缺点直接作答。实作评估会事先将活动的目标列出，例如，自然课的实作评估重点如下：理解相关的概念、能做实验、记录实验结果、做出图表、寻求协助及清理环境。实作评估范例如下：

（一）数学

1. 数钱

项目	分数	评估结果
会分辨 1 元、5 元、10 元、50 元纸币	8%	
会用 1 元及 5 元纸币数出 9 元 （用了几个 1 元、几个 5 元）	5%	
会用 10 元纸币数出 30 元 （用了几个 10 元）	5%	
会用 1 元、5 元及 10 元纸币数出 16 元 （用了几个 1 元、几个 5 元、几个 10 元）	5%	
知道 9 元和 13 元合起来是几元	5%	

2. 数糖果

项目	分数	评估结果
会拿出一盘，并数一数有几颗糖果	3%	
会拿出两盘，并数一数有几颗糖果	3%	
会拿出三盘，并数一数有几颗糖果	3%	

材料：纸盘、糖果。

（二）生物：血液运输

1. 呈现血液、血管和心脏模型
   - 当你跌倒受伤时，会流出什么样的液体？
   - 请观察你的手背，这一条一条青青的管子是什么？
   - 这个管子里面有什么？
   - 请在模型中指出心脏的位置，并且在下图中圈出来。

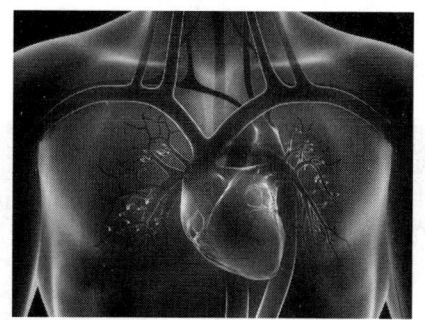

2. 呈现心脏搏动模型
   - 请看看气球中装满了什么？
   - 当你捏住气球时，瓶子中的水有什么变化？
   - 当你把气球放开时，瓶子中的水有什么变化？
   - 请你模拟平时心脏跳动的样子。

姓名			
操作			

   - 请你模拟接力跑时心脏跳动的样子。

姓名			
操作			

3. 想一想：

（ ）· 你觉得模型中的气球像我们身体的哪一种结构？
　　　A. 鼻子　　　　　B. 心脏　　　　　C. 脚

（ ）· 你觉得瓶子中的水像我们身体中的哪一种结构？
　　　A. 血液　　　　　B. 口水　　　　　C. 泪水

（ ）· 你觉得瓶子像我们身体中的哪一种结构？
　　　A. 手　　　　　　B. 脚　　　　　　C. 血管

（ ）· 你觉得心脏有什么功能？
　　　A. 将血液送到血管　B. 用来跑步　　　C. 用来说话

七、真实实作评估

利用真实情境来评估，如讲故事或交作品。在融合班，不论是特殊学生还是普通学生，都需要依据他们的特点来设计教学活动及教学评估。通过买东西、开发票、摆碗筷等活动来学习数学，让他们体验不同层次的量感、数感、形感等。在

一、二年级特殊学生数学期末评估中，配合课本，设计了和学生生活经验相关的活动，让他们亲自动手做（图14-2）。

图14-2　真实评估

例如，为一年级特殊学生制定了一个邀请客人到家里玩的主题，安排每名接受评估的学生分别替主人准备各项招待客人的工作。A生平日喜欢扮妈妈，手里总是抱着一个洋娃娃，于是在评估中安排她摆放碗筷、餐盘、插花等；B生喜欢模仿大人做事，便安排他擦桌椅、摆水果；C生喜欢倒水，于是倒汽水、插吸管等工作就交给他；D生行动较不方便，便安排他当商店老板，负责贴价格标签、开发票、包装礼品；E生常识丰富，为他设计的是开放式的问题，如怎样帮老板布置商店、卖什么东西会赚很多钱及为什么。虽然学生仍需要教师在旁协助或提示，但从他们好奇、欢喜的神情中，发现他们已经在喜欢的活动中不知不觉体验到了碗与筷子、桌子与椅子、饮料及吸管的配对，以及币值的大小、数与量的关系、分工合作的真谛等，这种评估比编造一些与生活经验脱节的习题或考试真实多了，也更能发挥他们的潜力。特殊学生真实评估范例如下：

学生姓名：A生、B生
- 请你用牙签、黏土纸做一个长方体。
- 请你拿三颗葡萄干给这个小朋友，一颗葡萄干给另一个小朋友，四颗葡萄干给自己吃。
- 请你来拼方块，你拼的方块要和我拼的一样多。
- 请你把蛋糕切成两块，分给两个小朋友，每个小朋友的蛋糕要一样大。
- 请你帮老师把十个本子发给小朋友，每个小朋友的本子要一样多。

学生姓名：C生、D生

- 请你和老师玩棒球，看谁打中的球多。要是你赢了，老师要送给你宝剑喔！
- 请你用不同的长方体和正方体积木，堆出你喜欢的房子。
- 请你把彩色笔分给五个小朋友，每个小朋友两支。
- 请你把蛋糕切成两半，自己吃一块，另一块分给小朋友吃。

八、过关实作评估

另一种实作评估是以过关的方式，通过教师安排的活动，可以一个人一组，也可以几个学生一组（表14-3）。

表14-3　过关实作评估

关数	题目	答案	评估目标	过关啦
第一关	请数数看天花板上有几个吊扇？画○再写数字。	（4）○○○○	• 能数数。 • 有数的概念。 • 会写数字。	
第二关	请数一数红色、黑色小方块各有多少个？再比较方块大小，大的打√，小的打×。	红色16个（√） 黑色14个（×）	• 能数数。 • 会写数字。 • 能比较数的大小。	
第三关	请看看数字列车（1-20）上少了哪几个数字？	1、13、14、17、19、20	• 有数序的概念。 • 有推理能力。 • 会写数字。	
第四关	请问从右边数第七个是什么东西？	m　j u　i	• 有方位的概念。 • 有第几的概念。 • 有数的概念。	
第五关	请数数看箱子里的各造型积木各有几个？	○（5）个 □（3）个 △（16）个	• 能分辨形状。 • 能做形状分类。 • 能数数。	
第六关	请问三个盘子里各有多少钱？	第一个（8）元 第二个（10）元 第三个（12）元	• 能认识钱币1元、5元、10元。 • 能做钱币的加减。	
第七关	请问买一个刷子要用上题哪一盘钱，是多少钱？	第（三）盘 （12）元	• 有问题解决能力。 • 有第几的概念。 • 能认识钱币。	
第八关	请问排在第15个位置的书名是？	jū jiā gù shì	• 有第几的概念。 • 会数数。 • 有数的概念。	

续表

关数	题目	答案	评估目标	过关啦
第九关	请看一看数字长条上还要填上哪些数字?	4、10、16、20	• 有推理能力。 • 有偶数的概念。 • 会写数字。	
第十关	请你当小老师,看看老师的考卷上哪几题写错了?	1. √ 2. × 3. × 4. √	有解决问题的能力。 会做10以内的分解。 会做20以内的加减。	

备注：1. 在教室内布置情境，请学生自行过关，能力好的学生可协助特殊学生。

　　　2. "过关啦"的部分可请学生互相当小老师，和教师一起批阅及订正，对的画笑脸，错的画哭脸。

第四节　特殊学生评估

有些教师会针对特殊学生特别实施不同的评估方法；有些则一视同仁，不论是普通学生还是特殊学生，全都采用非传统的评估方法，如用检核表或是档案评估。对特殊学生而言，个别化教育计划本身就是一种用来评估学习结果的工具，通过对个别化教育计划拟定的目标进行评估，就可了解特殊学生通过教学学习的成效。以下是针对特殊学生评估时特别要注意的事项：

·评估不限于学校及认知项目，非认知项目如参与课外活动、出席及缺席的情况都可列入评估。

·特殊学生也要参加评估，可依学生能力采用不同的内容、时间及测验工具。

·评估要涵盖特殊学生参与普通班的情况。

·特殊学生与普通学生的课程及学习核心是一样的，因此评估的科目可以和普通学生一样，以数学、语文、社会、阅读、自然、实用生活、艺术与人文为主。

·评估的调整必须在个别化教育计划中注明，评估必须和教学有关。

·在融合班，特殊学生的评估分为下列几种方式：

（1）通过个别化教学方案，评估方案中制定的跨情境、作息及课程目标是否做到。

（2）评估特殊学生参与普通课程时学习的情形，如评估各科上课时的情形。

（3）评估特别安排的教材、学习单及作业学习的情形。

特殊学生在普通班级里，常需要做成绩的调整才能通过考试标准。当特殊学生不可能达到普通学生的标准时，不只成绩要调整，作答方式也要调整。例如，有书写困难的学生会改为用计算机作答或减少书写，又或口述答案再用录音机录下来。特殊学生的个别化教育计划上必须列出考试调整的安排，有些学生甚至不用参加传统的考试。如果他的个别化教育计划中需要评估的项目为课堂参与、社会性及沟通技能时，就不需通过传统的书面测验，而可通过资料搜集或课堂观察的方式来评估。通过这些评估，教师可以监控和记录学生在课堂学习及参与的情形。

针对学习障碍学生，可能需要改变考试的形态，如放大字体或是采用其他方式。找出学生的起点后，就可以决定评估的内容，制定出调整的策略。调整策略可随课程内容而调整，常见的测验调整策略如下：

· 指定学习伙伴去帮助特殊学生复习。
· 给学生提供模拟考试练习。
· 复习并在课堂上强调重点。
· 使用各种增进特殊学生成绩的方法，如选择题、是非题、开卷考试、家庭测试等。
· 使用荧光笔标示重要考试规则。
· 放大考卷。
· 允许额外的时间完成他们的活动及写作，或者只需完成一部分考试项目。
· 减少选择题选项的数量（如把四个选项减为三个）。
· 允许学生在考试时使用课堂笔记。
· 不因为写错字或字迹潦草而扣分。
· 减少考试长度，并在要优先完成的题目前打星号。
· 大声读出试题，如果是必要的。
· 大声读出考试规则。
· 用录音测试他们学到的知识。
· 允许学生使用录音笔录下他们考试的答案。
· 允许学生使用可以辅助计算的装置如计算器。
· 允许重考并且两次成绩平均。
· 尽可能地给他们部分的分数。
· 在活动开始时就定好评分方法，让学生知道他们应该怎么做才能得到好成绩。
· 提供加分的机会。
· 考试时提供单元名称及页数。

第五节　考试补救教学

通过考试，除了可以了解学生的学习情况外，更可通过考试制定补救教学策略。以下为初中融合班教师在分析学生考试错误项目及原因后所定的补救教学策略。

一、语文

姓名	分数	错误项目内容简述	错误原因	补救教学策略
A生	52	・没有练习汉语拼音，导致错误太多。 ・课文解释未充分理解。 ・修辞方法没有掌握。 ・翻译两题只写一题。	___ 粗心 ✓ 不懂 ✓ 未准备 ___ 其他	・加强修辞部分，请他在课堂回答修辞问题，并请班上两名小老师帮忙。 ・以鼓励的方式劝其好好准备第二次考试。
B生	44	・汉语拼音大多空白不会写。 ・课文解释大多空白不会写。 ・练习题错误太多。 ・翻译两题都放弃。	___ 粗心 ___ 不懂 ✓ 未准备 ___ 其他	・连翻译都完全空白，许多题型一字不写，感觉毫无学习与考试的成就动机。 ・针对第二次考试采用提前复习考试范围、领着做练习题的方式，并要求如果成绩再不理想得放学后留下加强。

二、数学

姓名	分数	错误项目简述	错误原因	补救教学策略
A生	21	A生几乎没有准备，且很多题目的叙述如果长一些就会没有耐心看。	___ 粗心 ___ 不懂 ✓ 未准备 ___ 其他	增加上课时问A生的次数，提升对内容的熟练度。
B生	9	B生几乎没有准备。	___ 粗心 ___ 不懂 ✓ 未准备 ___ 其他	提升B生对内容的熟练度，并调整作业内容，提升信心。
C生	55	C生很多题目都会，但是有一点点变化就无法思考。	✓ 粗心 ___ 不懂 ___ 未准备 ___ 其他	调整C生的作业内容，尽量熟练基本运算。

第六节 教师访谈

问：评估的方式，如月考怎么考？

答：有书面测验，还有一些操作。评估有很多方向，第一个是操作方面的评估，比如数学日记之类的报告，还有学生平常写作业的情况。

问：特殊学生有没有调整评估方式？
答：特殊学生的评估中操作的东西比较多。

问：同一个时间测验吗？
答：分开测验。

问：数学怎么评估？考卷是什么形式？
答：考卷包括口述、写以及操作。

问：口述和操作是指什么？
答：听写或学生看到什么可以口述，如看着时钟说这是几点。学生可以做计算，可以操作，可以测量，可以去画，去拨时钟，称东西，这都是实际操作。给特殊学生考试，他看不懂字里面的话，就要念给他听，让他去想。

问：用什么方式来评估学生？
答：日常生活的作业就是一种评估，还有学生的小组合作也是评估，还有像发言、口述的部分也是评估。学生说的部分、写的部分、创作的部分，还有作业的部分，日常生活中会记录，会进行评估。另外就是定期期中、期末的评估，期中、期末的评估方式会有较大的变化，不一定是书面测验，有听、读、上台说，教师会综合一些方式。所以教师会让学生知道考试成绩不是最重要的，平常的努力、平常上课的表现、平常完成作业有没有用心，或是上台发言和教师请他搜集资料也都是评估的重点。

问：普通学生和特殊学生的评估方法是否有所不同？
答：如果在班上的话，评估的程度、评估的目标不同。例如，语文评估听、说、读、写，特殊学生、普通学生都要评估这些，只是评估的层次及目标不一样。教师不会让他们觉得有太大的差异，让他们上台说的时候，特殊学生也会上台说，让他觉得自己跟大家是一样的，他也是这个团体的一分子，让他尽量去表现。

问：同样的课程范围，如何设计测验卷，才能符合特殊学生和普通学生的需求？
答：特殊学生会看他目前的能力、个别化教育计划目标和他必须要达成的目标，所以测验卷是分开设计。普通学生的目标会比较广，从基础到深入，再到延伸的部分；特殊学生会着重基本能力的训练。

问：教师平常用什么方式来评估学生的学习？

答：主要还是平常上课的方式，教师观察他们的学习状况，然后做记录；书面测验、作业评估，看他们的作业表现；实作评估，如在学校写作文；档案评估，就是把他们平常的作业收集起来，在一段时间内观察他们是不是有进步。这学期有试着让他们写日记，想要培养他们每天阅读的习惯。目前感觉还不错，特殊学生也还可以，因为是大组的，也可以看简短的故事，稍微写一下内容摘要还有心得。有些学生，像普通学生语文能力强，就真的做得挺好的。阅读日志目前没有评估，纯粹让学生自由发挥，不想给他们分数的压力。所以告诉学生想要看什么书就带什么书来看，老师不会说这本书不好不要看，除非是非常不宜于儿童的。还好目前学生都带一些还不错的书。

问：普通学生跟特殊学生的评估有什么不同？

答：特殊学生的评估要做一些调整，像有一些学生眼睛不好，就把考卷放大，有些学生会给比较多的提示，有的是题型一样，内容简化。评估的内容一定是上课带到的目标，教师希望他们学会的东西就会设计在这个评估卷里面。像期中考、期末考就要做评估，看学生学到这些东西了没。所以评估的项目跟内容就是针对他们这些目标去做题目的设计。普通学生设计题目的时候，比较倾向测出他们的语文能力，不是像一般测验卷只要生字、词语有准备就可以考高分。但是也不是故意要把他们考垮，就是平常多看课外书的、上课有认真听的就不会考很差。考卷比较倾向于可以测出学生真正的语文能力，希望他们写出自己的想法，而不是标准化的答案。

第十五章　与家长沟通

在融合班，家长是教师工作的伙伴，家长不再被动地配合学校，而是主动参与学校的活动、决策及教学，因此如何有效地与家长沟通，让家长成为学校的助力而不是阻力就显得格外重要。

第一节　家长参与

通常家长都很愿意参与学校的事务。在融合班，家长更是教师及学校最佳的工作伙伴，家长与学校沟通的渠道应该多元且必须畅通。沟通渠道除了平时的沟通、联络簿、电话、家访等外，还包括下列方式：

一、一学期一次的教学座谈会

教学座谈会提供家长一个观察学校环境及了解教学的机会。座谈会事前准备工作包括印制资料、布置教室、清扫教室、安排学生的日常作品及作业展览；当天流程包括教师及助理教师的介绍、课程及作息表的说明。教师可借此解释对学生的期望和班规、在学校可以接听或回复电话的时间；家长则可以提出关于他们孩子学习的问题及给学校的建议。以下摘录一则教学座谈会融合班学生家长对学校的期望与建议。

◎ **加强体能**

*方案：
- 下课请开放操场游戏区。
- 每天至少跑操一次。
- 孩子极度缺乏攀爬、平衡、灵活、立体空间的体能方面的训练，希望增加单杠设备以增进体能。

*为每名学生设定符合个人体能方面的学期目标（由自己衡量或请教师制定），如毕业前要跑（走）完500米/1000米、拍球××下、增进游泳能力。

◎ 教学

* 学期开始时请提供融合班本学期校历，以便家长配合学校安排家庭事务。

* 对学生自学能力的培养，要有长远计划和做法：
- 可先在学期中选一课，由教师引导，让学生分组自学。
- 老师的工作是引导／整合／修正／补充。
- 当学生慢慢具备自学的态度和方法后，在课堂上，上完每一课就可多给学生一些较独立的作业。

* 让家长知道如何在家协助孩子学习，请老师协助下列事项：
- 请老师在联络簿上写下进度以帮助家长协助孩子预习和复习、搜集补充资料。
- 作业请配合进度给予（少量多餐）。
- 放假时各科老师给作业时，请做横向联系（各科协调），避免过量。

* 常规管理：请将目标导向建立在学生自我管理能力上，而非高压和规则管制下呈现的被动秩序。

◎ 建议

* 表彰好的人、事和行为，处罚只能强化负向行为。

* 培养责任感，不一定要用奖品／盖章的方式。

* 让学生学习自我管理，管理项目如下：
- 工作进度。
- 收发作业。

* 管理规则制定及轮流负责工作是学生自己的责任。

* 上角落课或换教室不要排队，而是强化：
- 小组责任制。
- 互相帮忙和等待。

* 老师只需要关键性地参与，常动眼睛观察及找问题，冷静地寻找解决之道，积极参与讨论和指导，就可培养学生自我管理能力。

◎ 培养温馨的校风

* 老师多使用积极的沟通语言，如"你做完××事，可以去玩"，少用"你没有做完××事，不可以出去玩"等负向语言。

* 减少告状和打小报告的情况，学习自我处理人际关系。

* 提倡尊重精神，尊重自己、尊重别人、尊重环境。

＊培养感恩、惜福的心（消除暴戾之气），如感谢别人的服务、感谢别人的原谅、珍惜所有、爱物惜物、表达满足的心情。

家长通过上述书面的方式具体地描述对教学及生活的意见后，学校也需针对其意见做出具体回应，对可立即改进的地方马上改善，无法做到的则需让家长知道并说明理由，以求做到双向的沟通。

二、安排特殊学生父母到校说明

安排特殊学生的父母到校向其他家长、教师及学生说明应如何照顾特殊学生，让家长、教师及同学了解班上的特殊学生及他们希望得到的协助。当然除了特殊学生家长，其他家长也可通过开家长会谈谈他们的育儿经。

三、家长固定到校拜访，和教师沟通

学校应鼓励并接纳家长固定到校拜访，和教师沟通，教师在和家长沟通时尽量强调孩子的优点、具体描述孩子的问题，并倾听家长的看法与建议。

四、期末问卷

以初中融合班为例，通过问卷调查，了解初中融合班学生家长的理念及期望。问卷分为下列几个部分，从不同角度了解家长对孩子就读融合班的看法。

1. 未来会考出题方向着重理解、时事、实际操作及英语会话与听力，因此必须多搜集资料读活书，并非死记硬背就可以得高分。你希望融合班如何应对？你将如何配合（如协助孩子多搜集课本以外的知识）？

・多阅读课外读物、杂志、时事新闻。

・教改是循序渐进的，有些科目还是得靠死记硬背。至于"读活书"的范围太广泛，流于空谈，让家长疲于奔命。家长努力工作想给小孩更好的生活质量，休息的时间还得伴读、找资料，这样的教改只是更加重负担。我怀疑这是教改所预期的结果吗？

・还是顺其自然让小孩子自由发展，留一些空间给他成长，才是最大的幸福，做父母的只能尽人事罢了！

・希望学校多设计学习单，配合课程，能融入生活教育使孩子不只会读书也会处理人际关系，表达自己。我的期望只有让孩子能自动去做学校交代的事，把它看成自己的事情，带他搜集资料。

- 用时事、实际、灵活的题材来教育及操作，让孩子有更加深刻的印象。
- 加强学生读书能力，让他们有能力去应对会考。
- 要求孩子会整理、剪贴时事新闻，加强宣传各入学方案、各项成绩计算方式及如何争取分数，协助孩子搜集课外知识，鼓励尽其所能并主动参与校内外活动，有积极负责向上的精神。希望老师能要求融合班同学要团结一致，多为班上争取荣誉，有需要的，定竭尽所能配合。
- 请老师多协助搜集资料、建议，相互支持。
- 语言的部分要有环境。若在校，交谈能渐渐使用英文会话，相信在听力及会话上一定会有很大的进步，家庭生活也要配合。
- 班级同学及老师在日常作息中随时用英语交谈，加深词汇的运用及更多时间的学习，在无形中达到英语学习的效果，加强英文课外读物的选读及听英文教学CD，尽可能让孩子用英文沟通（借此爸妈也可以再加强英文）。
- 希望老师指导读书的方法、搜集资料的种类及方式，我们做家长的尽量配合，但还请老师指点。
- 介绍各公私立高职、中职特殊教育班给学生认识，使学生能分辨并找到适合其能力的学校就读，抽空陪同孩子去认识想就读的学校的环境，目的在于让孩子了解要达到目标，自己要付出多少。
- 最好定期举行英语会话模拟练习，老师和同学对话、同学之间对话，老师搜集资料给同学，开展阅读比赛。
- 教导孩子平常除了要学习搜集资料外，更要按时收看新闻，剪贴报纸杂志，加强英文听说写的能力，培养全班的读书风气，建立小班制教学及培养学习。学校和家里要常保持联络，使孩子可以一贯地学习。
- 全力配合，全力指导孩子搜集教学资料。
- 以现有的教材教授孩子已足够，目前课程的进行能这样做最好！语文着重课文分析讨论、词语运用、熟记解释，再针对课文运用部分练习创作或口头表达，避免填鸭式的练习过多。学习单的字体太小（课文字体小有碍学生视力）。
- 社会课：按学期进度教学，教学能生动活泼更好。多让孩子讨论课文内容及搜集相关资料，报告更好。老师很辛苦，得熟知史地内容、提出讨论大纲、搜集相关资料及准备重点，开学前就要拟妥课程计划，开学后开展整个学期的进度。
- 自然课：仍以课程为主，融会贯通即可，过多的搜集会让孩子负担增加（资赋优异者则不在此限），实验部分训练孩子做笔记及填写操作观察记录（聪明的孩子没问题，问题是平凡的孩子该怎么加强？）。

2. 你希望融合班如何协助学生快快乐乐地升学，并让融合班的特色有助于升学？快乐之中不要忽略课业。

·基本上我并不热衷于目前的升学方式，我只希望自己的孩子在学校的团体生活中学习如何独立自主、坚持原则、具有强烈的道德观以及不畏强权扶助弱小的品质，如此他将来进入社会更有能力去适应，毕竟父母亲无法跟着小孩一辈子，加强小孩本身独立自主、明辨是非的基本观念，个人觉得远比读书升学更加重要。

·强调团体的运作，给予个人适度的表达机会，提供培养孩子自信心等课程，让孩子上戏剧（话剧）课以故事方式表演，多教孩子计算机基本操作及寻找课程相关资料的能力。

·我会支持融合教育，教材灵活，让孩子印象深刻。

·希望同学与同学之间能互助，像家人一样，大家一律平等，快快乐乐。鼓励同学多阅读国学常识，并给予每人分享报告、读书心得的机会，激励学习，对于艺术类课程及特殊事迹，能给予更适当的体验及了解。建议目前尚无太重的升学压力时，可给予每日背诗词、阅读《论语》《大学》之类的书籍等任务，积少成多，可由家长及同学相互背诵后签名、教师抽背的方式，加强求学精神，必要时做课后辅导。

·请老师在英文课布置纯英语环境，让这一节课生动活泼，如身在英语国家旅游一般。因为生活即学习，身历其境自然而然去适应和学习用英语沟通。

·上课活泼生动，尽可能让孩子参与课题的制作过程，课程能有活动来搭配，让每个孩子都能主动参与。

·应加强学科的学习，辅导学习能力较差的学生读书方法及复习功课的要领，可让融合班同学多参与校内活动，借此提升学生的多元发展的目标，也可让融合班的教学效果能显现出来，增加推荐升学的机会。

·成绩固然重要，但不是重点，帮他找出志向与专长，了解自己，发挥专长。

·老师可将自己的亲身经历与学生分享，帮助孩子面对升学问题。搜集升学资料，常常提醒同学注意推荐的项目及应有的观念。

·除了加强会考要考的学科外，还要使教学内容生动、活泼、有趣，协助孩子们成立读书互助会，互助教学。

·能重视个别差异、因材施教，并达到学习目标。进入融合班就读，在于让孩子了解特殊孩子，接纳他们不一样的行为举止及发现他们的优点，普通孩子亦然。全班平等看待，互相尊重，教导他们理解人的差异，要多体谅比自己慢的同学，全班同心协力，互相帮忙。优秀的孩子能有包容的心，平凡的孩子能有更努力的心，如果大家急于准备将来的升学考试而忽略融合班的学旨——以人为本，就太枉费设这一个班了。

五、联络簿

家长和教师平时的联系仍以联络簿为主，联络簿上可列出每天的作业、课程的进度作为与家长沟通的桥梁。联络簿格式如表 15-1 所示。

表 15-1 联络簿格式范例

日期	星期一 月　日					星期二 月　日				
科目	语文	数学	自然			语文	数学	自然		
进度										
练习										
作业单										
作业本										
教师的话	（　）要携带					（　）要携带				
家长的话	签名：					签名：				

六、期中报告

定期向家长报告学生学习的情况。例如，在期中考后将开学至期中学习的情况让家长了解，也是让家长对学校放心的方法。表 15-2 是一则期中学习报告的范例。

表 15-2 期中学习报告

姓名：　　　日期：　　　至

科目	目标	表现			备注
		非常好	适当	需协助	

第二节　家庭与学校间的互相合作

家庭和学校一样也是学习的场所，父母在家也可以协助孩子学习，父母可以提供下列协助：
- 与孩子聊聊并倾听他说话，重视他的感觉及意见，尽可能积极地互动。
- 让孩子知道父母认为他是最特别的，重视孩子好的品格。
- 给予孩子机会做自己及家庭事务的选择或决定。
- 做一个好的典范。
- 鼓励孩子培养一项专长、加入一个社团、做运动或是一个兴趣。
- 不要帮孩子做那些他已经会、可以自己完成的事情。
- 保持规律的用餐时间及睡眠时间，规律对安全感的建构是非常重要的。
- 提供一个舒服、安静的地方给孩子做作业。
- 在家骄傲地展示孩子的作业。
- 在剪贴簿里收藏学校的回忆。
- 增强日常生活技能，如遵守时间、找出变化的地方或阅读地图。
- 假如有任何问题或对学校有疑虑，马上跟教师联络。
- 陪孩子读15分钟的课文。
- 反馈孩子的努力。

家长通常会与教师合作，他们相信教师是最适合帮助他们孩子的人，任何解决方法应认真仔细地与家长讨论。以下是最需要彼此合作的事项：

◎家庭作业

家庭作业通常是父母关注的部分，教师一定要清楚地说明程序，回答学生有多少家庭作业，多久分配一次，是否有长期的报告，作业如何评分。给家长看作业分配表，让他们知道哪些作业即将到期，与家长讨论哪些方法可以让他们在家帮助孩子完成作业。

◎行为规范

将学习问题归因于怠惰、态度欠佳或行为不检是不适当的，教师需要去判定这些问题的原因，这些在家长的帮助下通常可以完成。教师和家长可以共同合作去制订计划来记录一些在家或在校的不良行为，记得感谢家长的关注、合作以及他们宝贵的时间。最好在会议结束后立即做笔记，而不是依赖自己的记忆。表15-3是和家长共同讨论的学生在家一周行为检核表。

表 15-3　在家一周行为检核表（日期：　/　~　/　）

时间	作息	项目	周一	周二	周三	周四	周五
17:00–18:00	打球						
18:00–18:30	洗澡						
18:30–19:00	吃饭						
19:00–20:30	家教						
20:30–21:00	玩游戏机						
21:00–22:00	写功课						
22:00–23:00	看课外读物						
23:00–	睡觉						

◎ **家庭阅读**

实施家庭阅读有助于学校的学习，提高孩子阅读技能。每个星期应至少四次家庭阅读，年纪较小的学生每次至少 20 分钟，年纪较长的学生每次至少 30 分钟，父母自愿带领家庭阅读成效会更大。选择一些书和孩子分享，聊聊那些插图，当你念到哪里手指也要跟着移动到哪里；也可让孩子读给你听或是看着图片重述一次故事，让孩子有时间去阅读书上的内容，认识书上的字及词语，鼓励他们从句子中找出那个字的意思。周末可以带孩子到书店或图书馆，也可鼓励孩子写日记、寄卡片给朋友或亲戚、寄电子邮件或写信给朋友等。父母可以和其他家庭联系，交换家庭阅读心得，并且提供建议给那些无法做家庭阅读的家庭，也可以帮助特殊学生的父母做一些调整，使特殊学生也能参与阅读。

◎ **观念沟通**

与家长沟通时，尝试把一个问题单独拿出来讨论，尽可能具体地表达你的担忧，因为它们影响到其他学生。当问题被厘清时，询问家长是否有任何问题或意见以增进孩子的学校经验。认真听取他们的意见，准备好自己具体的建议以改善情况。例如，你若建议心理测试，可提供家长医院精神科的电话号码，向家长解释测验结果，将有助于让每一位参与教导孩子的人了解教导孩子的最好方法。准备好介绍任何可提供特殊教育服务的辅助人员。

家长与教师应交换成功策略的使用经验及避免使用哪些策略。建立家庭辅导课程，提供家长方法包括家校合作、使用与学校相同的策略，促进家庭与学校间频繁、积极及良性的沟通；建立明确的目标，避免责备，使用专业术语，发展融洽且一致的策略，家长和教师互相讨论建立有效的策略和教育风气。

第三节　教师访谈

问：通常以哪些方式与家长沟通？

答：视家长的工作来决定。如果平常碰不到面，就会用联络簿的方式，事情比较严重才会打电话；常常来学校接孩子的就会当面面谈；太严重的事才会特别请家长来学校。大部分都是用联络簿还有电话的方式，每一种都有不同的效果。例如，孩子在学校发生了很不适当的行为就会写联络簿，写联络簿的方式是请某某某学生回去告诉家人在学校发生冲突的情形。写联络簿不会交代那么清楚，因为学生都高年级了。回去之后家长就会听孩子的描述，之后家长再电话跟教师联系，就可以互相谈论学生回去之后向家长陈述的观点和教师陈述的观点是不是一样，也就是跟真正的事实是否符合。这时候就可以知道学生有没有说谎，或是他的观点是不是正确，他跟家人描述的时候有没有偏向哪一方面。这个方式挺不错的，让学生知道不是每一件事情教师都很详细地写在联络簿上，要让他练习主动跟家人说，把整个过程用自己的观点讲给家人听。

问：家长最常反映的项目？

答：教学、教养。教师和家长是站在同一个合作的角度上的。如果是平常比较常联络、常到学校来的家长，其实在教学上可以成为教师的助力，教师有什么需要，或是有什么课程正在进行，会跟家长谈，家长知道很多资源也会告诉教师。

问：最难沟通的？

答：目前没有，都挺容易沟通的。

问：家长有意见时如何处理？

答：对比较关心教学的家长，会用比较缓和的角度来看，他们要听教师的看法并给出意见，教师提出意见后，家长也说他的意见，教师会做一些调整，所以不会有太大的问题。在开学初家长座谈会时，教师会把怎么处理讲得很清楚，或是为什么这样做跟家长谈清楚。大部分家长都是支持的，没有太大的意见，我们的理念都很清楚，所以没有什么理念冲突的部分。

问：是否遇到过家长反映不愿意让普通学生与特殊学生一起上课？

答：目前没有。

问：通常会以什么方式和家长沟通？

答：教师如果在教学上很认真的话，就能够取得家长的认同，家长基本上就很愿意接受教师的一些理念。教师本身要先做好，家长相对来说意见都会比较少。可以趁一些机会去和家长聊聊或是在谈学生的问题的时候，通过这种机会了解家长的想法、价值观、理念如何。了解之后，与其沟通的时候就比较能抓住他的想法，也可以站在他的想法上，接着教师可以去思考用什么方式来与家长沟通会比较容易被接受。

问：会用电话来联系吗？

答：大部分是当面，因为这里和家长的互动挺密切的，很多家长常会到这边来，互动的机会就很多。家长常反映的是孩子在家里的情况与问题，会问孩子在学校是不是这样、有没有这个状况，如果有的话，会一起讨论如何处理及帮助这个学生，他在家里可以做哪些，教师在学校可以做的事情是什么，双方可以联合起来，让标准一致并有共识。在跟家长沟通方面，比较困难的是双方理念不同，基本上教师尊重家长的看法，假如他的方法不是很好，如果他愿意听、接受教师这边的建议的话，其实也不会有什么困难。比较困难的是，有的家长觉得自己很懂，觉得教育理念自己知道很多，也知道孩子的问题是什么，但因为很忙，没有办法付出很多的时间来帮孩子解决这个问题。其实教师会希望在家里，爸爸妈妈再拨一点时间给孩子，或是盯孩子的某些行为，就会有所改善。但教师的期望跟家长有矛盾时就比较困难了，教师觉得这样就可以帮他，可是家里做不到。

问：如果家长对教师的教学不满意，会如何处理？

答：如果真的碰到这种情况，教师就要先反省，看看家长提出来的是什么问题，是不是真的有这个问题，因为有时候自己有盲点。家长一定是看到了问题才提出来，一定是到了某种程度了，家长才会有反应。如果平常双方的互动是很密切的，关系也是很坦诚的话，就会建立很不错的关系。其实也有很好的家长，就算有一点小事也要告诉教师，这样的话就比较好解决，因为他跟你是很坦诚的关系，他有意见提出来，可以很快改善问题。较害怕的是沉积许久的问题，家长抱着不是很好的态度来跟教师反映，这种情形教师要检讨，因为会有这么大的问题一定是哪边出了状况，教师可能要回头思考一下自己什么地方可以做得到，而不是完全不晓得自己什么地方有问题。

问：会有家长去反映，为什么？

答：教师要先了解为什么家长会有这样的反应，如他们通常认为孩子的学习受到干扰。解决之道还是要在自己教学上面做检讨,为什么在教学的时候会让家长反映出这个信息,是不是教学过程或设计出了问题,如果在这上面可以把问题解决掉,家长就不会有意见了。如果这样还是有声音的话,那可能要和家长沟通。基本上,家长都是担心自己的孩子没办法专心上课,或是没有办法学到他该学的东西,如果他的孩子学得很好,没有问题,他应该是不会有这样一个声音。会有这样一个声音就是孩子出现了一些问题,是因为特殊学生的干扰。如果教师能够把这问题的根源搞定,也就是说特殊学生干扰孩子学习的问题能够化解的话,家长就不会有声音。

问:给学生带回去的作业单会常需要家长的协助吗?

答:作业单会比较偏向他可以尽量独立完成。家长要协助的部分就是观察,学习单后面通常会需记录独立完成百分之多少,家长可以帮教师观察孩子,大概这张学习单有百分之多少是自己完成的,如果在60%以下,可能这一张学习单对他比较困难,教师就要再做调整。希望设计的学习单是比学生目前能力再难一点点,他就有部分是自己可以完成的,有部分有一点挑战度,这样就不至于有太大的挫折,又可以把自己能力再提升一点,这是最好的设计。

附录一　针对个人及特殊学生所做的调整

每个学生的问题不一，需要的调整也不同，基本上可分为内在调整策略及外在调整策略。内在调整策略包括教导学习、记忆、阅读等策略，待学生熟练后，再予以类化；外在调整策略指的是在教学方法或课程内容上调整的策略。

一般而言，学生学习问题可分为视觉、听觉、触觉及动觉四个部分，调整策略如附表 1-1 所示。

附表 1-1　视、听、触、动觉教学调整策略

困难处	调整的策略
视觉或视知觉有困难	·视觉材料、教师板书要清晰。 ·用镂空的框架来定位视觉材料的位置，用直尺来定位阅读材料的位置。 ·用口头陈述及说明并辅以实际操作来加深印象。
听觉或听知觉有困难	·提供视觉性线索。 ·坐在靠近教师且不易被噪声干扰的位置。 ·口头指令要明确、简短，并提供视觉线索。 ·教师借身体、眼神接触等方式，让学生注意到教师要给予指令。 ·教师放慢说话速度，使用简单易懂的词汇。
触觉或触知觉有困难	·凸显触觉材料的材质。 ·加入视觉和听觉的材料辅助学习。
动觉或动知觉有困难	·将动作的操作步骤分解得更细。 ·加入视觉和听觉的材料辅助学习。

将课堂上特殊学生遭遇的问题分类，可得到针对不同问题的调整策略。根据美国密歇根州普利茅斯市坎顿社区学区计划（The Project of the Plymouth-Conton Community School District）为资源班学生发展出来的教学调整策略，发现教师可针对不同的问题做出不同的调整，调整策略如附表 1-2 所示。

附表 1-2　针对学生问题拟订的调整策略

如果学生无法做到	教师可以试着做
对学习感兴趣	*说有关人生的故事。 *联结学习的目的与先前或未来的经验。 *配合概念层次调整学习材料，使其简单具体或抽象复杂。 *先提供和概念相关的社区经验，再教抽象课程，调整概念层次。

续表

如果学生无法做到	教师可以试着做
对学习感兴趣	*当课程开始时,给予积极回应。 *通过强化,如有正确答案时,马上给予反馈、称赞或一对一交谈,引发学生对学习的兴趣。 *大声念短文或故事,以刺激学习兴趣。 *让学生的位置离教师近一点,距离也会影响学习兴趣。
有学习的动机	*通过课程与教学的安排 • 安排支持的环境。 • 设定可实现的渐进目标,使学生进入新的学习情境时,有期待成功的动机。 • 提供具有适度挑战性的学习内容。 • 提供有意义的学习结果。 • 小步骤教学,使其有成功的学习经验。 • 安排有趣、活泼、多元化的活动或作业。 • 提供学生选择的机会。 • 用各种不同的方法练习新技能。 • 提供学生主动反应的机会。 • 提供学生与同伴互动的机会。 • 在作业安排上,限制问题数量;设计问题中有该生的名字,并且以其生活情境中熟悉的问题作为出题素材。 *通过外在诱因来引发学生的学习动机 • 对于学生良好的表现予以奖励。 • 让学生了解学习对于他的帮助是什么。 *加强学生的内在动机 • 教导学生设定目标、自我评价和自我增强。 • 使学生了解努力和结果之间的关联性。 • 对于学生良好或进步的表现予以立即反馈。 • 增加学生的内在满足感,以激励学习。
听从指示	*减少指示的步骤。 *使用较少的字。 *举例。 *重复。 *请学生用自己的话重复或解释。 *提供指示的检核表。 *将指示的话录下来。 *协助学生观察自然的提示,如同伴执行时的动作。 *当学生开始动作时,在他身边监控。 *以视觉或听觉的方式来给予指示。
按进度交教材或作业	*准备一个笔记本记录作业,请学生常常自己检查。 *放一些作业单在学校。 *提供学生作业单。 *提供作业单给家长或其他教师。 *请学生带联络簿或可供记事的日历。

续表

如果学生无法做到	教师可以试着做
按进度交教材或作业	*将作业写在黑板上,供学生抄写。 *检查学生是否有将指定作业抄在联络簿上,并给予强化。 *进行较大的作业时,准备一个大信封袋,可分批装记事卡、图片等。 *随身携带书、笔、纸,以分类记录每天的功课,如成绩、要点、进度表。 *迅速归还正确的作业。
专注地工作	*减少分心,多给予回应。 *提供较小的或较容易的任务。 *提供检核表。 *减少特别活动的时间,或是提供能在短时间内完成的活动。 *增加休息时间,减少工作量。 *进行静态的活动,让学生可以休息一下。 *使用定时器,控制工作时间。 *提供提示: • 使用肢体、视觉及听觉上的提醒引起学生的注意。 • 肢体上的接触(拍背)最容易引起学生的注意。 • 轻敲黑板,说:"注意喽!接下来说的事情很重要!" • 在课堂中展现一些小幽默以及赞美。 • 重要的段落或字词用荧光笔标出。 *增加完成的速度。增加学生的完成任务率,致力于完成任务可以增进注意力,安排小作业、单独辅导和额外时间做辅导都是必要的。 *帮助学生了解在什么时候、什么地方、该做什么事情、什么东西该放在哪里,这样的要求可以使学生更有组织能力。 *要求顺序。示范如何按顺序排列笔记本,并坚持让学生一定要将它放回适当的位置。
准时完成任务	*减少欲完成的任务量。 *允许学生花较多的时间完成。 *提醒剩余时间,如剩两分钟时,提醒一下。 *按时间顺序列出工作项目,如记在家里的日历上。 *提供工作项目检核表。 *在记事本上工作结束的地方做记号。 *提供积极反馈,如工作完成时给予奖励。
参与团体活动	*在团体活动时进行直接教导(明确制定出所期望的沟通及社会技能)。 *提供2~3名同伴作为伙伴协助。 *赋予学生责任或担任领导者(角色需清楚、明确)。 *在团体里,安排可协助该学生的小组成员。 *利用助理教师或志愿者帮助学生完成工作,直到学生具备技能。 *将工作内容结构化,并将工作项目及步骤列出来。 *重申教学的目的,并与活动联结。
独立工作	*交付有挑战性但不太困难的工作。 *确定学生可看到工作的完成。 *给予明确的指导说明。

续表

如果学生无法做到	教师可以试着做
独立工作	*降低或提高工作困难度。 *交代较容易完成的作业。 *常给予强化。当学生专心从事工作时，要称赞他，但不要因为称赞而打断他。 *提供工作的目标作为学生的动机。 *让学生将个别工作视为自己的责任，并能获得成长，而不是老师要摆脱他。 *作业的内容要多样化，如绘制图表、地图、旗帜、绘画等，不要只有书写的部分。
通过倾听学习	*除口语外，也要运用视觉提示。 *使用闪卡（flash cards）。 *让他闭上眼睛，回想听到了什么。 *以视觉方式呈现词汇或概念。 *请学生做笔记，并用荧光笔将重点画出。 *用听觉及视觉媒介呈现教材。 *解释每个小步骤。 *用视觉呈现方式辅助口头指示或演讲，如将大纲以书面或是投影方式呈现。 *请学生重复教师的指示说明。 *团体教学时，在每一步骤休息一下，使学生能将过程记在脑子里。 *提供其他信息来源，如父母、音频。 *缩短听的时间，并重复讲的内容。 *用黑板或投影提供视觉线索。 *口头及操作交替进行。 *事先教导较难的字和概念。 *告诉学生将会学到什么，并说明为什么要倾听。 *避免用被动句。例如，要说"小唐帮助小明"，而不要说"小明被小唐帮助"，因为较不易了解。 *说话要简洁。例如，说"小明，请坐下"，而不要说"小明，麻烦你坐在自己的椅子上好吗？" *演讲时，保持幽默。 *提供学习单或学习指引。 *将不同性质、长度、速度的指示录下来，以供练习。 *提供视觉性线索。 *坐在靠近教师且不易被噪声干扰的位置。 *口头指令要明确、简短，并提供视觉线索。 *教师借口头提醒、眼神接触等方式，让学生注意到教师。 *讲一段要给予指令。 *放慢说话速度、使用简单易懂的词汇。
口头表达意见	*接受学生用不同形式分享想法 • 书面报告。 • 以艺术方式表达，如画图、拼贴、雕塑。 • 展览作品。 • 图表、流程图或表格。

续表

如果学生无法做到	教师可以试着做
口头表达意见	• 布告栏。 • 照片纪录。 • 地图。 • 透视图、3D 动画。 • 影片回顾。 • 猜字谜、表演默剧。 • 做广告。 • 拍摄影片。 * 问只需要简短回答的问题。 * 给予提示，如用句子或图片作为提示。 * 制定讨论时的规则，如不能打断他人的话。 * 将口头报告纳入评分项目。 * 教导学生在课堂上如何问问题。 * 教导如何运用肢体语言和口语表达。 * 等待学生回答；学生举手时，不要马上叫他，最少要等三秒。 * 根据学生程度问问题，要求学生回答。"什么（what）"和"为什么（why）"是不同层次的问题。 * 让学生渐渐突破自己，如先在小组里发言，再到大团体中发言。 * 如果学生觉得以录音方式呈现较容易，便不要勉强他做口头报告。 * 允许学生报告时拿备忘手稿。 * 有耐心并鼓励学生说出想要的东西。 * 在班级中让学生从事一些需要沟通的工作。 * 提供选择的机会并让学生用语言表达自己的选择。 * 让学生与同伴借由阅读课文来练习困难的发音。 * 鼓励学生与同伴互动。 * 引导同伴注意听学生说话，重点在于说话内容而非说话方式。 * 不要为了纠正学生而中断其说话，待其说完后再示范正确的说法。 * 当学生口吃或说话速度很慢时，给予等待时间。 * 让学生练习将口语和熟悉的活动、物体做结合。 * 对于阅读流畅度有困难的学生，用不同颜色标示完整的词语。
阅读	* 语文材料阅读有困难 • 口头提示教学重点。 • 运用概念图。 • 教学生联想和理解字的部分。 • 用具体的词汇、图画、实物和生活实例补充说明。 * 数学题目阅读有困难 • 教师或同伴阅读题目给该生听。 • 将题目录成音频。 • 使用较简单的词汇。 • 教导学生圈出和了解关键词句。 • 教导学生使用绘图或操作教具来协助理解题意。

续表

如果学生无法做到	教师可以试着做
阅读	• 将数学概念具体化,与生活情境结合。 • 要学生用自己的话重述问题。 • 给予的题目需等学生熟悉后再变换。 • 教导学生区辨题目中相关和不相关的信息。
书写	* 给予较大的写字方格,再逐步缩小格子。 * 给予提示(描点、描红、外框字等),再消除。 * 给予字体结构方格。 * 使用多重方式练习书写(砂纸上、背上写字等)。
写简短文章	* 先教导学生口述其生活经验。 * 从教导句子开始(看图、字卡等方式练习造句)。 * 写作文的题材应是学生有生活经历且有兴趣的题材。 * 教学生练习写简单的小故事,并包括一些规定的要素。 * 用一些问句来帮助学生练习写故事。 * 使用填空策略、画图等方式协助学生写作文。 * 教学生如何运用写作大纲计划要写的内容。 * 提供作文范例,使学生模仿并改变。
察觉关联	* 直接指出关联所在。 * 在学习单或内容上把相关的部分做上记号。 * 课堂讨论——和学生自己的经验结合。 * 直接教导物品的功能、种类、相反概念或顺序。 * 以标题或图表举例。 * 以树形图呈现事件的关系。
组织、结构和联结学习材料	* 加强课程内容与学生生活经验间的联结。 * 加强跨领域课程间横向的联系。 * 加强相同课程中不同单元间纵向的联系。 * 教导学生整合的策略,如整理笔记、摘录重点等。

资料来源:Mayle J, Riegel R H. Maladies and remedies: Guidelines for modifications of materials and methods for mainstreamed adolescents with academic difficulties[J]. Review of Educational Research, 1979, 49: 517–555.

附录二　多元智能多层次教学范例

配合主题的多元智能多层次教学范例如下：

一、主题

太阳系是一个不断变化、广大无际且相互作用的系统。

二、重点

- 物体如何在太阳系内运转？
- 地球生命如何受太阳系的运作影响？
- 为何地球和月亮被视为一个系统？
- 日食是怎么发生的？

主题网络图如下：

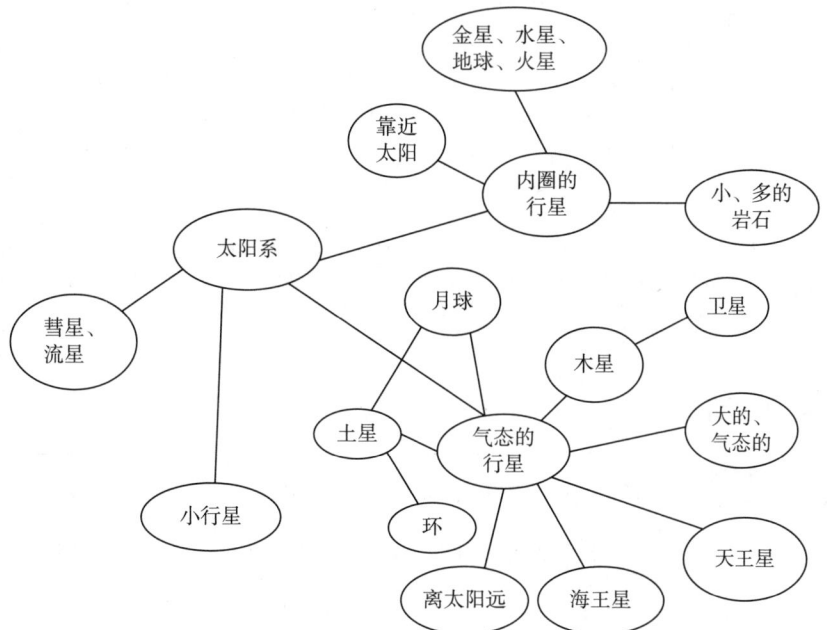

三、包含领域及重点

- 科学——地球和空间。
- 人际学习——日历。
- 美术——创意模式。
  描绘月亮的图形。
- 文学——撰写文章作品。
  阅读有关月亮的故事与诗集。
  撰写有关月亮的故事与诗集。
- 音乐——聆听有关月亮的音乐。
  写有关月亮的音乐。
- 数学——估测与空间的方向。

四、多层次学习目标

重点	层次一（最高）目标	层次二目标	层次三目标
广大无边的太阳系	知道空间——地球与月亮在太阳系位置的空间关系。	知道地球和月亮在太阳系的位置。	知道地球只是太阳系中的一小部分。
相互作用的太阳系	• 知道为什么地球绕着太阳转、月亮绕着地球转。 • 知道为什么有四季、太阳和月亮及日食的发生。 • 了解月亮各方面以及如何影响地球潮汐。	• 知道为什么地球绕着太阳转、月亮绕着地球转。 • 知道有关四季的事情。 • 知道月亮会发生月食。 • 如何影响地球潮汐。	• 知道地球绕着太阳转、月亮绕着地球转。 • 可以说出季节名称，从我们生活的季节中分辨相似的季节。 • 知道月亮是个行星，但是只能看到某些太阳影响不到的部分。
不断变化的太阳系	知道地球与月亮一直绕着太阳运行，就像其他星球或卫星永远环绕着太阳运行一样。	知道地球与月亮一直绕着太阳运行，就像其他星球绕着太阳运作一样。	知道地球一直绕着太阳移动、月亮一直绕着地球运行。

五、学习活动

重点/活动	多层次策略	语文	数学	空间	动觉	音乐	人际	反思
地球/月亮系统	能力较好的学生观察与记录，其次画出太阳、地球、月亮	说出地球、月亮及太阳的名称和其他词汇	地球一天几小时/一年几天	太阳与月亮的距离	学生做出太阳、地球、月亮运行的动作		团体中的工作表现	记录在"空间日记"

续表

重点/活动	多层次策略	语文	数学	空间	动觉	音乐	人际	反思
地球中心	能力较好的学生可画出国际日期变更线	说出地球在宇宙的位置名称（太阳系）	知道时区，可以讨论	学习地球自转（虚幻的中心）	制作自己的地球仪		年长的学生可帮助年幼的学生	记录在"空间日记"
昼夜/时区	能力较好的学生可说出时区	学习中心名称及时区	指出不同时区的时间	地球位置跟太阳中心有关	学生可以分享、转动地球仪		团体合作，预测时区	记录在"空间日记"
季节	能力较好的学生可预测春、秋天昼夜平分的时间，为什么是这些日子	说出每个季节的名称	剩下多少天就到冬天、春天？	地球位置跟太阳自转有关	学生可以参与创作季节的情景	听每个季节的歌曲		记录在"空间日记"
各阶段的月亮/日食	能力较好的学生计算美国下一次日食的时间	说出月亮每个阶段、日食名称	多少天完成月亮的一个循环？	月亮的位置与地球和太阳有关	学生可以参与创作月亮的各个阶段	听写有月亮两字的《带我飞向月亮》的歌		记录在"空间日记"
月亮各阶段的记录	能力待加强的学生可画出月亮每个阶段的样子	加强加深月亮每个阶段的概念	月亮一次循环周期有多少天？	月亮在天空的位置	学生描绘他们看到的月亮		请学生分享全部的记录	记录在"空间日记"
阅读/撰写有关月亮的文章	可利用不同层次的书籍/文章	学习书本名词				听莫扎特的音乐	请学生分享阅读	记录在"空间日记"
天文领域知识	学生将得到额外的不同经验	学习天文名词	到那里需要多少时间？	天空上的星星		听一些演奏音乐	较年长及年幼的小组团体	记录在"空间日记"

六、教学策略：地球—月亮系统

◎ 多层次策略

能力较好的学生观察与记录，能力较次的学生画出太阳、地球、月亮。

材料：太阳（沙滩球）、地球（棒球）、月亮（乒乓球）。

程序：学生四人一组（不同程度），每组一人拿着不同的球举在头上绕着沙滩球转。

◎ 语文

说出地球、月亮及太阳名称，同时说出相关词汇：

- 地球—月亮系统。
- 路径。
- 天体运行。
- 椭圆。
- 可以描述圆形与椭圆形路径的不同之处。
- 自转。
- 可以描述当物体在太阳系时，绕着太阳公转与自转的不同之处。

◎ 数学

学生可以算出地球一天时间是月亮的多少。月亮一月有 27.3 天，而且月亮一年也是 27.3 天，这怎么可能？学生可以学到月亮永运用相同的面面对地球。如果地球一天 24 小时，一年 365 天，那地球一年有几小时呢？

◎ 空间

学生可以看到太阳系是什么形状？计算太阳和地球、月亮和地球之间的距离，圆形与椭圆形路径有什么不一样？可以学到太阳系中的所有物体都有椭圆形的运行轨道，月亮是以椭圆形的路径绕着地球转，就像地球是以椭圆形的路径绕着太阳转一样。

◎ 动觉

学生不断地活动、模仿，就像物体在太阳系不断移动一样。有人模仿太阳，有人模仿地球，有人模仿月亮，有人模仿天文学家观察地球—月亮系统环绕太阳的路径。模仿地球和月亮的学生走椭圆形的路径时，必须慢慢地旋转；模仿月亮的人必须确保他们一直面对着地球绕，就像月亮某一侧永远面对着地球绕一样。

◎ **人际：合作**

他们必须是四人一组的团体，有三个人分别是太阳、地球及月亮，另外一个则是天文学家。

◎ **反思：说出他们后面想做些什么**

在结束活动之后，每个人可回应他们看到或做了哪些事情，或任何他们有兴趣学习的东西和创意的想法，鼓励他们写下来。

附录三　学生对融合班的看法

一年级
- 别人的老师很凶。
- 我们有特殊学生和普通学生,别的学校没有特殊学生。
- 有角落和地垫的布置。
- 我们要脱鞋子。
- 我们的教室里面有标本。
- 老师对我们很好。
- 我们的教室里有球,别人没有。
- 座位的规划不同,我们是分组,别人是一排一排的。
- 班上的人数比较少。
- 别人的学校有主席台,我们的学校没有主席台。

二年级
- 普通的小朋友跟小天使一起玩。
- 融合班的老师不会打人,用爱的教育。
- 小朋友的座位采用分组的方式。
- 老师以说理的方式教导我们。
- 老师拿很多书让我们看。
- 有角落课让我们可以选择。
- 老师会教小朋友要相亲相爱,互相学习。
- 老师会说很多故事给我们听。
- 老师会教导我们如何照顾小天使。
- 我们有三个老师。
- 老师会用游戏教导我们。
- 老师很细心,会准备很多好玩的东西。
- 老师会教小天使说好话,做好事。
- 融合班的小朋友都很温柔。
- 融合班的小朋友有主题报告,让我们有更多的知识。

三年级

- 融合班教育方式不同，老师不会太凶，老师对每个同学的标准不太一样。
- 融合班独一无二，小朋友都很开朗，老师都很温和，小朋友下课都会互相帮忙，帮助小天使，大家都觉得很快乐。
- 有不一样的小朋友，大家都会包容、帮助他们。
- 一般学校都不愿意接受小天使，融合班是希望每一位小朋友都能学习成长。别的学校小朋友不听课，老师多半就算了；融合班的老师都会不断提醒小朋友上课要注意听。
- 融合班很照顾小朋友。
- 融合班有融合的精神，小朋友都会互相帮忙，学习体谅别人。
- 融合班的学习方式有比较多的活动，难度会放松一点，时间也不会很紧迫。
- 别的学校一个年级有好几班，融合班一个年级只有一班。
- 融合班的老师不打人，别的学校老师会打人。
- 以前的学校上课都很古板，这里比较好玩，有角落课、社团。
- 融合班在教小朋友学会帮助其他小朋友和合作。
- 融合班跟其他学校很不一样，这里就像一个大家庭，可以认识各种各样的小朋友。
- 融合班让我越来越懂得怎么帮助有需要的人，我也会变成更棒的人。
- 融合班是个很好的地方，其他学校都比不上。
- 这是个很特别的地方，能让我们跟不一样的人在一起，也能和不一样的人一起玩，他们让我们学习互助合作，融合班真是个温暖的大家庭。
- 我觉得我改变很多，我以前会挑食、会闹……现在不会了，我真的好感谢融合班。
- 融合班是小天堂，很快乐。
- 融合班是一个学习帮助别人的地方，让人觉得很快乐。
- 融合班很特别，因为普通学生和特殊学生可以互相帮助，是一件很快乐的事。
- 我在融合班学到了不同的知识，现在我学得越来越多，我觉得在融合班很快乐。
- 融合班是一个很适合需要帮助的小天使学习的地方。
- 融合班是一个可以帮助人的地方，也可以学到很多东西。
- 融合班让我学到如何和特殊学生互相合作，和其他学校不一样。
- 融合班是小天堂。
- 在融合班我学到了怎么帮助需要帮助的人，我发现帮助别人真的很快乐。

四年级

- 人数很少没有分班,老师不会用体罚,会帮助有需要的小朋友,有角落课,同一时间两边一起上课。
- 一班有三个老师,我们有读书会,有外地来的英文老师。
- 教学方式很活,很好玩,让我们很爱上学。同学四年不变,感情更深厚。常有上台的机会,让我们做主题报告,增加组织和语言能力。老师特别温柔,老师跟学生是双向关系,使我们不会怕老师。
- 有爱我们的老师,鼓励我们一直努力向上,让我们真正知道老师们的努力。
- 有一些需要帮助的人,座位没有一排一排地安排,老师不会那么凶。
- 有三个年级一起上的角落课,自然课会做实验。

五年级

- 和小朋友在一起很快乐。
- 计算机不会坏掉。
- 融合班有着不同的学生,让我们可以和不同的人接触及去了解他人。
- 可以和不同的人一起生活。
- 融合班的学生都会互相帮助。
- 很开放、自由。
- 很自由。
- 融合班的老师很温柔,有很多实验用具,是一所"实验学校"。
- 让大家有友谊的桥梁。
- 来学校感觉很好。
- 融合班的特色就是老师不打学生。
- 这里的老师比较漂亮。
- 很开放。
- 可以交到好朋友,有很好玩的东西。
- 融合班让我可以和与我不同的人多一点接触,让我学习如何去包容他们,也让他们从我们身上学习。
- 有游戏器材。

六年级

- 同学很善良。
- 融合班的活动很多。
- 会互助合作。
- 老师很温柔。

- 大部分的老师都很好。
- 制服与众不同。
- 同学活泼好动。
- 家长会互相帮忙。
- 给特殊学生一个良好的学习环境。
- 同学很有包容力。
- 小朋友很乖、老师对人很好。
- 融合班的孩子很适应团体生活。
- 老师脾气好。
- 同学会主动教特殊同学。
- 体罚比较少。
- 校风开放。
- 同学之间很友善。
- 同学之间很容易打成一片。

附录四　家长对融合教育的看法

一、孩子登记就读及已就读融合班的家长

融合的好处及成效除了在孩子身上可以看到，还可以通过家长对自己孩子的观察而获知。吴淑美（1997）调查登记就读及已在竹大附小学前及小学融合班就读的学生家长 179 名，他们认为融合班的优缺点如下：

（一）融合班的优点

项目	优点	百分比（%）
1	能增进孩子的情绪智商（互助合作、包容、体谅、惜福、肯定自我）。	33
2	能因材施教发挥潜能。	15
3	能了解不同类别的人及个别差异。	15
4	增加生存适应的能力。	10
5	增加学习动机及自主性。	8
6	具有人本精神（尊重、平等、开放、自由、快乐、有教无类、良性竞争）。	5
7	有模仿对象。	3
8	增加互动的机会。	2
9	是最正常化及常态化的环境。	2
10	班级人数少。	2
11	特殊孩子不会被排斥。	2
12	师资好。	1
13	重视亲职教育。	1
14	增进语言表达能力。	0.9
合计		99.9

（二）融合班的缺点

项目	缺点	百分比（%）
1	老师需准备教材，工作压力大（需最好的师资才能胜任）。	32
2	担心无法适应其他较严格的学制。	18
3	特殊学生的行为及情绪会影响秩序。	16
4	教学较难随时兼顾各种需求。	15
5	资源（人力、经费、行政及场地）不足。	7
6	推广及得到认同不易。	5
7	普通学生会模仿特殊学生。	4
8	家长干预较多。	2
合计		99

上述结果证明，选择让孩子到融合班就读的普通学生家长大多是希望借由和特殊学生相处，培养孩子的爱心、耐心及助人为乐的精神。家长认为融合班的教学方式比较能做到因材施教，孩子可以学会与不一样的人相处。

二、孩子就读小学融合班的家长

吴淑美于2014年搜集融合班成效资料时，请小学一至六年级特殊学生家长及普通学生家长共50名填写问卷，回答融合班整体环境对孩子的帮助、对课业学习的帮助、对孩子行为的改变、融合教育的优点、融合教育的缺点及与其他学校的不同共六个问题，家长的看法如下。

（一）融合班整体环境对孩子的帮助

请说明融合班整体环境对孩子的帮助与影响。

一年级

· 在普通学生与特殊学生比例为2∶1的特性下，因生活与学习的全面性接触与互相了解，确实发挥了融合教育精神。

· 我家小孩在念幼儿园的时候就会特别照顾肢体不便的同学，在融合班上学的时候也会特别照顾同学，老师都很称赞。

· 能给予孩子一个积极、友善与包容的成长及学习环境。孩子不因特殊学生的身份感受压力，总能开朗快乐地去上学。

・让普通学生与特殊学生相处，学习接纳和欣赏与自己不同的人。例如，跳啦啦队操时会互相合作，当特殊学生跟不上时会拉着他一起跳。

・（1）互相合作；（2）友爱同学，不因是特殊学生而轻视；（3）教室双向开门，有自由的空间。

・开放式的无障碍空间让孩子能安全地活动，与特殊学生也能无障碍地互动。老师们的耐心、引导与互助合作，让孩子的问题可以及早发现及早纠正。

・多样化的学习内容让孩子更能适性发展。例如，原本很害怕游泳的孩子，却在全班共同上课中感到安全放心而爱上游泳课。

・让孩子学会对环境友好及友爱不同特点的朋友，对于品格教养有很不错的增进。

・（1）我的孩子为特殊学生，在普通学校可能因让老师头痛而被贴标签，但在融合班能被平等对待，老师和普通学生给予特殊学生更多的包容；（2）老师配置比例较高，孩子比较能被注意到、照顾到；（3）环境安排对孩子来说比在普通学校安全，不会有冲撞的情形产生。

二年级

・帮助普通学生观察并接受特殊学生先天的差异，引导普通学生尝试与特殊学生进行合作，让普通学生用健康的眼光（同理心）去体谅特殊学生，进而珍惜自己比特殊学生拥有的优势。

・能融入团体生活。

三年级

・孩子二年级下学期从普通学校特殊教育班转到融合班就读，我的孩子很快就适应了融合的环境，情绪也稳定了。老师放手让他与普通学生做一样的事，如写联络簿、写一样的生字本，慢慢地他能写部首了，这证明孩子是有潜力的，只是被压抑了，贴标签真的很可怕。看着孩子和普通孩子一起放学，那画面很美好很感动。

・融合校区整体环境虽小但是健全，每间教室经过特别的设计，老师也非常有爱心耐心，在这样的环境成长，我相信小孩会获得更多的启发。

・孩子对班上的特殊学生能够有正确及正向的认知，如运动会中要协助特殊学生共同完成表演与竞赛。

・融合班有一群理念相近的家长，教学理念有系统的设计、好的环境。孩子在这三年中交到一群让他天天期待一同上学的朋友，一同参加游泳、铁人比赛，假日一同外出骑车，孩子们活出了我们心目中的童年。

・校区环境优美，虽然校区较小，但设备一应俱全，更有温水游泳池及专业教练。让孩子可以在安全的环境下将游泳这项运动学得很好，教室的设计也让人有温暖的感觉。

- 校区小，每个年级的孩子几乎都彼此熟识，感觉就像个大家庭，友善的环境包容度高，孩子间的感情也特别好。
- 充满了包容力与尊重的环境，也造就了孩子宽容且温和的性格。
- 孩子看见不同且有差异的孩子，不会投以好奇异样的眼光，能接纳与自己身体状况不一样的孩子，一同上课、生活、游戏，以爱包容对方，学习成长，视界更宽广。
- 孩子平常接触的同学有普通学生及特殊学生，在外面遇到身心障碍人士时，也能以平常心对待。
- 在普通学生与特殊学生混班教学的环境中，珍惜与满足自己是个正常的小孩，不把一切视为理所当然，进而培养一颗关怀与帮助特殊学生的心。
- 整体环境上让孩子觉得是一个很有安全感、稳定的地方，所以可以放心地在这里上学，学习更多事物。
- 融合班建立了友善、互助、体谅、快乐的学习环境，让孩子每天都能开开心心地成长学习。我从不担心小孩在融合班会被欺负、排挤、嘲笑。衷心感谢这些用心帮助、照顾小天使们的同学们，他们真的很棒。

四年级

- 融合班在整体环境上对孩子来说是一个可以快乐、互助学习的地方。如孩子遇到不愉快的事，老师会实时注意并且很快处理。
- 普通学生懂得关怀特殊学生，帮助及协助他们，也能学习和特殊学生相处。特殊学生不会受到歧视，也没有霸凌的问题。
- 普通学生非但不会排斥特殊学生，还会加以照顾爱护，培养高尚品格。特殊学生也能得到尊重，有利其身心发展。

五年级

- 让孩子情绪变得很稳定，学习成效较大，因为特殊学生是可以接受教育的。班上孩子的行为是他们模仿的对象，有了良好的示范不会学习不当的行为，在孩子的提醒、包容与等待下，即使步伐不是即时的，但也能跟上。普通学生比其他学校的学生更稳重，不会时时想捉弄其他小朋友。
- （1）环境安全；（2）学生单纯；（3）老师可以照顾周全。
- （1）班级少、人数少，不同年级的每位老师与孩子都很熟悉；（2）教室的安排、座位、厕所都让孩子有较佳的环境；（3）充满绿意、人情味浓，家长团结互动较多。
- 孩子较懂得如何与人相处，能完成一件事情，有独立思考能力，也更能体谅别人。

- 孩子比较长时间地接触不同的特殊学生，更能同情他们，因此更能发展出关怀他人、同理心等特质。孩子以前在别的学校就读时，班级气氛多竞争，同学间常有不顺从他人就被排挤的情况。来到融合班，孩子自然地与特殊学生相处，看见别人的不足更能体贴他人，学习感恩。
- 我两个小孩都在融合班快乐成长，融合教育是好的。
- 我的孩子个性较静、内向怕生，自从进入融合班后个性变得开朗活泼，也会照顾同学、体谅同学，回到家也会主动照顾妹妹。有客人来也不会怕，会主动招呼客人。

六年级

- （1）融合班是个"友善校园"，每个家长与孩子都是认同融合教育的互助、群体表现与爱的教育才选择这里；（2）融合班是个安全的校园，人数少、组成分子单纯，让家长非常放心。
- （1）班级人数少，孩子感情融洽，甚而认识不同年级的孩子；（2）老师能顾到每一个孩子的需要，不管是特殊学生还是普通学生；（3）课程活动涵盖融合精神，进行中孩子学习彼此帮助（合唱、啦啦队、运动会）；（4）孩子能欣赏并接纳别人，互相学习。
- 普通学生比较能理解包容特殊学生。
- 特殊学生和普通学生一起上课，互相扶持，互助合作。孩子能了解世上有各种各样的人，大家应互助合作，共存共荣。
- 人与人之间的距离较正常化与亲近。相较于其他学校，孩子间互动只限于在学校，下课后、周末的交流及互动很少，疏离感较多。在融合班，大家彼此熟识度、信任度很多，家长间的私下活动也是，也会有学校以外的交流活动。孩子在自己班上因为较被尊重的关系，能有较多机会发言及相互讨论，有较大的空间表现自己，个人的自由展现机会多以及发展较不受压抑。
- 整体环境对孩子有帮助。
- 看见不同且有差异的孩子不会以好奇异样的眼光对待，且能接纳与自己身体状况不一样的孩子，一同上课、生活、游戏，以爱包容对方，孩子的成长学习更进步、视野更宽广。
- 在整体环境适应上，老师和隔壁班的老师都会互相帮忙。我的孩子是多重障碍且有多动倾向，老师会给孩子做训练且用每日检核表检核孩子，找一些强化物来帮助孩子，让孩子有动力自己努力学习。我的孩子因为情绪问题，以前会大叫，用不好的行为来表达，老师会要求家长配合，加上医生及药物等，使孩子更好。感谢老师的付出，让孩子有很好的学习和影响。
- 让普通的孩子学习与小天使和睦相处，进而愿意出手扶持。

(二) 融合教育对课业学习的帮助

请说明融合教育在课业学习上对孩子的帮助与影响。

一年级

- 强调异质合作的精神，无论是普通学生还是特殊学生，老师在学生学习过程中，鼓励小朋友发挥自己较擅长的部分，并彼此合作来达成目标。如造句练习中，小朋友有的动脑，有的动手，让小朋友在愉快的心情中学习。
- 虽然分成小组学习，但是孩子的适应能力很好。课堂上的考试没有评比名次，不会造成孩子课业上的心理压力，每天还是很开心地去上学。
- 个别化教育计划能帮助孩子依能力及需求循序渐进地学习，并保持对学习的兴趣。
- 可以让老师注意到每名孩子的学习状况。例如，分组教学时1名老师约负责10名学生，学生的学习状况老师可以一目了然。
- 能分组讨论，互相分享，并能表达自己的看法。
- 小班制、游戏式、活泼的教学方式，让孩子对学习保持兴趣。作业不过多、练习不过度，孩子有空白时间做自己的兴趣爱好。没有分数且多元的评估方式，让孩子家长充分了解孩子到底学会什么，哪部分需要加强，不会去和同学相互比较，养成过重的得失心。
- 结合生活经验，让孩子不只学习课本知识，也能运用在生活中。如语文介绍了春天，孩子到户外时会想去了解发芽、树叶、蝴蝶成长的过程，将知识与生活结合。
- 课业上比普通学校浅，低年级可增强广度和生活性。
- （1）小组教学比较能照顾到个别差异；（2）没有很大的压力，所以孩子能保持学习热情；（3）老师能针对个别差异给予不同的作业，特殊学生有能力完成自己的作业，减少父母与孩子的冲突。

二年级

- 学习的过程除了接受帮助，同时也可以帮助别人。
- 有较多的老师可以教导小朋友。
- 以多元的方式引导孩子思考，课程有趣不僵化，鼓励学生多表达及动手操作，建立孩子的自信心。

三年级

- 每天回家会主动写功课，50%以上自己主动完成。耳濡目染的融合教育，尤其对语言能力弱、但有模仿力的孩子真是有很大的帮助，虽然当下没看出他的学习成果，但日后会显现出来。

- 融合教育让自己的孩子学习如何爱人、助人，培养宽阔的胸襟，让孩子了解到每个人都有适合他的对待方式，孩子变得善解人意且更加珍惜自己的能力，培养团队合作的技能。我觉得每个融合的孩子，在某些活动或者课业上面，都会成为各自的领导者，而其他孩子也乐于配合。
- 小班教学分组上课的方式，让孩子更有机会表达自己的学习状况，从不以成绩来代表一切。鼓励孩子发现自身的优势，建立自信。我发现融合校区的每个孩子都充满自信、满足，真的很棒。
- 有多元的学习如主题月，孩子针对主题去思考。
- 融合教育能真实体现全人教育的精神，课业不单单是书本上的钻研，孩子们能多元发展。由于特殊学生与普通学生一同学习，孩子不会对成绩的细微差异斤斤计较。而课程中，综合课设计的灵活度还不错，跳出了分科教学的限制。
- 不以标准化的课本教学，老师设计多元的学习方式，孩子在课业学习上较有弹性，在彼此讨论、协助的同时，也让孩子更能活用所学的知识。
- 各自发挥所长，合作解决问题，让孩子看到自己的闪光点。
- 采用小班教学，每班有两名老师及一名助理老师，可以对每名学生有较好的掌控。
- 我的孩子虽然是普通学生，但从小个性好动，并不容易静下来好好学习。融合教育的老师有着比一般老师更多的爱心与耐心，让在普通学校会被列入捣蛋分子的他，得到的总是鼓励而不是责备。他每天都期待去上学，在校门口和我开心地说再见。快乐地学习就是最好的学习方式。
- 孩子在课业学习上都能跟得上进度，孩子学习得很好。
- 融合教育是针对每个孩子的程度不同而因材施教，所以教学重点也会因每个小孩能力不同而做调整，完全做到有教无类。而且班上同学都是小老师、小帮手，对小天使课业学习上有莫大的帮助。

四年级

- 因为小班制，三名老师互相协助，孩子容易得到老师的关注，老师能掌握孩子学习的进度，对孩子是好的帮助，孩子对学习是正面的、积极的。
- 两名普通学生配一名特殊学生的分组方式，让特殊学生在课业上可以直接受到普通学生的协助与帮忙。普通学生在协助的过程中，也可提升自己的能力。
- （1）普通学生有义务且乐于教导特殊学生，经过教学过程，普通学生需先融会贯通、整合知识才有办法教，所以能教学相长；（2）学习以讨论的方式进行，刺激学生思考能力与学习兴趣，有别于填鸭式教育。

五年级

・由于孩子一整天都在学校照课表上课，家里也执行老师交代的作业，因此所有的学习都是连贯的，老师也针对孩子的程度给予不同的作业。孩子在重复且一致的步调下，发现他对学习是有回应的，我们不但诧异于他的进步，也会发现这样同步的教学，不但有目标，无形中也帮他累积了许多学习经验。

・（1）形成性评估较少；（2）总结性评估多元及分散，减少考试压力。

・（1）课程分角落、小组、大组，让孩子可以充分发挥，反复练习；（2）虽有人先学会并了解，但学生可以彼此教导，学习分享成果，乐于等待；（3）没有成绩的竞争，但也令孩子流于安逸；（4）才艺课程（如音乐、美术、美语）较没有完整的规划，但家长如果有意提升孩子，可以自行在外寻求资源。

・（1）独立思考能力佳；（2）灵活的创作能力。

・三年来因为学校的纷扰，老师的流动率高，对于多层次教学并没有看到，实在可惜。上课比较活泼，学生不单是听课，高年级可以看到讨论和表达，但是低年级就少很多了，所以教学及课业方面，并没有太多感觉。

・学校的评估测验一学期两次，与一般学校不同，因此较没有考试压力，多余的时间通常用来阅读课外读物，或是要求孩子多运动。

六年级

・（1）班级人数少，孩子在学习上有问题老师都可以掌握，进行另外辅导；（2）因为都是小组上课，孩子也能互相帮助。

・（1）这几年由于实验计划，课程几乎和体制内相同，创新及真正的融合课程及教法未落实；（2）每学期的教学主题发布，孩子借此合作完成主题，对孩子是不错的经历。

・老师能了解每个孩子的能力、需求给予帮助，对作业、考卷的调整也依其能力安排。

・课业上，能力好的孩子会主动教不会的孩子；互相讨论，课堂上发问，回应的风气很盛；减少普通学校的竞争，多了共同讨论的乐趣。

・因为近年来老师轮替太过频繁，因而课程的设计及教学目标频频中断无法延续，这是一件很可惜的事。一些班级原有好的练习，往往进行一段时间因为换了老师就停了。比如一年级语文开始读三字经到后来的唐诗背诵，实施几年后，孩子习惯了读唐诗，却因换语文老师的关系而停止，还记得孩子摇头背唐诗的专注模样……

・比正常教学轻松。

・普通孩子能协助需要帮助的孩子，学习如何协助、扶持他人，不是只看见自己的需要。

- 我的孩子因为有视力障碍,直接学习拼音很困难,跟老师沟通讨论后直接学习汉字,让孩子能更好地成长。另外,针对视力障碍,老师会把字体尽量放大,尽量拿实物以利孩子学习,感谢老师们的用心付出。
- 学习上能融合不同的人群,课业上赶不上普通小学的进度。

(三) 融合教育对孩子行为的改变

请说明融合教育对孩子行为上的改变与影响。

一年级

- 因普通学生与特殊学生的比例,孩子同理心的发展更为精致与快速。我的孩子对普通学生与特殊学生行为举止的表现有更深一层的了解。
- 学会同理心,体恤同学。
- 孩子在具有特殊教育经验老师的帮助下,课堂中学习的稳定性有明显提高,情绪控制也有进步。
- 普通学生与特殊学生相处自然融洽。例如,上学在校门口碰面时,会互相打招呼,手牵手一起进学校;日常生活特殊学生需要协助时,普通学生会主动帮忙。
- 能因有能力协助别人而产生自信。
- 以前孩子看见身心障碍者,总是用好奇的眼光盯着看;现在不会,会觉得和大家没什么不同。以前走路常喊累懒得走,现在会珍惜自己拥有健全的身体。
- 对自己比较有信心,也能学习照顾包容其他人。我的孩子是独生子,在融合教育下,学会了如何跟较小年级的孩子相处,并试着去照顾他们。
- 接纳不同的人,对特殊学生不害怕,能有爱心地协助。
- 我的孩子受挫时可能会躲在桌子底下或趴在桌上不肯起来,老师、同学能给予较多时间让他调适情绪,所以不会有因情绪不好而失控的情形发生。

二年级

- 学习过程除了被帮助,其实也可以帮助人。
- 提升团体生活能力及同伴相处能力。
- 学会接纳并找出可行的沟通模式,变得容易体谅别人。

三年级

- 能很开心地去上学,也懂事多了。
- 发自内心乐于助人。例如,几次接送过程,看到自己的孩子主动去牵特殊学生的手走进教室,觉得很感动。
- 同理心、包容、温柔宽容的心。我看见自己孩子的改变,他为了班上的一位小天使,天天绞尽脑汁只为了博取他的一个笑容。下课时,大家抢着陪伴小天使去图书馆、厕所，走进校园常常都会被感动到。

- 在融合的理念上，我们认为对孩子的同理心与互助上面帮助很大。
- 孩子能珍视自己的才能而非一味地和别人竞争，也能接纳自己的短处，做最好的自己。我的孩子钢琴还不错，他能珍惜合唱比赛中伴奏的机会，他的课业平平，但也不会因此就放弃学习。
- 从小就接触跟自己不同能力的孩子，让孩子在个别差异中彼此协助学习，孩子会更有同理心，对于人与人之间的互动也会彼此关怀包容。
- 老师注意到每个孩子的差异与长处，让孩子有发挥的空间并提升自信心。
- 强调品格道德教育，不是只重视学业成绩。
- 比较会为其他弱小的小朋友着想及照顾妹妹。例如，知道爸妈在忙时，会帮妹妹洗澡。
- 被老师笑称为"班长伯伯"的他，是个爱帮忙、凡事都想掺一脚的孩子，不论是排队还是啦啦队竞赛，老师都会指派他负责协助特殊学生。在能力所及的范围内主动帮助弱势，已经自然而然地成为他生活的一部分。
- 孩子在行为方面都能与人愉快相处，固执性降低，也能替他人着想。
- 孩子的口语能力渐渐加强，能主动说出自己想要做什么，负面情绪减少很多，每天都开开心心地上下学，在学校和同学朋友们一起学习成长。

四年级

- 让孩子懂得尊重，欣赏同学的优点。我家孩子看到特殊学生有一点的进步就称赞他进步很多。
- 普通学生在这里学会帮助特殊学生，特殊学生纯洁的心灵也影响着普通学生。孩子在这样的环境学习，以互相合作取代竞争，让彼此在人格、品行上都有良好的互动与成长。
- 通过在校接触特殊学生，我家孩子变得较温柔能体谅人，比外校学生成熟懂事得多。

五年级

- 孩子经过老师的教导，对特殊学生的包容心更大，也会用同理心对待。对于特殊学生的一些行为，因为经过大量的提醒、正确的指引，一些不当的行为会消退，自我刺激的动作也会减少。
- （1）正面：孩子和老师没有距离；（2）反面：分寸拿捏较不容易；（3）能容忍其他小天使。
- （1）对特殊孩子的接纳提升很多，几乎感受不到差异；（2）能够以正常、一般的态度与他人交谈分享；（3）不计较，主动表达，生活态度佳，对人的信任感提升；（4）愿意主动帮助同学。

- 能为别人着想，肯帮助别人。
- 孩子的同理心、包容心都有学会，且会自然而然地和特殊学生相处而不是排斥，也会主动去协助特殊学生。
- 产生同理心，会用包容心去看事情。以前因为他是家里的第一个孩子，比较溺爱，害怕他会太固执、自以为是，因此才会让他来融合班。上学后发现他的想法与观念改变很多。

六年级

- （1）我家小孩比较内向不善表达，因为学校小组上课和讨论，学会表达意见并与同学合作；（2）知道如何帮助小天使，并接纳与自己不同的孩子。
- （1）孩子能接纳并协助特殊学生，普通学生之间也因相处日久（六年）而彼此学习优点及调整自己；（2）每学期孩子会到同学（特殊学生）家玩，将来初中也可能在同一班（安置），对孩子而言，不分普特生，潜移默化中孩子的包容度是很大的。
- 能让孩子比一般的孩子更早了解每个人的不同，学习包容、尊敬、赞美、互相理解，帮助孩子将来在不同环境里能适应不同的人。
- 让害羞没自信的孩子重拾自信、自尊自重。
- 我的小孩在这里认识了"各式"的同学，他们知道如何和自己不同的同学相处，他们也感受到人与人之间的自然友谊和信赖。
- 与同伴互动多。
- 强调品格道德教育，不是只重视学业成绩。
- 以前孩子有很多负面的行为，如会打同学、骂人、吼叫等，在老师带领下孩子逐渐改善了一些坏毛病，虽然还有一点小毛病，但和以前比起来已好很多，庆幸有融合校区老师的付出，谢谢老师们。
- 小孩更有耐心与爱心，同理看待不同的人。

（四）融合教育的优点

请说明您认为融合教育有哪些优点。

一年级

- 人有优点也有缺点。我认为融合教育鼓励小朋友发挥长处，了解他人行为的背后原因，是非常不错的教育特质。在长远的人生途中，给了小朋友进入社会后所需的人际沟通上的特殊种子。
- 齐头式的教育方式，同理心的学习模式。
- （1）特殊学生能和同学融洽相处，不会受到同学或老师的排挤和嘲笑；（2）为学生制订个别化教育计划，因材施教，帮助孩子循序渐进地学习。

- 让普通学生能以平常心看待特殊学生。例如，普通学生在校与特殊学生相处融洽，认为每一个人都是特别的，特殊学生需要帮忙时普通学生会从旁协助。
- （1）师生比高而获得较多注意及关心；（2）友善的同学关系、互助的精神。（3）依个别能力做不同的工作；（4）分组教学；（5）没有比较与竞争；（6）孩子的包容心及宽容心强。
- （1）普通学生学习帮助及关怀有需要的人，特殊学生学习融入一般社会，并拥有自信及自尊；（2）适性教育，每个孩子都能得到老师的重视及引导。
- 发现孩子不同的亮点，适性引导。给孩子更多发挥的空间、多变化的课程，活化孩子的脑袋。
- 人格教育。老师很有爱心，给孩子适性发展的空间。
- 让孩子从小学习包容与尊重。

二年级

- 融合教育的特色就是普通学生与特殊学生共同在一个班上学习，这个平台可让孩子无形中认识自己的差异，但又能同时知道自己与他人并无太大的不同，在相互尊重与交流的过程中，知道生命的机会是一样的。学习的过程除了接受帮助，其实也可以助人。
- （1）学到同理心；（2）不仅包容特殊学生，普通学生也有需要指导改正之处，也同样受到包容，整体而言就是在落实爱的教育。

三年级

- 没啥缺点就是优点。
- 融合的环境会让普通学生自然地对待及帮助特殊学生。尊重差异、适才适所的环境及空间造就孩子的包容心、快乐学习及成就感。对于特殊学生，因为普通学生的刺激及互助的学习，对其发展有相当的帮助。
- 看见自己拥有什么，更懂得以同理心替他人着想。每个孩子合作与互动，学习看到别人的优点。让孩子自由、适性地发展学习，更能发现自身的优势能力。
- 能让孩子在不知不觉中，经由环境感受到差异性，可以很自然地和有孤独症的同学相处。
- 让孩子们从小建立健全的人格，而非注重于"赢"过别人（在各方面），在真实、充满差异的世界里，接纳、协助、共同生活。像是啦啦队比赛，并非像以往推出黄金阵容，只为呈现"最好"的一面，而是让同班每个人都在团队中有所表现。
- 让特殊学生有正常的学习渠道，而不是孤立在某些团体中，通过与普通学生的互动，让特殊学生的能力激发出来。对普通学生来说，通过关怀、协助、彼此尊重，也训练一颗柔软的心。

- 培养普通学生的同理心、包容心，看到孩子能以开放的心胸接受特殊学生，这些是我儿时的学校环境完全学不到的。
- 看见差异，尊重差异，接纳差异，融合差异。
- （1）普通学生及特殊学生都能尽早接触真实社会环境；（2）提供身心障碍儿童正常化的教育环境；（3）普通学生更有同理心，会为其他人着想。
- （1）让特殊学生能和普通人一样得到相同的教育环境，而不是特别的待遇；（2）让普通学生能以纯真自然的心，理解如何与特殊学生相处；（3）培养主动、负责、关怀弱势的孩子。
- 普通学生和特殊学生可以一起学习，普通学生可以帮助特殊学生。
- 投入的老师质量佳，更能照顾到每个孩子的需求，而且学生人数较少，更能教导普通学生协助天生弱势的小天使们，不论是普通学生还是特殊学生都从融合教育的做法中获得莫大的帮助，让每个孩子都能快乐地学习成长。

四年级

- 让孩子懂得同理心，互相协助。例如，特殊学生一点点事都做不来的时候，孩子不会嫌弃他，反而会设身处地地思考如果自己是他，可能情况会更糟。
- 看见差异、尊重差异、融合差异、创造优异。学习优势者与学习弱势者可融合在一起，弱势者在融合班人数上（每班8人）并不是绝对的弱势，因此弱势者与优势者间的差异就不是怪异，也就不会受到歧视，进而互相尊重，最后融合在一起，互相学习。
- 小班制教学让小孩时刻被监督、约束，在儿童时期人格养成、人际关系培养的关键期很有帮助，至少不会学坏。在老师密集的引导下，学生素质不断提升，看不到外校的霸凌，连不雅的话都不出口。

五年级

- 因为班上都采用小班制，老师的比重也够，可以：（1）适时介入特殊学生的情绪引导；（2）适时引导普通学生与特殊学生的互动，更让普通学生了解特殊学生的特性；（3）特殊学生可以有正确的人际互动学习对象，动物性本能也可以借由良好的学习对象及适时的引导知道要用对的方式来表达需求。
- （1）教学较可兼顾全体；（2）学生不需常分班适应；（3）全校学生彼此熟悉，冲突少；（4）较易进行多元教学及评估。
- （1）没有人学习落后，没有人学不会，分组学习成效佳；（2）对与自己不一样（特殊）的孩子态度不同，接纳多，不互相比较，愿意协助同学。（3）生活较务实，不只是书呆子。
- 人本教育，强调如何与人互动。重视生活教育，重视小孩的生活能力。

・(1)普通学生、特殊学生自然融合相处；(2)气氛是融洽互助的而不是竞争的；(3)师生比让孩子获得更多照顾；(4)孩子的优点比较容易被看见及肯定，因为老师的包容性较高，也因为人数少，孩子比较有机会得到发挥、学习的表现机会，可增加自信心。

・无差异化的学习，没有排他的观念，学习关怀、爱护弱势族群，五育并存。

六年级

・让孩子学会付出、互信、互助、尊重、接纳他人。

・(1)适性；(2)扩大孩子的眼界；(3)培养孩子彼此尊重、接纳、谦和、同情的性格；(4)多元化学习，包含融合精神。

・每个孩子能依自己的能力学习，从中得到自信，一切跟自己比而不是跟别人比。

・(1)学习跟不同的人相处；(2)较会照顾、有同理心；(3)会主动思考，自发学习。

・尊重及包容人的个别差异，激发及实现人的善良本质。小儿子班上的新同学，全班把他当弟弟来对待，他的言行让大家觉得纯真可爱。

・上课较活泼。

・看见彼此的差异，尊重彼此的差异，接纳彼此的差异，融合彼此的差异。

・包容性高，孩子们有爱心，遇到事情会想办法解决，对特殊学生会予以协助。

・孩子学会宽容、耐心。

（五）融合教育的缺点

请说明您认为融合教育有哪些缺点。

一年级

・在短期的几年中，或许在课业的竞争上不如普通学校。

・实验性质的教育方式，随时可终止的计划，影响孩子的受教育权利及老师的工作权利；家长与老师、学生与校区环境、同学的适应程度都没有全盘的考虑。

・学习进度可能较普通学校慢，普通学生可能有未来竞争力不足的忧虑。

・有的特殊学生情绪不稳时会无法静下来或有攻击情形。例如，上课时四处奔跑走动，突然丢东西或动手打人。

・(1)特殊学生状况太多难免影响其他孩子的学习；(2)老师的互动影响班级运作；(3)不适合重症的特殊学生。

・无。

・代课老师素质良莠不齐，没有一定的渠道可以约束管理，影响孩子的受教育权利。

- 融合校区没有给老师应有的安心任教的环境，内部沟通协调程度也不好。
- （1）若任课老师没有专业的特殊教育知识，将无法给特殊学生专业帮助；（2）学生个别差异大，老师工作量大、压力大。

二年级

- 孩子初期接触（一年级）可能会因为对部分同学的行为尚无法分辨或理解，而造成错误的模仿或学习，但经过一段时间后便能改善或纠正。
- 较少个别教学。
- 为了配合特殊学生，部分教学进度易落后。为了跟上普通学生，部分课程特殊学生会较吃力。

三年级

- 太多优点就是缺点。
- 可能会减少老师对普通学生的注意和时间，使普通学生受教育质量降低，甚至普通儿童会模仿问题行为。老师比普通学校多，可能会出现老师间教学意见上的分歧。
- 老师间若意见理念不合，容易让孩子产生无所适从的感觉。
- （1）即使是在融合班就学的孩子父母，对融合方面的知识仍很薄弱，更不用说社会公众的了解程度；（2）融合和外界互通的渠道似乎薄弱，学生缺少一些外界的刺激，如去附小本部比赛说故事，完全是去凑数的。
- （1）融合教育的执行难度高，如果体制及老师没有全力的建构及热情付出，反而让孩子们成为实验品；（2）家长对于融合教育要有充分的理解，才能在过程中"补足"现有资源不足的缺口，与一般义务教育的参与度有相当的差异。
- 老师如果训练不够的话，可能没有能力及经验处理特殊孩子的问题，久而久之，有些老师会以班上的大多数（普通学生）为主体，特殊学生易边缘化，教学上也不能落实多层次教学。
- 融合班的环境单纯，造就了孩子单纯的个性，单纯到有时面对其他孩子的不友善行为无招架之力。
- （1）资源常常缺乏，凡事需向校本部联系；（2）原与校本部分开举行的大活动，一旦融合一起办，会显得格格不入。
- （1）普通学生可能被特殊学生攻击受伤；（2）政府对这方面的教育不够重视，在资源方面难以到位；（3）师资难寻。
- （1）与普通学校相比，教学的进度和要求的强度会较慢（低）；（2）普通学生毕业后回归普通的教学体制，可能会有适应不良的情形；（3）情绪障碍的特殊学生容易造成学习的干扰。

·融合教育需要投入的教师资源、教育资源比普通教育多很多，需动用更多的社会资源，要政府投入更多的人力资源才能把融合教育理念完全彻底地实现。对的事就该坚持实行下去，一起加油吧！

四年级

·因政府不支持，融合班无法坚持，造成老师流动率高，学生的学习易受影响。没有支持的法令。

·老师流动大，艺术类课程似乎无专任老师，没有操场。

五年级

·因为融合教育是一个理念，我觉得家长也必须认同，不适合其他自我意识很强的家长，这会让融合理念消失。

·（1）课程并无特别之处；（2）教育教学责任较重；（3）普通学生人数不足。

·（1）学业成绩短期内可能没有他校优异，需进行长期观察；（2）有时部分同学起哄（同学相处多年），新手老师较难掌控；（3）无法要求用书面测验来评定每个孩子的学习成就。

·孩子竞争少，校园太小，活动空间少，太过保护小孩，孩子的视野小。

·融合的环境是比较友善的，但是等孩子毕业离开之后，到了外面反而不适应外面的环境（强调竞争）。

·没有精英式的学习、课业压力小、放任式的学习，孩子容易懒散，怕毕业后初中程度会跟不上同伴。

六年级

·（1）教学资源、人员不足，闭门造车，如竹大附小校区应该与校本部一样，孩子可有各种专业任课老师任教；（2）信息不足，融合孩子也可与校本部孩子一样，知道各种活动竞赛信息、参与活动。

·（1）师资缺失，老师需先对融合有兴趣，进而接受信息与培训；（2）政府的支持不足，若是好的并可行的教育方针，不应受法规限制，而应调整规定。台湾的学校较有一致性，但孩子不是全都一样，为何不能在大城市先实施多元校区，让孩子在适合的环境中学习、成长，而不是把孩子塞到一定的模式中，强迫他们接受。若能有一个特殊学校设置部门专门审校、评估，如此不需要受太多法规牵制。台湾的教育不进步，孩子不进步，社会也不进步。

·（1）对于中高年级以后的很多科目，仍需细分、分组上课。孩子的能力越大，普通学生和特殊学生的差距越会更大，在体能、行为及学习上的悬殊让他们在高年级时较难融合；（2）老师需要有专业的特殊教育知识训练，才能针对特别的孩子做合适的教学及引导，否则特别的孩子问题会更大，和同伴间的相处及互动会日渐有问题。而老师在排解特殊学生及普通学生的纠纷时，需要很好的技巧，让孩子心中的不满得到尊重与平抚，才不会产生特殊学生好像没被尊重，而普通学生觉得老是因为特殊学生害他被责备，这点我觉得是不容易克服的；(3)老师之间也须做到尊重、沟通及支援。这里常发生老师间不能彼此合作的问题，进而影响整个班的运作，这是我认为的融合教育的缺点之一。要每班的老师都能有很好的团队合作模式并不容易。

· 不同学生较难特定教学。

· (1)资源仍缺乏，凡事需向校本部联系；(2)原与校本部分开举行大型活动，平日未接触、相处，结果毕业典礼、毕业旅行掺杂一起，感觉格格不入。

· 可能教学上会有一些阻碍，如功课或进度等。

· 课业比较差。

（六）融合教育与其他学校的不同

请说明您认为融合班与其他学校不一样的地方有哪些。

一年级

· 最好的是融合班的校区，另一个就是现在的老师，因为硬件与软件（人），所以融合班才显得不一样。

· (1)学习成果的评估方式不同；(2)教职员与学生人数的比例不同；(3)学习环境、考试压力都不大相同。

· (1)没有在其他学校就读过，无具体例子做比较；(2)融合班老师具有特殊教育经验或背景，更能直接给予学生帮助与辅导。

· 小班教学，作业活泼不死板。例如，一个班级只有20名学生，搭配两名老师；作业会有字的联想，引导组词、造句及绘图等。

· (1)师生比；(2)分组教学；(3)包容多元的环境；(4)学生的高情商；(5)老师的用心。

· (1)学生组合不同；(2)老师背景不同；(3)师生比不同；(4)无障碍环境较完善；(5)教学方式不同。

· (1)课程的安排、成绩的呈现方式；(2)不重视分数，让学习状况尚不稳定的孩子不会因为所谓考卷分数而影响信心，多样的课程让孩子视野更开阔。

· 真正的融合环境，并非政府的假融合、假平等。

· (1)配置比较多的老师，能对学生有较多的关注；(2)老师的特殊教育专业能力足够时，较能应付特殊学生的个别需要。

二年级

- 有较多老师可以教导小朋友。
- 普通学校因为没有适当的环境、课程、规划、人力安排等，学生常以刻板的印象去看待特殊学生，往往无法理解特殊学生的差异，积非成是的观念容易苛求特殊学生的表现，进而变相的霸凌，出现冲突。如果能让特殊学生被尊重，接受正常的相处及学习，也许能对社会有正面的贡献，反而是社会之福。

三年级

- 最大的不同是普通学生和特殊学生在同一间教室学习，普通学生会照顾与关怀比自己弱势的同伴，特殊学生有不被排挤及一起相处、学习的机会，这么好的教育体制最大的愿景是遍及每个学校，达到爱和和平。
- 活泼、启发的教学方式，以合作的方式代替个人的竞争，对于个别的差异，老师会教导尊重与了解。
- （1）不以智育成绩决定一切，鼓励孩子适性发展，孩子们被自然教育要"尊重差异"；（2）普、特生比例让融合教育真正被落实；（3）每年的合唱比赛、啦啦队比赛、水上运动会等，都可以看到普、特生合作呈现，绝对和别的学校不一样。
- 孩子及家长不太会把成绩当作唯一指标，因理念相近而把孩子送来融合，在观念上会比较接近。
- （1）尊重差异，而且让差异融于生活中。例如，班上的特殊学生与普通学生共同生活、学习，孩子们能从中知道如何与不同的人相处，不带着同情，而是完全的接纳、自然的互动及互助；（2）学习多元。虽然融合班不像普通学校有相当数量的分科专业老师，但是通过学生、家长社群的互助，反而发展出适性的成果，如游泳课。
- 小班制教学、较优的师生比、非传统式排排坐的座位、尊重个别差异，让孩子的优点更有机会发挥。
- 对于每个人的差异多了包容与尊重，在融合班注重发挥所长一起合作，与其他学校的强调竞争风格迥异。曾听朋友讲述，他孩子的班上有位"天兵"（推测是注意力缺陷多动障碍），而这个名词是由班主任冠上的；另一个朋友的孩子因加入舞蹈社团较晚，技术不如旧生纯熟，因而不准代表舞蹈社参与比赛。以上的实例，在我就读融合班的小孩身边从未听闻。
- 老师有爱心、耐心、专业及包容心，与孩子们做伴上课。
- （1）特殊学生的比例比较高；（2）老师有特殊教育背景的居多。
- （1）目前融合校区以普特生2:1的比例安排，每班2名老师加上特殊教育助理教师（非专属），在人数的安排上能照顾到特殊学生，也能清除一些普通学生教学强度较普通学校弱的问题;(2)老师非常有爱心和耐心,用鼓励代替责备和要求;(3)强调团队目标而不是个人成绩。如运动会的啦啦队竞赛,可以明显感受到普特生之间的融洽相处与合作无间。

· 学校用融合教育教导孩子,教导大家互相友爱、互相包容、互相学习。

· 师资质量佳、学习环境佳、教学理念和方法佳,因材施教、有教无类,每个孩子都得到老师、同学的用心教导,自然能开心地学习成长。

四年级

· 普通学校多半是大班制,一名老师需照顾二十多名学生,学生的德行可能照顾不周;而融合班有几名老师,学生的德行和品行较容易照顾周全,学生与老师之间的互动更密切。

· 普通学校是放1~2名特殊学生在班上,特殊学生易受歧视、被忽略,甚至不容易受到尊重;融合班因为是16名普通学生和8名特殊学生形成的班级,双方能真正在良性的互动中学习与成长。

· 利大于弊、优大于劣、小瑕不掩大瑜,故希望融合班可以继续,以造福更多的家庭。加油!辛苦了!感谢!

五年级

·(1)融合班是一个善良的环境;(2)可以让特殊学生有学习良好人际互动的环境;(3)普通学生家长也能有同理心,不会像普通学校会有家长排斥,让特殊学生及家长因为学习环境而担心;(4)普通学生也不会对特殊学生恶作剧,或者整特殊学生;(5)老师的介入也让双方的学习环境是双赢的;(6)因为层次化,可满足孩子学习所需。

·(1)环境安全;(2)学生单纯;(3)师生比较高;(4)校地小,没有运动场;(5)普通学生能体验的班际比赛、游园会、小卖部等皆无法感受。

·(1)老师多、学生少、班级数少;(2)不会大惊小怪地打小报告;(3)家长不会比较孩子的成绩、才艺、财富等;(4)家长不会期待学校应如何,孩子有归属感。

·(1)非填鸭式教学;(2)给孩子较大的发展空间;(3)鼓励多于处罚;(4)老师更有耐心。

·(1)教学方式比较民主、自由,内容比较丰富、活泼;(2)老师多半更有耐心、会聆听孩子的心声;(3)老师也会观察孩子的反应情况;(4)老师会主动告知孩子的情况给家长知道,我们比较放心。

六年级

·(1)组成成分不复杂、学校环境单纯;(2)班级人数少,老师可以照顾到孩子的需求;(3)孩子可以包容与自己不同的同学(小天使);(4)孩子在班上表现的机会较多；(5)学生有问题，家长可以与老师密切沟通、快速改善。

- (1)普通学生与特殊学生能在彼此接纳的氛围中一同学习、成长；(2)普通学生能学习如何协助同学，并不认为同学有特别之处，而是同学的特质、个性就是如此；(3)特殊学生在同一班能有同性质的同学，不觉得孤单，且与普通学生一同合唱、跳舞、活动等；(4)课程多元化，依照特殊学生的程度有所调整。
- 进入学校就读的孩子，家长在之前就了解班上会有几名特殊学生的存在，因此更能互相包容、理解。
- (1)师生比较高，学生受到较多的关注；(2)同学感情深厚；(3)教学多元。
- 尊重不同特质及缺陷的孩子是融合班的特色。不同特质的孩子能有比较大的自我空间（相对于普通学校），可以做自己及从中学习克服与调整自我的问题，不被边缘化。如有一名特殊学生，他的受挫能力非常低，生气起来威力非常大，但他的计算机技能非常好，我没听孩子埋怨他什么，反而是计算机方面的东西常要拜托他弄。他的问题在这里没被凸显及放大，优点则被发现，我的孩子很崇拜他的专业能力。
- 上课较有弹性。
- 老师的爱心、耐心、专业没话说，包容性更是足。
- 教学较多元，包容性高，有一些和别的学校不同的做法。因为在别的学校，特殊学生较易受欺负，但融合教育则是尊重、包容差异性，普通学生和特殊学生的待遇是平等的，非常感谢。
- 学校人数少，老师和学生互动多，较熟悉彼此，没有霸凌，大家相处融洽。

参考文献

中文部分

[1] 吴淑美. 发展迟缓幼儿在回归主流教育安置下社会互动、社会地位及发展能力之研究 [J]. 彰化师范大学特殊教育学系暨研究所特殊教育学报，1992，7：45-83.

[2] 吴淑美. 国小特教完全包含班级教学活动实录. 新竹：新竹师范学院特殊教育中心，1996.

[3] 吴淑美. 融合式班级设立之要件 [J]. 特教新知通讯，1997，4（8）：1-2.

[4] 吴淑美. 个别化教育方案执行手册 [M]. 台北：心理出版社，1998.

[5] 吴淑美. 学前融合教学理念篇 [M]. 台北：心理出版社，1998.

[6] 吴淑美. 比较融合班中普通及特殊学生教学情境之不同. 新竹："行政院国家科学委员会"专题研究计划成果报告（NSC89-2413-H-134-018），2001.

[7] 吴淑美. 融合班教师具备之教学理念及调整教学能力之研究. 新竹："行政院国家科学委员会"专题研究计划成果报告（NSC90-2413-H-134-006），2002.

[8] 吴淑美. 融合班的理论与实务 [M]. 台北：心理出版社，2004.

[9] 吴筱蒨. 探讨自闭症儿童在融合班的学习经验：以三个就读竹师实小融合班的自闭症学生为例 [D]. 新竹：新竹教育大学特教系，2004.

[10] 吕冈沛. 融合教育理念之学习空间的建筑计划研究：以竹师实小融合班为例 [D]. 桃园：中原大学建筑学系，2004.

[11] 琼·E.唐宁. 普通班融合重度及多重障碍学生：教师的实务策略 [M]. 李淑玲，译. 台北：心理出版社，2011.

[12] 易世为. 探讨合作小组学习对增进特殊生沟通能力与社会地位之成效研究：以二名就读国中融合班特殊生为例 [D]. 新竹：新竹教育大学特教系，2005.

[13] 明蒂·孔哈伯，爱德华·费洛斯，雪莉·薇内玛. 活用多元智慧 [M]. 林心茹，译. 台北：远流出版社，2005.

[14] 林素贞. 差异化教学与成功学习 [J]. 教育研究月刊，2013，233：46-60.

[15] 钮文英. 大津融合中小学实验班之发展与成效研究 [J]. 中原学报，2002，30：239-262.

[16] 钮文英. 拥抱个别差异的新典范: 融合教育 [M]. 台北: 心理出版社, 2008.

[17] P. 鲁斯. 爱上小雨人: 自闭症参与融合教育完全手册 [M]. 黄蕙姿, 林铭泉, 译. 台北: 心理出版社, 2003.

[18] 郑耀婵. 国小融合班学生学习态度及其相关因素之探讨 [D]. 嘉义: 嘉义大学特殊教育学系, 2002.

[19] 卢台华. 从个别差异、课程调整与区分性教学的理念谈新修订特殊教育课程纲要的设计与实施 [J]. 特殊教育季刊, 2011, 119: 1-6.

英文部分

[1] Baker J, Zigmond N. The meaning and practice of inclusion for students with learning disabilities: Themes and implications from the five cases[J]. Journal of Special Education, 1995, 29(2): 163-180.

[2] Clayton J, Burdge M, Denham A, et al. A four-step process for accessing the general curriculum for students with significant cognitive disabilities[J]. Council for Exceptional Children, 2006, 38(5), 20-27.

[3] Creemers B. The goal of effectiveness and school improvement[M]// D Reynolds, R Bollen, B Creemers, et al. Making good schools: Linking school effectiveness and school improvement. London: Routledge, 1996.

[4] Downing J E. Including students with severe and multiple disabilities in typical classrooms[M]. Baltimore: Paul. H. Brookes, 1996.

[5] Downing J E, Eichinger J. Creating learning opportunities for students with severe disabilities in inclusive classrooms[J]. Teaching Exceptional Children, 2003, 36(1): 26-31.

[6] Ferguson D, Ralph C, Meyer C. Designing personalized learning for every for planning for diverse student needs during content area[J]. The Reading Teacher, 2001, 47(8).

[7] Fuchs D, Fuchs L S. Inclusive schools movement and the radicalization of special education reform. Exceptional Children, 1994, 60: 294-309.

[8] Gaylord-Ross R. Integration strategies for students with handicaps[M]. Baltimore: Paul. H. Brookes, 1989.

[9] Giangreco M F, Cloninger C J, Iverson V S. Choosing outcomes and accommodations for children (COACH): A guide to educational planning for students with disabilities(3rd ed)[M]. Baltimore: Paul. H. Brookes, 2011.

[10] Herre H. Willing and able: The Patrick O'Hearn School (Video). IMDb, 2008.

[11] Inclusion International. Inclusion: News from inclusion[OL]. International, Brussels: Inclusion International, 1996.

[12] Kasa-Hendrickson C. Participation in the inclusive classroom: Successful teachers non-verbal students with autism[D]. New York: Syracuse University, 2002.

[13] Kelly A V. Concepts of assessment: An overview[M]// G Blenkin, A V Kelly (Ed.). Assessment in early childhood education. London: Paul Chapman Publishing, 1992: 1-23.

[14] Kochhar C A, West L L, Taymans J M. Handbook for successful inclusion[M]. Maryland: Aspen Publishers, 1996.

[15] Mastropieri M A, Scruggs T E. Promoting inclusion in secondary classrooms[J]. Learning Disability Quarterly, 2001, 24(4), 265-274.

[16] Mayle J, Riegel R H. Maladies and remedies: Guidelines for modifications of materials and methods for mainstreamed adolescents with academic difficulties[J]. Review of Educational Research, 1979, 49: 517-555.

[17] McMaster C. Building inclusion from the ground up: A review of whole school re-culturing programs for sustaining inclusive change[J]. International Journal of Whole Schooling, 2013, 9(2): 1-24.

[18] Onosko J, Jorgensen C. Unit and lesson planning in the inclusive classroom: Maximizing learning opportunities for all students[M]// C Jorgensen (Ed.).Restructuring high schools for all students. Baltimore: Paul. H. Brookes, 1998: 71-105.

[19] Oyler C. Democratic classrooms and accessible instruction[J]. Democracy & Education, 2001, 14: 28-31.

[20] Rouse M, Florian L. Effective inclusive schools: A study in two countries[J]. Cambridge Journal of Education, 1996, 26(1): 71-85.

[21] Sailor W. Special education in the restructured school[J]. Remedial and Special Education, 1991, 129(6): 8-22.

[22] Schumm J S, Vaughn S, Leavell A G. A planning pyramid: A framework for planning for diverse student needs during content area[J]. The Reading Teacher, 1994, 47(8).

[23] Smith T E. Teaching students with special needs in inclusive setting[M]. Boston: Allyn and Bacon, 1995.

[24] Udvari-Solner A. Examining teacher thinking: Constructing a process to design curricular adaptations[J]. Remedial and Special Education, 1996, 17: 245-254.

作者简介

吴淑美

美国密苏里大学 (University of Missouri-Columbia) 特殊教育 PH.D
美国密苏里大学 (University of Missouri-Columbia) 儿童发展与家庭发展硕士
美国密苏里大学 (University of Missouri-Columbia) 统计硕士
台湾政治大学心理系学士
1987 年 8 月至新竹教育大学（现改为台湾清华大学）初等教育系任教（担任副教授）并兼任特殊教育中心主任
1989 年开始实施学前融合教育实验，向当时的"教育厅"申请学前语障及听障融合计划
1993 年成立特教系，担任特教系教授兼第一任特教系系主任
1994 年成立新竹教育大学附属小学（现改为台湾清华大学附属小学）融合班，向"教育部"申请设立特教实验班，担任特教实验班计划负责人三年，之后继续指导融合班
2000 年成立新竹市育贤初中融合班
2000 年成立财团法人福荣融合教育推广基金会，担任董事长至今
2004 年完成融合教育校区兴建
2004 年基金会成立体制外初中融合班
2015 年至 2016 年担任非学校型态初中融合教育团体实验计划负责人
2016 至 2017 年连续两年担任香港教育大学幼教系学前融合学分班 (Certificate in Professional Development Programme Catering for Diverse Needs of Young Children) 校外监审员 (External Examiner)
2000 年至 2016 年拍摄三部融合教育纪录片（《同班同学》《听天使在唱歌》《晨晨跨海上学去》）并担任导演

出版著作和影视作品
2011 年：《同班同学（DVD）》（"新闻局"）、《听天使在唱歌（DVD）》（财团法人福荣融合教育推广基金会）

2013年：《天使的农场（电子书）》（长晋数字）

2014年：《孩子教我们的事（第一辑）》（长晋数字）、《孩子教我们的事（第二辑）》（长晋数字）

2016年：《晨晨跨海上学去纪录片（DVD）》（财团法人福荣融合教育推广基金会）获休斯敦影展纪录片铜牌

2016年：《融合教育理论与实务》《融合教育教材教法》《幼儿园大班教学活动课程设计：配合新课纲设计的120个活动》《幼儿园中班教学活动课程设计：配合新课纲设计的120个活动》《幼儿园小班教学活动课程设计：配合新课纲设计的120个活动》，均由台湾心理出版社出版